비평가 들뢰즈

파괴하고 창조하는 예술 비평

비평가 들뢰즈
파괴하고 창조하는 예술 비평

서동욱 이솔 강선형 박민철

비평가 들뢰즈
파괴하고 창조하는 예술 비평

2025년 9월 20일 제1판 제1쇄 찍음
2025년 9월 30일 제1판 제1쇄 펴냄

지은이 | 서동욱 · 이솔 · 강선형 · 박민철
펴낸이 | 박우정

기획 · 편집 | 천정은
전산 | 한향림

펴낸곳 | 도서출판 길
주소 | 06032 서울시 강남구 도산대로25길 16 우리빌딩 201호
전화 | 02)595-3153   팩스 | 02)595-3165
등록 | 1997년 6월 17일 제113호

ⓒ 서동욱 · 이솔 · 강선형 · 박민철, 2025. Printed in Seoul, Korea
ISBN 978-89-6445-303-2 93160

이 서적 내에 사용된 일부 작품은 SACK를 통해 ADAGP, DACS 와 저작권 계약을 맺은 것입니다. 저작권법에 의하여 한국 내에서 보호를 받는 저작물이므로 무단 전재 및 복제를 금합니다.
  ⓒ René Magritte / ADAGP, Paris - SACK, Seoul, 2025
  ⓒ The Estate of Francis Bacon. All rights reserved. DACS 2025

| 서문 |

우리 시대의 비판철학
또는 예술의 힘을 끌어내는 비평

예술은 오늘날 우리 삶의 환경이 되었다. 우리 시대가 역사상 어떤 시절보다도 많은 사람이 문학, 영화, 미술, 음악을 만나기 쉬운 환경을 가지게 되었다는 것만을 말하는 것이 아니다. 자동차, 스마트폰, 구두, 가방, 옷, 화장품, 각종 온라인 콘텐츠 등 모든 것은 예술의 허락을 얻은 디자인의 축성을 받고서만 사람들의 경배를 받는 시대이다. 이런 사물들 속에서 생활한다는 것은 곧 매 순간 예술을 통해 세상과 연결된다는 뜻이다.

수십 년간의 독서와 논쟁을 통해 질 들뢰즈Gilles Deleuze, 1925~1995는 오늘날 우리 생각의 환경이 되었다. 들뢰즈는, 스마트폰의 화면에서 터치하면 유저가 해야 하는 생각의 일을 기분 좋게 도와주는 '앱'과도 같다. 세상과 정치의 지도를 볼 수 있게 해주고 가치를 저울질할 수 있게 해준다.

들뢰즈의 예술 비평에 관한 이 책은 이 두 가지 환경이 겹치는 지점에서 태어났다. 철학과 예술의 접점은 크게 세 가지 영역에서 생각해 볼 수 있다. 미학, 예술철학, 비평. '인간 주체'라는 개념을 가지게 된 근대에 태어난 학문으로서 미학은 '인간의 감성'sensibility을 둘러싼 질서 속에서 대상이 가진 미의 원천을 발견하려 한다. 사정은 인식론, 즉 진리를 다루는 일과 비슷하다. 진리의 기원을 코기토, 곧 인간의 자기의식에서 찾으려

한 근대 인식론과 병행해서 근대 미학은 미의 원천을 인간의 감성과 관련해 찾으려 했다. 이때 당연히 예술 역시 인간 감성의 시계視界 안으로 빨려 들어간다. 반면 보다 일반적이고 긴 역사를 지닌 고대 이래의 예술철학은 인간에 귀속된 감성적 질서와 상관없는 예술에 대한 사유 일반을 가리킨다. 그리고 '비평', 우리가 이 책을 통해 이야기하려는 예술에 대한 비평이 있다.

들뢰즈는 미학, 예술철학, 비평 이 세 영역 가운데 무엇을 통해 예술과 만나는가? 인간 주체라는 근대적 개념이 들뢰즈 사상에선 폐기된 만큼, 인간의 감성에 기대고 있는 근대 미학도 들뢰즈 사상 안에는 들어와 있지 않다. 대신 그는 미학aesthetics을 그 본래 의미, 즉 감성을 다루는 학문인 감성론aesthetics으로 회복시켜, 인간의 것이 아닌 익명적 감성에 끼치는 폭력과도 같은 자극을 진정한 경험으로써 다룬다. 감각적인 것과의 조우를 늘 일차적으로 여기는 경험론자로서 말이다. 또한 들뢰즈는 근대의 자녀인 미학과는 거리를 두면서, 모든 시대의 철학자들처럼 예술이란 무엇인가에 대해, 즉 예술의 본성에 대해 묻는다.

그러나 들뢰즈를 예술과 연결해 주는 핵심적인 고리는 무엇보다도 '비평'이다. 단지 들뢰즈가 추상적인 차원에서 예술을 다루기보다 구체적인 예술 작품에 밀착해서 사유를 진전시키기 때문만이 아니다. 바로 그가 비평 개념의 근본에 자리 잡은 비판 개념을 일깨우며 비평의 힘을 시험해 보기 때문이다.

'비판'과 '비평'은 동일한 뿌리에서 자라 나온 같은 본성의 열매들로서, 둘 다 Kritik 또는 critique라는 같은 단어로 일컬어진다. '예술 비평'은 철학이 오래도록 숙고해 온 '비판'의 동전 뒷면에 새겨진 근사한 초상화라 해도 좋을 것이다. 오래도록 두터운 의미의 층들을 자신 안에 만들어온 저 비평 개념에서 들뢰즈가 길어 올리는 것은 무엇인가? 그것은, 방어되지 못할 것임에도 자신을 유지하려 해온 기존의 법칙들과 가치들을 문제에 부치고 폐기하는 행위로서의 비판이다. 비판이 곧 들뢰즈 예술 비평 자체의 얼굴이다. 들뢰즈의 비평은 문학, 미술, 음악, 영화 등의 예술 자체 안에 숨겨진 혁명적 힘을 일깨워 클리셰의 무정란 안으로 들어가 잠든 기존의 법칙들과 가치들을 파괴한다. 이러한 파괴와 더불어, 저 혁명적 힘을 포착하기 위한 말들, 바로 비평의 언어가 창조된다. 클리셰를 피해 사유를 인도해 줄 언어를 찾아 나서는 일은 그야말로 '창조'이다. 이런 개념의 창조 자체를 들뢰즈는 철학과 동일시했다.

이 책은 들뢰즈가 예술에 가장 밀착하여 사유를 창조해 보고자 한 시도인 예술 비평을 공부한다. 책이 담고 있는 이 비평의 영역은 들뢰즈가 관심 가진 예술 영역, 즉 문학, 미술, 음악, 영화 모두를 포괄한다.

이 책이 공부하는 이 비평이란 당연히 예술과 마주하는 경험일 것이고, 예술에 대해 개념을 창조하며 그 개념을 통해 작품 안에 숨겨진 가장 내밀한 방을 열고 보석을 찾는 경험일 것이며, 무엇보다, 비판을 통해 기존의 가치를 벗어나는 용기를 시험해 보는 경험일 것이다. 그렇다면 들뢰즈의 정신이란 동어반복을 통해서, 즉 비판critique으로서의 비평critique을 통해서 모습을 현시하는 것이 아닌가? 이런 생각과 더불어 '비평가 들뢰즈'라는 이 책의 주제는 선택되었다. 이 주제와 더불어 우리는 비평가 들뢰즈의 정신 속에서 그의 사상 전반을 바라보려 하며, 비평이라는 우리 시대의 중요한 실천의 본질을 이해하려 한다.

이 책은 들뢰즈 탄생 100주년을 기념하여 만들어졌다. 100이라는 숫자는 하나의 성취를 표현하는 상징이다. 99도 평범하고 101도 평범하지만, 100이라는 숫자는 특별하다. 한 사상가가 100년의 세월이 흐르도록 우리 곁에 머물렀다는 것은 그것이 단지 100이라는 물리적인 시간을 채웠다는 것이 아니라 우리 삶의 방식 일부로서 스며들었다는 뜻을 가진다. 또한 100은 액면 그대로는 유한한 숫자임에도 불구하고, 어느 날 국경에 나타난 100만 대군처럼 헤아릴 수 없는 크기와 힘을 나타내지 않는가? 그래서 100은 또한 한 사상이 누릴 무한성에 대한 약속을 표현하는 것처럼 보인다.

이러한 숫자 100을 기념하면서 들뢰즈 철학과 현대 사상을 공부해 온 연구자들이 모여 책을 썼다. 이 연구자들은 철학 속에서 늘 예술에 대해 관심을 가지고 생각해 왔던 이들이기도 하다.

이 책은 또한 미셸 푸코Michel Foucault, 1926~1984에게 마지막 한 장章을 할애함으로써 내년에 찾아올 푸코 탄생 100주년 역시 기념하고자 한다. 들뢰즈와 푸코의 사상은 한 살 터울의 이 두 친구가 한평생 그려온 우정의

궤적처럼 때로 만나고 때로 어긋나지만, 분명 함께 중첩해야 비로소 보이는 그림들을 가지고 있다. '비판'과 '비평'이라는 개념 아래 이 두 개의 색유리가 겹쳐질 때 태양 빛은 생경한 빛깔로 변하며 풍경을 비추리라.

  이 책은 필자들이 긴 시간 같이 공부해 온 결과물이다. 작년 10월부터 책의 원고를 완성한 올해 중반까지, 대개의 토요일과 일요일 오전마다 온라인 화상 세미나를 통해 각자 쓴 원고의 부분들을 발표하고 토론하고 함께 수정했다. 공동 작업이 어떤 가능성을 가지고 있고 어떤 형태로 나타날지 시험해 보고 싶었다. 철학은 플라톤이 대화방을 개설한 이래 친구들의 수다이고, 친구들의 놀이이기에 철학의 개념과 사상은 공동의 것, 그러니까 만인의 것일 수 있다. 마지막으로 훌륭한 솜씨와 정성으로 책을 만들어 준 천정은 편집자님, 책의 기획이 현실화할 수 있도록 개인적으로 많은 관심을 기울여준 노의성 님에게 감사드린다.

2025년 가을
서동욱

차례

005	서문
010	일러두기
011	약어표

013   1 비평의 개념
비판에서 비평으로 — 예술 비평의 기원

037   2 문학 비평
징후학의 실천과 소수 문학의 힘 — 프루스트와 카프카

063   3 미술 비평
감각의 논리 — 추상을 넘어 형상으로

117   4 음악 비평
리토르넬로의 음악사 — 고전주의, 낭만주의, 현대 음악

151   5 영화 비평
마주침의 예술 — 실천으로서의 영화 비평

205   6 보론
미셸 푸코의 예술 비평 — 푸코 사유에서 예술과 비평의 위상

251	찾아보기
260	필자 소개

*일러두기

- 본문에서 들뢰즈와 푸코의 글을 인용할 때, 오른쪽 약어표에 제시된 문헌은 인용문 뒤 괄호 안에 약어와 쪽번호(국역본이 제시된 경우에는 국역본 쪽번호)를 표기하고, 약어표에 없는 문헌에서의 인용은 각주를 통해 서지 사항을 밝힌다.
- 인용문에서 원저자의 강조는 작은따옴표로, 인용자의 강조는 **굵은 글씨**로 표시한다. 인용문에 인용자가 추가한 부분은 대괄호로 표시하고, 대괄호가 인용된 원문 자체에 속할 경우엔 인용문 뒤에 '대괄호 — 옮긴이'라고 덧붙여 구별한다.

* 약어표(알파벳순)

질 들뢰즈(Gilles Deleuze)

DR — *Différence et répétition*, Paris: P.U.F., 1968 / 『차이와 반복』, 김상환 옮김, 민음사, 2019(초판 2004)

FB — *Francis Bacon: Logique de la sensation*, Paris: Éd. de la Différence, 1981 / 『감각의 논리』, 하태환 옮김, 민음사, 2008

IM — *Cinéma I: L'imagemovement*, Paris: Éd. de Minuit, 1983

IT — *Cinéma II: L'imagetemps*, Paris: Éd. de Minuit, 1985

K — *Kafka: Pour une littérature mineure*, Paris: Éd. de Minuit, 1975

MP — *Mille Plateaux: Capitalisme et schizophrénie 2*, Paris: Éd. de Minuit, 1980 / 『천 개의 고원』, 김재인 옮김, 새물결, 2001

NP — *Nietzsche et la philosophie*, Paris: P.U.F., 1962 / 『니체와 철학』, 이경신 옮김, 민음사, 2001

P — *Le pli: Leibniz et le baroque*, Paris: Éd. de Minuit, 1988 / 『주름, 라이프니츠와 바로크』, 이찬웅 옮김, 문학과지성사, 2004

PS — *Proust et les signes*, Paris: P.U.F., 1964 / 『프루스트와 기호들』, 서동욱·이충민 옮김, 민음사, 2004

QP — *Qu'est-ce que la philosophie?*, Paris: Éd. de Minuit, 1991

SPE — *Spinoza et le probleme de l'expression*, Paris: Éd. de Minuit, 1968 / 『스피노자와 표현 문제』, 현영종·권순모 옮김, 그린비, 2019

미셸 푸코(Michel Foucault)

LL — "Littérature et Langage", *La grande étrangère: À propos de littérature*, Paris: éditions EHESS, 2013, 71~144쪽 / 「문학과 언어작용」, 『거대한 낯섦』, 허경 옮김, 그린비, 2023, 103~183쪽

MC — *Les mots et les choses: Une Archéologie des Sciences Humaines*, Paris: Gallimard, 1966 / 『말과 사물』, 이규현 옮김, 민음사, 2012

PM — "La peinture de Manet", *La peinture de Manet*, Paris: Seuil, 2004, 19~48쪽 / 「마네의 회화」, 『마네의 회화』, 오트르망 옮김, 그린비, 2016, 21~71쪽

RR — *Raymond Roussel*, Paris: Gallimard, 1963

1
비평의 개념

비판에서 비평으로:
예술 비평의 기원

서동욱

1. 비평의 기원

 비평의 기원을 사유하는 것은 비평의 가장 앞서는 과제다. 이런 사유 없이 비평가는 자신이 무엇을 하고 있는지 모를 것이기 때문이다.
 비평의 '기원'을 살핀다는 것은, 같은 말의 반복이지만, 아르케ἀρχή, arche를 살핀다는 뜻이다. 역사상의 몇몇 엉뚱한 사조들이 제시했던 것과 달리 비평에는 항목을 나열하며 제시할 수 있는 규칙 같은 것이 없으며 오로지 아르케만이 있다. 이 아르케는 비평을 비평이게끔 해주는 것이라, '존재'라는 말로 바꾸어 쓸 수도 있을 것이다. '비평'을 '비평'이게끔 해주는 일은 동어반복의 수행에 지나지 않으므로 이 일을 하는 아르케는 마땅히 존재라 불려야 한다. 왜냐하면 존재는 무엇인가에 대해 속사attribut를 통해서만 추가될 수 있는 그 어떤 것도 첨부하지 못하는 까닭이다. 존재는 자신에게 그 무엇도 첨가하지 못한 채 존재이다. 존재는 그저 존재이다. 그러니 비평의 기원에 대한 질문은 이렇다. '비평'을 '비평'이게 하는 기원을 사유할 수 있을까? 이러한 질문 자체는 아무런 정보도 얻어낼 희망이 없는 동어반복의 형식을 가지고 있더라도 정보로 가득 찬, 비평 개념의 역사에 대한 탐구를 배제하지 않는다. 왜냐하면 우리가 살펴볼 비평 개념의 역사란 비평의 아르케에 관한 사유 외에 다른 것이 아니기 때문이다. 그리고 비평의 아르케가 진리표에 따라 답을 얻을 수 있는 논리적 문제가 아니라면, 그리고 아르케는 사실 동어반복만을 만들어낸다면, 그에 대한 탐구는, 아르케라는 같은 문제를 마주했던 자들의 사유의 역사를 살펴보는 일을 통해서 이루어질 수 있을 것이기 때문이다.

2. 비판 개념의 역사와 칸트적 비판의 한계

오늘날 널리 퍼져 있는 '비판적 사고 교육'에서 읽어낼 수 있듯이, 칸트Immanuel Kant에서 현재에 이르기까지 철학의 핵심 정신을 이루는 것 가운데 하나는 '비판'批判이다. 그리고 근현대를 거치며 더욱 두드러지고 정교해졌으며 아름답게 된 문학 활동이 '비평'批評이다. 이 두 가지, '비판'과 '비평'은 서양 말에서는, 가령 프랑스 말의 'critique'나 독일 말의 'Kritik'에서 보듯, 낱말 자체가 구별되지는 않는다. 비판과 비평을 가리키는 낱말이 동일하다는 것은 두 가지의 차이를 보지 못하게 만드는 일종의 장애물인가? 아니면 양자가 같은 화분에서 자라 나온 색깔 다른, 그러나 똑같은 생김새의 쌍둥이 꽃이라는 뜻인가?

이런 물음에 대한 해답은 문제가 되는 저 말 '크리틱'의 의미 있는 쓰임새를 추적해 보는 일로부터 그 실마리를 얻을 수 있을 것이다. '크리틱'이란 용어는 칸트의 '비판' 철학을 통해 철학에서 널리 쓰이는 개념이 되었지만, 그 개념의 중요한 연원은 15~16세기 중세 후반기로 거슬러 올라간다. 이 시기, 가톨릭 사제의 사목 활동에 의해 통치받지 않으려는 종교 투쟁적 의지를 표현한 것이 이른바 '비판적 태도'이다. 이 개념을 다루고 있는 푸코의 1978년 강연록 『비판이란 무엇인가?』*Qu'est-ce que la critique?*(1990)의 몇몇 페이지들을 읽어보자. 미리 알리자면, 이 글 전체를 통해 보겠지만 칸트와 니체Friedrich Nietzsche를 디딤돌 삼아 도약하는 비판 개념에 대한 들뢰즈와 푸코의 사유는 장갑 두 짝처럼 포개진다.

> 통치받지 않고자 하는 의지는, 성직자의 권위를 거절하고 거부하고 제한하는, 어떻게 표현해도 좋지만 그런 어떤 방식이었으며, 성서로의 회귀였고, 성서에서 진정한 것이 무엇인지를 묻고, 무엇이 성서에 실제로 기록되었는지를 묻는 것이었습니다.[1]

한마디로 "비판은 …… 성서와 관련해서 발전"[2]한 개념이다. 성서에 근

---

[1] 미셸 푸코, 『비판이란 무엇인가?/자기수양』, 심세광 외 옮김, 동녘, 2017(초판 2016), 45쪽.

거해 가톨릭 사목 활동에 대립함으로써 그 활동의 '통치'를 받지 않으려는 입장을 형성하는 것이 바로 '비판적 태도'이다. 따라서 이는 성서 자체에 대한 비판적 태도 역시 수반한다. "성서가 말하는 진실은 어떤 종류의 것인가?",[3] "성서는 과연 진실인가?"[4] 이런 비판적 태도는 당연히 모든 면을 포괄하는 것, 즉 "문화적 형식, 도덕적인 동시에 정치적인 태도"[5]일 수밖에 없다. 성서 비판은 단지 텍스트 비판에 국한되지 않으며 당시의 삶 전반에 개입하고 있던 종교적 통치에 대한 비판을 필연적으로 수반할 수밖에 없는 까닭이다. 이러한 비판에 부여할 수 있는 의미는 한마디로 '탈예속화'이다.

> 비판은 자발적 불복종의 기술, 숙고된 불순종의 기술일 것입니다. 비판은 한마디로 진실을 둘러싼 정치라고 부를 수 있는 활동 속에서 탈예속화désassujettissement를 그 본질적인 기능으로 갖는 것입니다.[6]

충분히 예상할 수 있듯이, "불순종"이라는 인상 깊은 개념으로 특징지어지는 이런 중세 말기의 비판적 태도의 최대 결실은 '종교 개혁'이다. "종교 개혁은 통치받지 않으려는 기술로서 대단히 뿌리 깊은 최초의 비판 운동이었다".[7]

이런 비판적 태도는 이후 역사에서 어떻게 굴절되었는가? 가령 근현대 철학에 절대적인 영향을 주었다고 해도 과언이 아닌 칸트의 비판 개념은 저 비판적 태도의 배신 없는 계승자로 간주될 수 있는가? 그렇지 않다고 말해야 할 것이다. 단적으로 칸트의 비판이란 이성이 자신이 할 수 없는 일 또는 해서는 안 되는 일을 하려는 '월권'을 고발하는 것이다. 가령 사변 철학에서 '지성은 감성을 통해 주어진 것에 대해서만 입법할 수 있으며,

2 같은 책, 46쪽.
3 같은 책, 45쪽.
4 같은 책, 46쪽.
5 같은 책, 44~45쪽.
6 같은 책, 47~48쪽.
7 같은 책, 55쪽.

예지계를 향해 입법하려는 성향에도 불구하고 그래서는 안 된다.'와 같은, 마음의 능력이 발휘할 수 있는 '권한의 한계'에 대한 명시가 비판의 사명이다. 이런 비판의 판결은 어디에서 내려지는가? 비판이 이루어지는 법정은 어디인가? 바로 비판의 대상이 되는 이성 자신이다. 요컨대 칸트의 비판이란, 이성이 이성 자신의 능력이 월권적으로 사용되고 있는지 아닌지 판결을 내리는 일인 것이다. 다시 말해 이성이 가진 능력들의 범위와 한계를 이성 스스로 명시하는 일이다. 이제 보겠지만 이성이 수행하는 이런 식의 비판적 활동은 이성의 사변적 관심과 관련해서만 수행되는 것이 아니다.

칸트의 이런 비판을 이끌었던 '계몽'의 표어는, 칸트 자신이 「계몽이란 무엇인가에 대한 답변」에서 호라티우스Quintus Horatius Flaccus의 경구로부터 빌려다 말하듯이 '감히 알고자 하라!'Sapere aude이다. 비판의 전통에서 너무도 중심적인 지위를 차지했기에 충실히 숙고해야만 하는 칸트 비판의 성격과 한계에 대해 이해하기 위해선 일단 다음과 같은 물음에 답해야 한다. 칸트의 비판은 저 표어로 표현된 계몽의 가르침과 일치하는가? 푸코는 말한다. "이 계몽의 격언은 아시다시피 칸트가 상기시킨 바 있는 '감히 알고자 하라.'인데, 이 격언은 프리드리히 2세의 '복종하기만 하면 원하는 만큼 이치를 따져도 좋다.'는 말과 대구를 이룹니다."[8] 칸트는 「계몽이란 무엇인가에 대한 답변」에서 프리드리히 2세의 이 말을 두 번이나 인용하는데 어쩌면 그것은 당연하다. 저 글에서 밝히듯 칸트가 이해하는 자기 시대는 '계몽의 시대 혹은 프리드리히 2세의 세기'인 까닭이다. '계몽의 시대'는 '프리드리히 2세의 세기'라는 '제한' 속에서 정체성을 가지는 것이다. 마찬가지로 '감히 알고자 하라!'라는, 그 자체로서는 아무런 조건도 가지지 않는 계몽의 표어는, '복종하기만 하면 원하는 만큼 이치를 따져도 좋다.'라는 프리드리히 2세의 명령(?)에 의해 '제한'되는 한에서만 칸트의 계몽을 가리켜 보인다. 그리고 이 제한된 계몽이 길을 찾는 방식이 바로 칸트의 '비판'인 것이다.

이제까지의 이야기에서도 우리는 벌써 "칸트가 표명하려 했던 계몽과

---

[8] 같은 책, 50쪽.

비판 간의 차이"⁹를 감지한다. 어쩌면 이념으로서의 계몽과 실질적인 철학의 수행으로서의 비판 사이의 차이라고 말하는 것이 보다 적절할지 모르겠다. 푸코의 글을 좀 더 읽어볼 필요가 있다.

> 어쨌든 이 계몽과 관련해 칸트는 비판을 어떻게 정의하려 했을까요? …… 계몽과 관련해 엄밀한 의미에서 비판을 어떻게 정의할 수 있을까요? …… 만약 칸트가 실제로 '계몽'에 앞섰던 이러한 모든 비판적 움직임에 이름을 붙인다면, 비판이라는 것으로 그가 의미하는 바를 어떻게 자리 매겨야 할까요? 여기서 모든 것은 너무나 간단한데, 제가 말씀드리려는 것은 칸트가 보기에 계몽과 관련해 비판은, 그가 지식에 대해 말하려 했던 것과 같다는 것입니다. 즉 너는 네가 어디까지 알 수 있는지를 정말로 알고 있는가? 네가 바라는 만큼 이치를 따져라. 그런데 너는 네가 어디까지 위험하지 않게 이치를 따질 수 있는지 정말로 알고 있는가? 요컨대 비판은 이렇게 말해줄 것입니다. 우리의 자유는 …… 우리가 우리의 인식과 그 인식의 한계들에 대해 갖는 관념 속에서 문제시되는 것이라고 말입니다. 따라서 타인이 '복종하라'고 명령하도록 내버려두는 대신 자기 자신의 인식을 스스로 올바른 관념으로 만들게 될 때, 바로 그 순간 자율성의 원리를 발견하게 되고 '복종하라'는 명령에 더 이상 순종할 필요가 없게 된다고, 아니 차라리 **'복종하라'는 명령이 자율성 자체에 의거하게 되리라**고 말입니다.¹⁰

이 인용의 핵심은 마지막 부분에 있다. 타인에게서 오는 '복종하라'라는 명령에 순종하는 것은 타율적인 것이지만, 자율적으로 자기 자신이 '복종하라'라는 명령을 생산하고 거기에 스스로 복종하는 것은 자유의 실현이다. 한마디로 "칸트에게서는 자율성이 주권자에 대한 복종과 대립하지 않는다".¹¹ 예를 들어보자. 칸트가 제시하는 예를 푸코는「계몽이란 무엇인가」Qu'est-ce que les Lumières?(1984)에서 이렇게 요약한다.

---

9 같은 책, 52쪽.
10 같은 책, 51~52쪽.
11 같은 책, 52쪽.

칸트는 겉으로 보기에 완전히 사소한 것처럼 보이는 예를 듭니다. 즉 조세 제도에 대해 논의할 수 있을 만큼 논의하면서도 세금을 내는 것은 성숙한 것입니다. 다른 예를 들면, 만약에 어떤 사람이 사제라면, 이성을 사용해서 자유롭게 종교적 교리에 대해 논의할 수 있지만 성직을 책임 있게 수행하는 것은 성숙한 것입니다.[12]

한 가지 사안(가령 조세 제도 또는 종교적 교리)에 대해서 동일한 이성이 한편으로는 거침없이 따져보고, 다른 한편으로는 복종한다. 물론 언제든 이성은 자율적이다. 이성은 조세 제도나 종교적 교리가 불합리하다는 것을 자유롭게 '비판'하고 또 그에 대해 자율적으로 복종한다. 결국 이성적 삶이란 동일한 사안에 대해서 어느 때는 비판하고 어느 때는 복종해야 하는지를 잘 판별하는 것이다.

이성의 이러한 자율적 복종은 타율적 복종보다 훌륭한 것인가? 오히려 그것은 타율적 복종과는 비교할 수도 없는 심각한 문제를 일으킨다. 이성의 타율적 복종은 이성의 본성에 어긋나므로, 이성은 미래에 실현될 어떤 약속을 향해 나아가듯 자신의 자유를 조건 없이 끝까지 시험해 보고, 결국은 자신을 타율성에 묶어두는 폭력을 깨트릴 수 있을 것이다.(이것이 스피노자가 『신학정치론』에서 인민의 자유를 제한하려 드는 국가에 대해 경고하는 바였다. 사정이 저러하기에 국가는 인민의 자유를 제한하는 것이 아니라 반대로 자유를 목적으로 해야만 살아남을 수 있다.) 그러나 복종이 이성 자신으로부터 유래한다면 어떨까? 조세 제도나 성직, 그리고 그 이상의 것들을 관리하는 권력에 대해 이성이 자발적으로 복종한다면, 남용되는 권력에 대해서는 누가 저항할 것인가? 결국 이성 스스로 모든 저항의 길을 차단하는 것이 아닐까? "**바로 이성 그 자체가 권력의 남용과 통치화에 역사적 책임이 있는 것은 아닐까? 어쩌면 이성 자신에 의해 정당화되기 때문에 그것이 불가항력이 되어가는 것은 아닐까?**"[13]

---

12 미셸 푸코, 「계몽이란 무엇인가」(장은수 옮김), 『모더니티란 무엇인가』, 김성기 엮음, 민음사, 1994, 344쪽.
13 미셸 푸코, 「비판이란 무엇인가?/자기수양」, 53쪽.

푸코의 이러한 논의는 니체의 감화를 받은 들뢰즈의 생각과 포개진다. 들뢰즈는 『니체와 철학』*Nietzsche et la philosophie*(1962)에서 말한다. "우리가 신, 국가, 우리 부모에게 복종하길 그만둘 때, 우리에게 계속 순종적이길 설득하는 이성이 갑자기 나타난다."(NP, 171쪽) 칸트의 비판은, 권력과 마주했을 때 이성이 자신을 제한하는 것, 즉 '유한하게 만드는 것'을 이성의 자율성의 소산으로 이해한다고 요약할 수 있다. 또한 그 비판은 이미 존재하는 가치들, 권력이 옹호하는 가치들을 이성이 '정당화'justification하는 작업이기도 하다. 이성의 자발적 복종은 복종해야 하는 가치들을 이성 스스로 정당화하지 않고서는 이루어질 수 없는 까닭이다. 조세 제도를 비판하면서 다른 한편으로 그것의 정당성을 믿기, 종교적 교리를 비판하면서 다른 한편으로 그것의 정당성을 믿기 등등. 이러한 국면은 들뢰즈의 중요한 개념을 동원해 표현하면 바로 '재인식'récognition에 해당하는 것이다. 통용되는 가치들을 이성이 정당화 작업 속에서 다시ré 알아보는 일cognition 말이다. 그러나 이런 유의 것이 비판이라는 이름을 가져서는 안 되고, 통용되는 가치들 그 자체에 칼날을 가져가는 것이 진정한 비판 아닐까? 우리는 이 점을 살펴보게 될 것이다.

3. 유한성과 인간 개념을 넘어서

이제 우리가 주요하게 맞이하게 되는 것은 '유한성'의 관념이다. 이성이 자신을 제한하는 국면에서 출현하는 유한성 말이다. 칸트로부터 발원하는 이 '유한하게 만들기'는 『말과 사물』*Les mots et les choses*(1966)이 잘 보여주듯 결국 근대 인간학의 탄생으로 귀결된다. "아마 인간학은 칸트로부터 우리에게 이르기까지 철학적 사유를 지배하고 이끈 기본적인 경향일 것이다."(MC, 468쪽) 또 푸코는 이렇게 말한다. "근대 문화는 유한한 것을 인간 자신으로부터 사유하기 때문에 인간을 사유할 수 있다."(MC, 436쪽) 가령 생명, 노동, 언어 같은 힘들은 그것들을 유한하게 규정하는 세 가지 학문인 생물학, 경제학, 문헌학 속에서 인간적 특성으로서 정체성을 내보인다. 이런 학문들의 기획은 이성의 능력을 제한하는 방식으로 이성의 정체성을 획득했던 칸트의 철학에 뿌리를 두고 있다. 이러한 학문들을 매개로 인간은 자신을 유한한 것으로서 발견한다. 칸트의 비판과 더불어서 이성이 자신을 유한한 것으로서 발견하듯이 말이다.

한마디로, 칸트적 비판의 결과물은 바로 '유한한 인간'이다. 따라서 저 칸트적 비판 개념을 넘어서는 사유의 쇄신은 인간 개념의 파괴와 동전의 양면을 이룬다. 비판이 낳은 유한성과 인간 개념은 문자 그대로 인간을 극복하는 자, 바로 니체의 '초인' 개념과 더불어 그 소멸을 전망해 볼 수 있을 것이다. 푸코는 칸트의 『실용적 관점에서 본 인간학』*Anthropologie in pragmatischer Hinsicht*을 번역하고 거기에 붙인 서설에서 이렇게 말한다.

> ······ '유한성에 대한 비판'에 대해 생각하는 것이 가능하지 않겠는가? 철학의 영역에서 '인간이란 무엇인가?'Was ist der Mensch?라는 질문의 도정은 그 질문을 거부하고 무력하게 만드는 초인der Übermensch이라는 답변을 통해 완성된다.[14]

위와 같은 말은 『말과 사물』의 다음과 같은 구절을 통해서 반복되고 보충된다.

> 오늘날의 사유가 필시 인간학의 근절을 위해 기울일 최초의 노력은 아마 니체의 경험에서 찾아보아야 할 것이다. ······ 니체는 ······ 약속된 초인의 출현이 무엇보다도 먼저 인간의 임박한 죽음을 온전히 의미하는 지점을 발견했기 때문이다. 이 점에서 니체는 이 미래를 우리에게 약속과 동시에 책무로서 제시하면서, 현대 철학이 다시 사유하기 시작할 수 있는 문턱을 가리키며, 아마 앞으로도 오랫동안 철학의 진전을 계속해서 지배하게 될 것이다.(MC, 468쪽)

칸트의 비판이 낳은 유한성 개념의 현실적 형태인 인간은 영원불변한 것이 아니고 철학이 잠시 빠져든 잠에 불과한 것이다. "철학은 ······ 새로

---

14 미셸 푸코, 『칸트의 인간학에 관하여』, 김광철 옮김, 문학과지성사, 2012, 148~149쪽.

운 잠에, 독단론의 잠이 아니라 인간학의 잠에 빠져들었다."(MC, 467쪽) 그러므로 칸트가 경험론의 도움으로 독단론의 잠에서 깨어났듯이 철학은 니체의 도움으로 인간학이라는 잠으로부터 깨어나야 한다. 잠은 이렇게 찾아든다.

> 인간이 존재하지 않는다면 세계와 사유 그리고 진실은 무엇일 수 있을까 하고 한순간이라도 상상하는 것은 상식 밖의 일들이라고들 한다. 이는 최근에 이루어진 인간의 출현에 우리가 너무나 눈이 멀어서, 세계와 세계의 질서 그리고 인류가 존재했지만 인간은 존재하지 않았던 시대를 그리 오래전이 아닌데도 이제는 기억할 수 없기 때문이다.(MC, 441쪽)

바로 이것이 철학의 눈꺼풀이 중력을 타고 미끄러져 내려 안광眼光을 소멸하게 만드는 '인간학의 잠'의 효과이다. 인간 존재를 과거에서 현재에 이르도록 영원한 것처럼 여기게 만드는 잠 말이다. 이 잠을 깨우는 것은 앞서 말했듯 초인이다.

> 오래지 않아 더 이상 인간이 아니라 초인이 존재할지 모른다고 임박한 사건의 형태로, 약속 겸 위협의 형태로 예고한 니체의 사유가 왜 전복의 힘을 지닐 수 있었고 지금까지도 여전히 간직하고 있는지 쉽게 이해되는데, 회귀의 철학에서 이는 인간이 아주 오래전부터 이미 사라지기 시작했고 끊임없이 사라지고 있었다는 것, 그리고 인간에 대한 우리의 근대적 사유, 인간에 대한 우리의 염려, 우리의 인본주의가 천둥처럼 요란하게 울려오는 인간의 비非존재 위에서 평온하게 잠자고 있었음을 의미한다.(MC, 441쪽)

그리고 저 초인 개념이 이끄는 사유는 칸트의 비판 철학으로부터 유래한 인간 개념을 장애물로 인지하고 해체한다. 유한하게 하기로 특징지어지는 칸트적 비판의 산물이 '인간'이라면 초인으로 표현되는 니체적 비판은 인간의 정체성을 형성하는 '제한들'을 넘어서 '사유의 무한성'을 드러낼 것이다. 능력의 범위를 한계 지어 인간의 정체성을 확립하는 칸트의 비판은 결국 유한한 인간의 가치를 '정당화'하는 일이다. 그리고 그 가치는 현행적인 권력이 부과한 가치이다.(예컨대 조세 제도에 대해 따져보더라도, 그 제도에 따라 납세를 하는 것이 시민의 의무이다.) 따라서 정당화란 부과된 가치를 비판을 통해 다시 알아보는 일, 즉 '재인식'이다. 결국 인간 개념을 해체하는 일은 그 인간 개념과 뗄 수 없이 묶여 있는 기존의 가치를 파괴하는 일이다. 니체식으로 말하자면 그것은 '가치의 전도'이다. 푸코가 칸트적 비판의 생명이 다하는 지점까지를 명시했다면, 죽은 비판의 그 빈자리는 누가 차지하는가?

> 오늘날 인간의 사라짐에 의해 남겨진 공백 이외의 다른 곳에서 사유하는 것은 이제 가능하지 않다. 실제로 이 공백은 결여를 야기하지 않고, 채워져야 할 빈틈을 규정하지 않는다. 이 공백은 사유하기가 마침내 다시 가능한 공간의 전개 이상의 것도 이하의 것도 아니다. 아마 인간학은 칸트로부터 우리에게 이르기까지 철학적 사유를 지배하고 이끈 기본적인 경향일 것이다. 이 경향은 우리 역사의 일부분을 형성하므로 매우 기본적이지만, 우리가 이 경향을 가능하게 만든 통로의 망각과 동시에 곧 다가올 사유를 끈질기게 가로막는 장애물을 거기에서 알아보고 비판적으로 고발하기 시작하는 만큼 우리의 눈앞에서 '해체'되고 있는 중이다.(MC, 468쪽)

『말과 사물』의 이 글귀가 알려주는 것은 인간학이 구축해 온 인간의 자리, 즉 인간적 가치의 자리는 사라졌고, 이제 그곳은 인간의 가치를 염두에 두지 않는 새로운 사유가 차지한다는 것이다. 칸트의 비판과의 대척점에 서 있을 그 사유는 '제한되지 않는 비판'이어야 한다. 이와 관련해 우리는 푸코의 「계몽이란 무엇인가」에서 찾을 수 있는 매우 중요한 아래 구절을 읽어야 한다.

> 사실 비판이란 한계를 분석하고 성찰하는 것입니다. 그러나 **칸트주의적 질문이 앎이 넘어서지 말아야 할 한계가 무엇인지를 알아내고자 하는 것이라면 오늘날의 비판은 좀 더 긍정적인 질문을 통해 나타나고 있다고 보입니다.** …… 간략하게 말하면 **필연적 한계라는 형태로 수행된 비판을**

가능한 위반(넘어섬, franchissement)의 형태를 취하는 실천적인 비판으로 변형하는 것이 문제입니다.[15]

칸트는 비판이란 한계에 대한 분석이라는 것을 알려주었다. 그러나 마땅히 비판은 그 한계 안에 안주하도록 하는 것이 아니라 그 한계를 '위반'하여 뛰어넘도록 하는 것이야 한다는 점에서 사실상 푸코는 칸트의 비판과 결별한다. 비판에 관한 또는 칸트에 관한 들뢰즈의 성찰이 푸코와 포개지는 지점이 있다면 바로 여기다. 「칸트 미학에서 발생의 문제」(1963)로부터 출발해, 이 글의 논의를 확장 심화한 『칸트의 비판철학』 La philosophie critique de Kant(1963), 그리고 『차이와 반복』 Différence et répétition(1968)에 이르기까지, 들뢰즈가 칸트와 관련해서 보이고자 한 것은 『판단력 비판』의 예외성이다. 칸트의 3비판서 가운데 『판단력 비판』이 가지는 예외적인 특별한 의미는 『철학이란 무엇인가』 Qu'est-ce que la philosophie?(1991)에 나오는 아래 문장으로 표현된다. 그 특별한 의미란 바로 능력들이 '제한'을 넘어서는 국면이다.[16] "『판단력 비판』은 칸트 노년의 저작인데, 그의 후계자들이 끊임없이 뒤쫓기에 바쁜, 사슬이 풀려버린 작품이다. 이 책에서 **마음의 모든 능력들은 그 능력들의 한계들, 즉 칸트가 그의 원숙기의 책들에서 그토록 세심하게 고정해 놓았던 바로 그 한계들조차 뛰어넘어 버린다.**"(QP, 8쪽) 능력들을 한계 안에 묶어놓지 않고, 한계를 넘어서 버리도록 하는 기획은 푸코가 말한 '위반'에 대응하는 것이다. 설령 들뢰즈가 '한계를 넘는 이 가능성'을 푸코는 다루지 않는 『판단력 비판』에 대한 해석을 통해 보일지라도 말이다.

또한 칸트 비판의 '한계 지음'이라는 과제가 프리드리히 2세의 국법과 호응하고, 따라서 비판의 결과란 당대에 통용되는 가치, 도덕을 '재인식'하는 것이라면, 반대로 들뢰즈의 니체적 비판의 결과는 이렇게 말할 수 있을 것이다. 푸코가 말한 '위반'에 대응하는 『차이와 반복』의 문장이다. "여

---

15 미셸 푸코, 「계몽이란 무엇인가」, 359~360쪽.
16 능력들이 제한을 넘어서는 이 국면이 가지는 의의에 관해서는, 들뢰즈의 『칸트의 비판철학』의 「역자 해설」을 참조 바란다.

기서 치러야 할 대가는 크다. 가령 엄청난 파괴와 도덕적 퇴폐들이 따를 것이다."(DR, 298쪽) 이 퇴폐란 기존의 도덕적 가치의 와해와 다른 것이 아니다.

이제 들뢰즈의 '비평'을 이해하기 위해서 그가 『니체와 철학』을 통해, 칸트를 넘어 구성하려고 했던 '비판'을 살펴야 한다. 들뢰즈의 비판 개념을 살피기 위해 푸코를 경유한 것은 적절한 선택이었던가? 푸코에 관한 한 전기는 『말과 사물』보다 4년 앞서서 출간된 들뢰즈의 책에 대해서 이렇게 말한다. "들뢰즈가 그때 막 출판한 책이 푸코의 관심을 끌었다. …… 이 『니체와 철학』은 철학계에서 상당한 주목을 끌었고 푸코를 열광시켰다."[17] 전기 작가가 기록한, 들뢰즈의 니체론에 대한 푸코의 이러한 적극적인 긍정은 '비판' 개념에 대한 양자의 논의가 하나의 도로를 따라 연결될 수 있다는 사실을 보호해 주는 외피 정도의 의미를 지닐 것이다. 이제 우리가 살펴볼 들뢰즈의 『니체와 철학』자체가 저 사실을 보증해 주는 내용이 된다.

4. 비판, 욕망, 가치

사유에 대해서 들뢰즈는 어떻게 이해하고 있는가? 『철학이란 무엇인가』에서의 다음 인용은 이에 대한 적확한 설명을 해준다. "사유는 '단지' 무한에까지 이를 수 있는 운동만을 요구한다. 사유가 권리로서 요구하는 것, 사유가 선택하는 것은 바로 무한한 움직임 또는 무한의 운동이다."(QP, 40쪽) 들뢰즈의 사유 개념은 유한성 속에서 이성의 능력들을 규정하려 했던 칸트 비판의 정반대편에 있다. 사유는 무엇에 의해서도 제한되지 않으며, 제한되지 않는다는 점에서 무한하다. 사유의 이 무한성을 염두에 두고 들뢰즈가 말하는 니체의 비판에 접근해야 한다. 니체는 들뢰즈의 입을 통해서 이렇게 말한다. 『니체와 철학』의 구절이다.

---

[17] 디디에 에리봉, 『미셸 푸코』, 상권, 박정자 옮김, 시각과 언어, 1995, 241쪽.

> 비판이 무엇이며, 철학이 어떤 점에서 비판인가 하는 이 모든 것이 분석되어야만 한다. …… 니체는, 비판적 관념은 철학과 단지 하나일 따름이지만 칸트는 분명 그 관념에 있어 실패했고, 그가 적용뿐 아니라, 원리에서부터 그것을 위태롭게 만들고 망가뜨렸다고 생각한다. …… 칸트가 비판에 실패했다는 것은 니체의 생각이다. 하지만, 니체는 참된 비판을 구상하고 실현하기 위해 자기 자신 이외의 다른 누구에게도 신뢰를 가지고 있지 않았다.(NP, 162~163쪽)

이 구절은 철학 그 자체가 비판이며, 칸트의 비판은 실패한 비판이라고 말하고 있다. 그렇다면 우리는 진정한 비판이 무엇인지 확인해야 할 것이며, 그에 앞서 칸트의 비판이 왜 비난받는지도 확인해야 할 것이다. 들뢰즈의 아래와 같은 칸트 비판은 그의 친구 푸코가 1978년 『비판이란 무엇인가』에서 했던 칸트 비판과 꼭 맞게 포개진다.

> 칸트에 있어서의 비판은 비판을 할 수 있는, 실제적으로 적극적인 심급을 발견할 수 없었다. 그것은 타협 속에서 고갈되었다. …… 칸트는 비판의 적극성을 비판된 것의 권리들에 대한 굴욕적인 재인식과 혼동하는 것 같았다. …… 칸트의 비판은 정당화하는 것 이외의 다른 어떤 것도 아니며, 그것은 자신이 비판하는 것을 믿으면서 시작한다는 것이다.(NP, 164~166쪽)

이 문장 속에는 앞서 우리가 주요하게 다루었던 개념들이 모두 등장하는데, 그것들은 '재인식'과 '정당화'이다. 재인식은 기존에 통용되는 것들을 다시 알아보는 것이고, 이 다시 알아보는 수단이 정당화이다. 재인식과 정당화는 동전의 양면을 이루고 있는 것이다. 그리고 재인식과 정당화를 수행하는 칸트의 비판은 그 결과로서 '타협'을 낳는다. 그것은 프리드리히 2세의 말에 따라, 기존의 법과 가치에 대해 따져보기는 하되 그와 타협하고 거기에 복종하는 비판이다. 한마디로 "자신이 비판하는 것을 믿으면서 시작"하는 비판, 정당화를 통해 자신이 믿는 것으로 돌아오기 위한 비판이다. 이런 비판을 수행하는 이성은 기존의 법과 가치들에 자율적으로 복종하기에 이 복종을 넘어서 기존의 것들을 아무것도 비판에 부칠 수 없게 된다. 보다 강도 높게 이렇게도 말할 수 있으리라. "이성은 우리를 합리적 존재로 만드는 우월성을 표현하는 만큼이나 우리의 노예 상태, 우리의 복종을 표현한다."(NP, 171쪽) 그러므로 이성은 비판의 "적극적인 심급"이 될 수 없다. '이성에 의한 이성 비판'이라는 칸트의 기획은, 이성 자신을 비판의 표적으로 삼아 이성 능력들의 유한성을 명시하는 데 그칠 뿐이다.

이성이 비판의 심급이 될 수 없다면, 이성에 대해 부차적이라 이성에 종속될 수 있는 것이 아닌, 이성에 의해 가려져 있는 보다 심층적인 심급을 일깨워 내야 할 것이다. 들뢰즈는 니체와 더불어 묻는다. "이성 속에 숨겨져 있고 표현되어 있는 의지는 무엇인가? 이성 뒤에, 이성 자체 속에 누가 버티고 있는가?"(NP, 169쪽) 근본적인 층위에 있는 것은 바로 '욕망'이다. 니체의 용어로는 '힘의 의지'라 불린다. "니체는 욕망을 힘의 의지라 부른다."[18] 이 욕망은 철학사를 통해 '욕구'appetitus, '충동'nisus 등 여러 가지 이름으로 불리어왔다. 니체가 붙인 이름은 '힘의 의지'이며, 이 개념의 구체적인 철학사적 연원 가운데 하나는, 하이데거Martin Heidegger가 『숲길』에 수록된 「"신은 죽었다"는 니체의 말」에서 적절히 파악하듯, 라이프니츠Gottfried Leibniz에게 있다. 우리는 니체의 몇몇 중요한 개념들에 대한 이해를 구하기 위해 하이데거의 저 글을 얼마간 읽게 될 것이다.

> 근세의 형이상학 안에서 주체(수브엑툼)를 '표상(지각)하고 의욕(욕구)하는 존재자'ens percipiens et appetens로서 사유한 최초의 철학자는 라이프니츠이다. 그는 존재자가 지닌 '**힘**' …… 의 성격 속에서 처음으로 명확히 존재자의 존재의 **의지적 본질**을 사유하고 있다.(대괄호—옮긴이)[19]

> '생성한다'는 것은 무엇으로부터 무엇에로의 이행을 의미한다. 즉, 그것은 라이프니츠가 그의 단자론 …… 에서 존재자로서의 존재자ens qua ens

---

18 Gilles Deleuze & Claire Parnet, *Dialogues*, Paris: Flammarion(Champs), 1996, 109쪽.
19 마르틴 하이데거, 「"신은 죽었다"는 니체의 말」, 『숲길』, 신상희 옮김, 나남, 2020(2판), 331쪽.

를 — 다시 말해 지각(표상)하며-욕구하는 존재자ens percipiens et appetens
를 — 철저히 관장하는 '자연적인 변화'라고 부르는 그런 운동과 움직임
을 의미한다. 이렇게 관장하며 지배하는 것das Waltende을 니체는 현실적인
모든 것의 — 즉, 좀 더 넓은 의미에서 말하자면 — 존재자 ...... 의 근본특
성이라고 사유한다. ...... 그는 이와 같이 존재자를 그것의 본질essentia에
서 규정하는 바로 그것을 '힘에의 의지'〔힘의 의지〕Wille zur Macht라고 파악
한다.[20]

이렇게 존재자의 근본을 힘으로, 욕구로 파악하는 라이프니츠의 전통
은 니체의 힘의 의지로 이어진다. 그리고 그것은 우리가 불렀던 대로 '욕
망'이다.(물론 라이프니츠 이전에, 하이데거의 철학이 전반적으로 소홀히 취급한
한 사람의 철학자가 우리 존재자의 본질을 먼저 욕망으로 파악하였는데, 그는 니체
가 자신의 선배라 인지하고 들뢰즈가 철학자들의 그리스도라 부른 스피노자Baruch
Spinoza이다.(『에티카』, 3부, 정리 9, 주석 참조) 욕망의 문제와 관련해, 하이데거가
간과한 스피노자는 니체 및 들뢰즈와 직접적인 연관을 지닌다.) 존재자의 '본질'
은 코기토 또는 이성이 아니라 바로 이 욕망인 것이다. 그리고 이 욕망, 힘
의 의지가 바로 비판의 최종 심급을 이룬다. 들뢰즈는 말한다.

> 그러면 '누가' 비판하는가? 비판적 관점은 무엇인가? 비판적 심급은
> 실현된 인간이 아니며, 인간의 승화된 어떤 형태, 정신, 이성, 자의식〔자기
> 의식, conscience de soi〕도 아니다. 신도 인간도 아니다. ...... **비판적 심급은
> 권력의지〔힘의 의지〕이며, 비판적 관점은 권력의지〔힘의 의지〕의 관점이
> 다.**(NP, 173쪽)

모든 비판과 단죄의 최종 심급에 놓여 있던 중세적 신도, 신이 사라진
뒤의 이성과 자기의식을 지닌 근대적 인간도 더 이상 비판의 심급이 아니
다. 비판의 심급은 힘의 의지, 욕망이다. 어떤 점에서 그렇게 이야기할 수
있을까? 욕망은 이성보다 어떤 점에서 심층적이기에 비판의 최종 심급에

20 같은 글, 311~312쪽.

자리하는 것일까? 이에 대한 답은 '가치'의 문제를 다룬 후에 할 수 있다.

하이데거의 다음 문장과 더불어 이야기를 풀어가야 할 것이다. 하이데거 역시 근원적 심급으로서 힘의 의지를 지목한다. "힘에의 의지[힘의 의지]는 가치 정립의 필연성을 위한 근거이며, 가치 평가의 가능성의 근원이다."[21] 힘의 의지가 가치 정립의 심급이라는 것은 곧 비판의 심급이라는 것과 같다. 간단히 말해 가치 정립은 가치 없는 것에 대한 비판을 간직하는 까닭이다.

가치란 무엇인가? 니체가 말하듯, 가치는 하나의 시점이다.("가치라는 시점Gesichtspunkt, 視點"[22]) 이런 생각을 표현하는 개념이 바로 '관점주의'이며, 이것이 '비판'을 가능하게 한다. "니체는 …… 관점주의perspectivisme라고 그가 명명하는 것 속에서 **전면적 비판의 가능한 유일 원리**를 발견했다고 생각했다."(NP, 167쪽) 단적으로 "삶은 그 본질에 있어 '가치를 정립하는 것'Wert-setzendes"[23]이다. 구체적으로 힘의 의지가 그것이 놓인 관점에서부터 하나의 가치를 표상하고(창조하고), 그 가치를 욕망한다. 이 가치의 창조란 들뢰즈에게 있어서 '입법'과 다른 것이 아니다. "입법자인 철학자는 니체에게서 미래의 철학자로 등장한다. 입법은 가치들의 창조를 의미한다. '참된 철학자들은 명령하고 입법하는 자들이다.'"(NP, 169쪽) 당연히 이러한 입법, 가치의 창조는 기존의 가치에 대해 복종하는 법이 없다. "철학자인 한에서 철학자는 복종하길 중단한다. 또 그는 …… 과거의 가치들을 부수고 새로운 가치들을 창조한다. 그 점에서 그의 모든 학문은 입법적이다."(NP, 170쪽) 입법, 욕망의 관점에서 마땅히 따라야 하는 법의 창조가 가치의 창조와 다른 것이 아니며, 또한 그것은 욕망(힘의 의지)이 원하는 것의 실현을 의미한다. 당연히 이러한 욕망에는 '제한'이 없으며, 이러한 욕망에 의해 인도되는 사유는 '무한'하다. 이 사유는 기존의 법이나 가치와 타협하여 그것을 '재인식'하고 '정당화'하는 사유가 아니다. 재인식이나 정당화와는 정반대되는 일이 벌어진다. 욕망에 의해 새로운 가치

---

21 같은 글, 313쪽.
22 같은 글, 308쪽.
23 같은 글, 311쪽.

가 창조될 때, 기존의 법과 가치는 굴복해야 하는 한계가 아니라 맞서야 하는 장애물이 되며, 욕망은 '망치로 철학하기'라는 니체의 비판 개념에 따라 장애물들을 철거한다.(우리는 다음 장에서 들뢰즈의 이러한 니체적 비판이 어떻게 카프카론을 통해 구현되는지 보게 될 것이다.)

이제 우리는 칸트적 비판의 불충분함에 의해 촉발된 니체적 비판이 어떤 것인지 알게 되었다. 이 비판 개념으로부터 '비평' 개념이 인도될 것이다. 이를 살피기 전에 앞서 우리가 던졌던 질문에 답해야 한다. 가치를 창조하는 힘의 의지는 어떤 의미에서 이성보다 심층적인 비판의 심급인가? 하이데거가 쓰고 있는 아래 구절을 보자.

> 칸트는 형이상학을 비판적으로 정초하는 가운데 선험적〔초월적〕 주관성의 궁극적 자기 확증을 선험적〔초월적〕 연역의 권리 문제quaestio iuris라고 사유하였다. …… 니체의 형이상학에 있어서 그의 가치 사상은, 데카르트의 형이상학에서 말해지는 확실성의 근본 사상보다도 더욱 근본적이다. 왜냐하면 **확실성은 그것이 최고의 가치로서 통용되는 한에서만 비로소 정당한 것이라고 간주될 수 있기 때문이다.**[24]

여기서 하이데거는 근대 의식 철학의 대표자 데카르트René Descartes와 칸트에 대해 니체의 가치 철학이 어떻게 맞서고 있는지 보여준다. 주관에 대한 '자기 확증' 또는 '확실성'은 '가치'에 대해 이차적이다. 왜냐하면 '확실성'은, 그것이 가치 있는 것인 한에서만 관건이 되고, 한 철학의 중심에 놓일 수 있기 때문이다. 요컨대 가치를 창조하는 힘의 의지는 자기의식, 코기토보다 앞서며, 이런 까닭에 가장 심층적인 비판의 심급인 것이다.

---

24 같은 글. 331~332쪽.

5. 비평의 탄생

사유를 제한하지 않는 이러한 '비판'이 바로 '비평' 자체로서 역할을 한다. 가령 들뢰즈의 『프루스트와 기호들』Proust et les signes을 보자. 들뢰즈의 문학 비평을 다루는 다음 장에서 자세히 보겠지만, 책 제목에 나와 있는 '기호'는 프루스트론뿐 아니라 들뢰즈 사상 전체의 핵심을 이루는 개념이다. 기호는 재인식과 대립하는 사유의 대상이다. 한마디로 그것은 니체에 뿌리를 두고 있는 비판적 사유의 대상이다. 그렇다면 기호는 먼저 가치 평가의 관점에서 출현하는 것이어야 하지 않을까? 실로 그렇다. 일단 프루스트Marcel Proust 자신이 『잃어버린 시간을 찾아서』에서 이렇게 가치에 대해서 말하고 있다.

> 인상만이, 정신이 포착할 **가치**가 있다. 왜냐하면 정신이 인상으로부터 이 진리를 이끌어낼 때 여기서 오로지 인상만이 이 진리를 더 큰 완성으로 이끌고, 그리하여 정신에다 순수한 기쁨을 더해줄 수 있기 때문이다.[25]

여기서 인상은 해독해야 하는 '기호'의 일종이다. 가치라는 관점을 통해 인상은 출현하며 그 이후 인상으로부터 얻어내는 것이 진리와 기쁨이라고 프루스트는 거의 니체처럼 말하고 있다. 이어서 들뢰즈가 『프루스트와 기호들』에서 쓰고 있는 아래 문장들을 보자.

> 『찾기』의 인물들은 오로지 근본적인 시간의 리듬 위에다 해독해야 할 기호들을 방출하는 한에 있어서만 소중한 존재들이다. 할머니, 프랑수아즈, 게르망트 부인, 샤를뤼스, 알베르틴. 이들 각각은 우리에게 가르침을 주는 바가 있기 때문에 우리에게 **가치**가 있다.(PS, 137쪽)

> 석양의 비스듬한 광선, 냄새, 맛, 문틈으로 흘러 들어오는 바람, 순간적

---

[25] Marcel Proust, À la recherche du temps perdu, Paris: Gallimard(Pléiade), 1954, t. III, 880쪽.

인 성질들의 복합 — 이런 것들은 그것들이 스며들어 가는 '주체'에 대해서만 **가치** 있는 것이 된다.(PS, 164쪽)

애인은 감각적 성질처럼 자기 안에 감싸고 있는 대상 때문에 **가치**를 지닌다.(PS, 181쪽)

여기서 '가치' 있다고 말하는 대상들은 모두 '해독해야 할 미지의 기호들'이다. 비판이 예술의 세계 속에 들어왔을 때 가지게 되는 이름인 '비평'은 기존의 법칙과 클리셰Cliché, 즉 재인식의 대상을 뛰어넘어 이 기호들을 식별하는 데서 시작된다. 기호들의 해독은 이미 주어져 있는 진리가 아니라, 여태껏 없었던 진리로 우리를 이끈다는 점에서 사유의 창조성을 드러낸다.

이러한 점을 우리는 들뢰즈의 비평 개념을 가장 잘 보여주고 있는 『자허마조흐 소개』(1967)의 몇몇 페이지를 통해 명확하게 살펴볼 수 있다. 마조흐Leopold von Sacher-Masoch는 온통 클리셰로 덮여 있는 작가이다. 왜 그렇게 되었는지 서로 상관적인 이유 두 가지를 들 수 있을 것이다. 첫째, 대체로 사람들은 마조흐의 작품에 대해 무지한 채 '마조히즘'이라는 개념을 남발해 왔으며, 그런 까닭에 어처구니없게도 마조흐의 작품은 마조히즘이란 이름 아래 소외되어 왔다. 둘째, 마조흐는 임상적으로 사드Marquis de Sade의 보완물 정도로 여겨져왔다. 그 결과 '사도마조히즘'sado-masochisme이라는 개념 아래, 사람들은 사드로부터 마조흐를 얻어낼 수 있는 것으로 오해한다.[26] 요컨대 사도마조히즘이라는 개념이 바로 임상의학적 차원에서 판에 박힌 것으로, 클리셰로 작용해 온 것이다. "사도마조히즘이라는 것은 잘못 만들어진 명칭 가운데 하나, 기호학적 괴물이다."[27] 사람들은 기존에 있어온 사도마조히즘이라는 이 잘못된 개념을 '재인식'하는 데만 급급했던 것이다. 어떻게 이런 임상의학상의 오해로부터 벗어날 수 있을

---

26 Gilles Deleuze, *Présentation de Sacher-Masoch*, Paris: Éd. de Minuit, 1967, 10쪽 참조.
27 같은 책, 114쪽.

까? 사도마조히즘이라는 괴물로부터 마조흐를 구해내, 사드와 상관없는 그의 독자성을 드러내는 것이 들뢰즈 마조흐론의 주요 내용이다.

먼저 임상의학의 두 개념인 '징후'(증상, symptômes)와 '증후군'syndromes을 구별해야 한다. "징후는 한 질병이 지닌 특유한 **기호**signes이다. 그러나 증후군은 서로 매우 다른 인과적 노선에, 그리고 다양한 맥락에 따라서 마주치거나 교차하는 것들이 한데 연합된 것이다."[28] 이 말이 뜻하는 바는 증후군이라는 것은 어떤 질병의 기호가 아니라, 무언가를 특정 질병으로 오인하게 할 수 있는 가짜 개념의 원천이 될 수 있다는 것이다. 그런 개념에 속하는 것이 사도마조히즘이다. 사람들은 마주치고 교차하며 복합을 이룬 사디즘과 마조히즘의 징후들을 서로 구별해 내지 못하고, 사디즘에 마조히즘이 종속된 형태인 하나의 질병을 나타내는 사도마조히즘이라는 가짜 개념만을 인지(재인식)해 왔던 것이다. "우리가 겉으로 보기에는 공통적인 것 같은 어떤 기호〔징후〕앞에 서게 될 때마다 그것은 단지 하나의 증후군이었다. 서로 환원되지 않는 증상들로 이루어졌기에 분해 가능한 하나의 증후군 말이다."[29] 여기서 비평의 과제가 분명하게 모습을 나타낸다. 비평은 증후군을 헤집고 하나의 '기호'를, 징후를 올바로 해독해야 한다. 당연히 이 작업은 클리셰 밑에 숨겨진, 잃어버린 작품에 대한 면밀한 읽기를 요구한다. 그렇게 해서 '비평'은 '진단'을 바로잡는다. "(문학적인 의미의) 비평critique과 (의학적 의미의) 진단clinique은, 서로 가르침을 주고받는 새로운 관계 속에 들어가게 될 수 있다."[30] 요컨대 기호(증상)를 해독하는 비평이 진리(임상의학)를 창조하는 것이다. 이때 비평은 기존의 문학적·의학적 클리셰(예컨대 사도마조히즘)를 재인식하는 것이 아니라, 그야말로 망치와도 같은 비판을 통해 클리셰를 부서트린다. '예술적 비평의 핏줄에는 그 기원에서부터 길어 올린 철학적 비판이 있는 것이다.' 들뢰즈는 삶 전체를 통해 이런 비평 개념을 간직했다. 이 사실은 그가 지은 책 이름에 고스란히 남은 채 들뢰즈가 무엇에 자신의 평생을 사용했는지 증

---

28 같은 책. 11쪽.
29 같은 책. 114쪽.
30 같은 책. 11쪽.

언한다. 그의 초기 저서이자 오랜 세월 가필한 작품의 제목은 『프루스트와 기호들』(1964~1976)이고, 생전에 나온 마지막 책 이름은 『비평과 진단』 *Critique et clinique* (1993)이니 말이다. 다음 장에서 우리는 들뢰즈의 이러한 비평을, 문학의 영역에서부터 살펴볼 것이다.

2
문학 비평

징후학의 실천과
소수 문학의 힘:
프루스트와 카프카

서동욱

1. 재인식을 넘어서

앞서 우리가 읽은 장의 핵심은 비평이 비판의 연장선에 있다는 것이다. 비판에서 자라 나온 중요한 줄기가 예술 비평이다. 그리고 비판의 기원에 있는 것, 근본 심급은 욕망이다. 비판은 자신을 막아서는 장애물 앞에서 스스로 멈추어 서지 않는다. 다시 말해 칸트가 보여준 것과 같은, 기존의 법칙과 가치에 대한 자율적 복종은 비판의 목적이 아니다. 비판은 기존에 있던 법칙과 가치를 인지, 즉 '재인식'하는 것이 아니라, 미지의 것, 바로 기호를 향해 나아가고 기호의 인도를 받아 새로운 진리에 다다른다. 이것이 우리가 1장에서 들뢰즈의 비평 개념 아래 살펴본 대략적인 내용이다.

이러한 내용을 살피는 과정에서 우리는 니체가 들뢰즈의 비평 개념 형성에서 중요한 역할을 했다는 것을 보았다. 그런데 니체뿐 아니라 스피노자와 라이프니츠 역시 그렇다. 그들은 '재인식 비판'이라는 관점에서 데카르트를 표적으로 삼는다. 들뢰즈의 『스피노자와 표현 문제』*Spinoza et le probleme de l'expression*(1968) 중 한 구절이다.

> 데카르트에 대한 라이프니츠의 비판은 잘 알려져 있다. 명석 판명함 자체는 우리에게 대상을 '재인식하게' 할 뿐, 그 대상에 대한 진정한 인식을 주지는 않는다. 명석 판명은 본질에는 도달하지 못하고, 단지 본질에 대한 '추측'(어림잡기conjecturer)만을 허락하는 외관 혹은 외생적(부대적) 특질들과 관련된다. 명석 판명은 왜 사물이 필연적으로 그러한 것인지를 우리에게 보여주는 원인에는 도달하지 못한다. …… 스피노자의 비판도 다르지 않다.(SPE, 184~185쪽)

데카르트의 기계론에 따르면 우리가 경험할 수 있는 사물들이 어떻게 서로 작용하고 작용받는지 명석 판명하게 계산할 수(재인식할 수) 있다. 그러나 사물들이 부여받은 어떤 '본질' 때문에 그런 역학이 가능한지는 그저 어림짐작할 뿐이다. 즉 재인식의 대상인 데카르트의 역학은 완전하게 '정당화'되지는 못한다.

경험(결과)을 명석 판명한 관념을 통해 '재인식'하는 데 머무는 데카르트 철학에 맞서, 스피노자와 라이프니츠의 철학은 그런 경험을 '발생'하게 하는 본질, 자연의 힘(원인)을 적극적으로 사유하고자 한다.

이 논제를 우리는 형이상학자로서 들뢰즈에게 초점을 두고 사변적으로 접근할 수도 있을 것이다. 그러나 예술 비평가로서 들뢰즈를 다루고 있는 이 책의 방향을 존중하며 예술론의 차원에서 다룰 수도 있을 것이다. 시기적으로도, 그 정신에 있어서도 라이프니츠의 철학과 병행적인 바로크 미술은 데카르트적 재인식에 반대하는 사유가 어떤 것인지 잘 예화해서 보여준다.

데카르트가 명석 판명함을 기준으로 경험 가운데 재인식하고 있는 대상은, 공간을 차지하고 있는 사물, 즉 '연장'extension이다. 데카르트에게는 이런 연장이 경험의 배후에 자리 잡은 실체이다. 라이프니츠에게선 데카르트의 이 연장이 근본이 아니라 결과물에 불과하다. 의식되지 않는 미세한 지각들, 즉 '어둡고'obscur '혼잡한'confus 것들이 중첩되면서(주름 잡히면서) 최종적인 결과물로서, 의식에 명석 판명하게 주어지는 대상, 연장이 생성되는 것이다. 바로크 미술이 이 인식론적·존재론적 과정을 반복한다. 들뢰즈가 라이프니츠를 다루고 있는 책인 『주름』*Le pli: Leibniz et le baroque*(1988)의 인상 깊은 한 구절을 읽어보자.

> 이것이 바로크의 공헌이다: 그림을 기다리는 백악白堊이나 석고로 된 흰 바탕 대신, 틴토레토, 카라바조의 작품은 적갈색의 어두운 바탕을 사용하는데, 그 위에 그들은 가장 넓은 그림자를 위치시키고 그림자를 향해 색조를 엷어지게 하면서 직접 붓질을 해나간다. 그림은 지위가 변하고, **사물들은 배경에서 솟아오르며, 색들은 어두운(obscur) 본성을 보여주는 공통의 바탕으로부터 터져 나오고, 형태들은 윤곽에 의해서보다는 겹침에 의해 정의된다**.(P, 63~64쪽)

사물은, 공간을 차지하는 연장처럼 애초에 형태를 가지고 있는 것이 아니다. 그것은 무수한 붓질이 만들어내는 미세한 요소들이 중첩되면서 결과로서 생산된다. 다시 말해 라이프니츠가 말한 어둡고 혼잡한 것들이 최종적으로 데카르트가 말한 명석 판명한 것에 도달한다.[1]

들뢰즈 철학은 이렇게 근원적인 원인을 찾아가면서 상식, 그리고 기존의 과학이 지닌 고정 관념을 넘어서 버린다. 데카르트식의 재인식에 기반한 과학이 경험 가운데 출현한 사물들 사이의 인과 관계를 규명하는 데 그쳤다면, 이런 재인식을 넘어서려는 철학에게 저 인과성은 근본적인 인과성에 비해 부차적인 것이다. 바로 자연의 힘, 어둡고 혼잡한 것으로 표현된 자연의 힘으로부터 사물들이 결과하는 인과성에 비하면 말이다.

2. 객관주의와 주관주의 비판

들뢰즈의 문학 비평 역시 상식적인 것을 다시 알아보는 일, 즉 재인식을 비판하고서 생경한 자연, 그리고 근본적인 본질로 나아간다. 이 자연이란 기존의 어떤 개념에도 매개되지 않은 미지의 것, 해독해 내야 하는 기호, '징후학'symptomatologie의 대상이다. 들뢰즈의 이 징후학에 중요한 가르침을 준 이는 들뢰즈가 『프루스트와 기호들』(1964년 출간 이래 1976년까지 증보)을 통해 자신이 배운 바를 정리한 프루스트이다. 그러므로 우리는 이 프루스트론을 출발점에 두고 사유를 시작해야 한다. 그리고 프루스트를 배경으로 한 징후학 또는 기호 해독이 들뢰즈가 스피노자로부터 발견한, 그리고 들뢰즈 사상의 핵심을 이루는 중요 개념 '표현'expression을 배경으로는 어떻게 자리 잡을 수 있는지 역시 살펴야 한다. 왜냐하면 인식의 종류에 관한 스피노자의 분류에서 보듯 기호와 표현은 서로 양립할 수 없는 것처럼 보이는 까닭이다. 그런데 표현은 존재론적 개념일 뿐 아니라 언어적 개념이기도 하다. 그렇다면 기호 해독이라는 프로그램을 거치지 않고,

---

1 이에 대한 자세한 논의는 서동욱, 「감성의 수동적 종합으로서 회화: 바로크의 마니에리슴에서 베이컨까지」, 『미술은 철학의 눈이다』, 문학과지성사, 2014, 326~334쪽 참조.

표현 개념 자체가 문학 언어의 기반이 될 수 있지 않을까? 이런 궁금증은 우리를 들뢰즈의 『카프카』*Kafka: Pour une littérature mineure*(1975)로 이끌 것이다. 그리고 이런 질문들에 대한 답을 찾아가며 궁극적으로 우리는, 현대 문학의 가장 빛나는 전위적인 시도인 프루스트와 카프카Franz Kafka의 문학이 들뢰즈의 수많은 문학 비평적 사유에서 왜 가장 중요한 자리를 차지하는지 이해하게 될 것이다. 프루스트론과 카프카론은 '재인식' 극복, 클리셰 비판이라는 들뢰즈 비판의 기본을 실천하면서, 차이와 반복, 오이디푸스화한 욕망에 대한 비판 등 들뢰즈 사상의 핵심 개념들을 창조하고 있다.

무엇보다 먼저 들뢰즈 프루스트론의 성격은 이중적이라는 점부터 말해두어야겠다. 들뢰즈의 비평적 사유는 그 사유의 모델 자체를 프루스트의 기호 해독으로부터 배운다. 그럴 수 있는 까닭은 『잃어버린 시간을 찾아서』 자체가 작가 지망생인 주인공이 암중모색을 통해 여러 가지 기호(징후)를 창조적으로 해독하는 길을 그리고 있는 작품이기 때문이다.("'기호'라는 단어는 『찾기』(『잃어버린 시간을 찾아서』)에서 가장 빈번하게 등장하는 단어 가운데 하나이〔다〕."(PS, 24쪽)) 동시에 기호 해독이라는 이 창조적 사유 모델을 프루스트에게서 발견하는 작업은 클리셰로부터 벗어나 프루스트를 새롭게 창조하는 작업이기도 하다. 다시 말해 프루스트론은 들뢰즈의 비평론이며 동시에 비평의 실천물이다.

프루스트는 징후학에 대해서 무엇을 알려주고 있는가? 『잃어버린 시간을 찾아서』에서의 다음 인용은 들뢰즈 프루스트론의 논의 전체를 인도하는 결정적인 문장이라 해도 좋을 것이다.

> 문제는 포크의 달그락거리는 소리나 마들렌의 맛 같은 것 속에 감싸여 있는 '무의식적으로 나타나는 기억들' 혹은 내가 머릿속에서 그 의미를 찾아내려고 애쓰던 **형상**figure들의 도움으로 쓰인 진리들이다. 내 머릿속에서는 종탑, 무성한 잡초 등의 형상이, 복잡하게 잔뜩 엉킨 판독할 수 없는 글씨를 조판組版하고 있었다. 이 형상들의 첫째가는 특성은 '내가 그것들을 자유롭게' 선택할 수 없으며, 그것들은 그대로 나에게 주어진다는 것이다. 그리고 이런 점이 그 **형상**들의 진정성을 나타내는 표식임에 틀림없다고 나는 느꼈다. 발부리에 부딪힌 안뜰의 두 포석을 '내가 의도적으로 찾

아갔던 것은 아니다.' 그러나 감각과 '마주치게' 된 '우연하고도 필연적인' 방식이야말로 감각이 소생시킨 과거의 진실, 감각이 벗겨낸 이미지들의 진실을 확인해 준다 ……. 이미지의 기호들(내 주의력이 수심을 재는 잠수부처럼 찾고 부딪히고 윤곽을 그려보려는, 부조浮彫된 것 같은 '기호들')로 된 내적인 책을 읽는 데에는 그 누구도 어떤 모범을 제시해서 나를 도와줄 수 없었다. 이 독해는 그 누구도 대신 해줄 수 없고 협력조차 제공할 수 없는 **창조** 행위였다 ……. 순수 지성이 만들어낸 관념들은 논리적 진리, 가능한 진리밖에 가지지 못한다. 이 관념들은 임의적으로 선택된 것이다. '우리 지성에 의해 쓰인 문자caractères tracés par nous가 아니라' 사물의 **형상**이라는 문자caractères figurés로 된 책이 우리의 유일한 책이다. 우리가 만들어낸 관념들이 논리적으로 옳지 않다는 뜻이 아니다. 다만 그 관념들이 참인지 아닌지는 모르겠다는 것이다.²

여기에는 들뢰즈의 기호론 또는 징후학의 핵심적인 생각들이 등장한다. 여러 번 나타나는 '형상'figure이라는 단어는 해독되어야 할 미지의 기호를 가리킨다.(이 개념은 들뢰즈의 미술 비평을 대표하는 베이컨론에서도 핵심적인 사유의 대상으로 떠오르는데, 다음 장에서 이 점에 대해 보게 될 것이다.) 이 기호라는 것은 사유를 자극해서 사유가 필연적으로 시작되지 않을 수 없도록 하는 것이다. "사유하도록 강요하는 것은 바로 기호이다."(PS, 145쪽) 이런 기호를 프루스트는 위에서 "사물의 형상이라는 문자"라 부른다. 들뢰즈는 기호의 강제에 따라 시작되는 사유가 가져오는 새로움에 대해 『차이와 반복』에서 이렇게 말한다.

> 그것은 사유에서 '본유성'의 껍질을 벗겨내고, 또 매번 사유를 언제나 현존했던 어떤 것이 아니라 오히려 강제와 강요를 통해 시작하는 어떤 것으로 취급하는 바로 그런 와해와 더불어 도래하는 것이 아닐까? 이에 비하면 재인(재인식)을 위해 벌이는 자발적인 싸움들이란 얼마나 가소로운가?

2 Marcel Proust, *À la recherche du temps perdu*, Paris: Gallimard(Pléiade), 1954, t. III, 878~880쪽.

> 여기서 싸움은 오로지 …… 통용되는 가치들(명예, 부, 권력 등)을 차지하거나 주무르기 위해 벌어지고 있을 따름이다.(DR, 306쪽)

기호 해독은 기존에 있었던 어떤 것과도 다른 새로운 것을 '창조'하는 일이다. 반면 재인식은 기호 해독과 대립하는 것으로서 기존의 것들을 다시 알아보는 일이다. 기존의 것들에는 앞서 예로 들었던 데카르트의 인식론적 개념들 같은 유의 것들뿐 아니라 바로 "통용되는 가치들(명예, 부, 권력 등)" 역시 속한다.

그렇다면 문학에서의 재인식이란 어떤 모습으로 나타나는가? 그리고 이러한 재인식의 극복은 어떻게 이루어지는가? 문학에서 재인식이란 '객관주의'와 '주관주의'로 나타난다. 한마디로 이것들은 기호에 대한 잘못된 접근에서 귀결되는 잘못된 인식인 동시에 잘못된 인식에 기반하는 작품 경향이다.

'징후학'이 견지하고 있는 기본적인 입장은 이것이다. "배운다는 것은 우선 어떤 물질, 어떤 대상, 어떤 존재를 마치 그것들이 해독하고 해석해야 할 기호들을 방출放出, émettre하는 것처럼 여기는 것이다."(PS, 23쪽) 여기서 중요한 것은 물질, 대상, 존재가 기호를 창출하지만, 마치 기원으로 회귀하듯 기호 해독을 통해 기호의 이 방출자들로 회귀해서는 안 된다는 점이다. 이유는 간단한데, 기호의 방출자는 기호의 '의미'가 아닌 까닭이다. 재인식은 해석을 통해 기호를 잘못된 지점에 귀속시킨다. 그러면 재인식의 관점에선 기호가 어떻게 해석되는가?

> 각각의 기호는 두 가지 측면을 가진다. 다시 말해, 한 대상을 '지칭하기도 하며' 또 그 대상과는 다른 어떤 것을 "'의미'하기도 한다.' 대상적인 것이란 쾌락과 지금 당장의 즐김과 '실제적'이라는 면모를 지닌다. 이런 대상의 길로 빠져버리면 이미 '진실'의 측면은 희생되어 버린 것이다. 우리는 사물들을 재인식再認識, reconnaître〔재인〕하기는 한다. 그러나 결코 그것들을 인식connaître하지는 못한다. 우리는 기호가 의미하는 것을 기호가 지칭하는 존재나 대상과 혼동한다.(PS, 54~55쪽)

기본적으로 기호의 의미는, 실물 지시적 정의ostensive definition가 보여주듯, 그 기호가 지칭하는 대상으로 생각될 수 있다. 그러나 이는 기호를 통해 그것이 지칭하는 객체적 기원을 다시 알아보는 재인식의 수행에 불과하다. 기호 해독이 도달하는 의미는 객체와는 다른 데 있는 것이다. 기호의 의미를 지칭 대상에서 찾는 것이 '객관주의'에 속하는데, 이는 우리가 뭔가를 지각할 때 자연스레 발현되는 것이기도 하다.

'객관주의'는 어떤 종류의 기호건 닥치는 대로 피해를 입힌다. 왜냐하면 객관주의는 어떤 한 경향의 소산이 아니라, 오히려 여러 경향들을 하나의 복합체로 결합하기 때문이다. 한 기호를 그것을 방출하는 대상과 결부하고 기호가 베푸는 특혜를 대상의 덕으로 돌리는 것은 지각이나 표상이 처음에 취하는 자연스러운 방향이다.(PS, 57쪽)

그런데 기호와 마주쳤을 때 그것의 지칭 대상을 의미로 간주하는 경향은 기호의 진정한 의미로 나아가는 길을 차단하는 방해 요소이다. 객관주의를 이루는 것은 단지 이런 지칭 대상 친화적인 경향만이 아니다. 객관성은 대상에서뿐 아니라 대화에서도 성립하지 않는가? 대화를 오로지 객관적 의미가 오가는 영역으로 간주한다면 말이다. 아래 인용은 객관주의에 대한 결정적인 설명을 담고 있다.

『찾기』의 주인공은 객관주의 문학의 결점을 잘 알고 있다. …… 프루스트의 혐오는 유명하다. 그는, 진실의 발견은 어떤 '한담'閑談 또는 대화라는 모종의 방법과 분리되지 않는다고 생각한 생트뵈브Charles Augustin Sainte-Beuve를 혐오한다. 이 대화의 방법이란, 어떤 특정인을 가깝게 사귀었다고 주장하는 사람들이 내밀한 이야기를 털어놓는 것으로 시작해서, 이 이야기들에서 얻는 가장 자의적인 정보들로부터 어떤 진실을 이끌어내는 방법이다. …… 기호들을 지시 가능한 대상들과의 관련 아래 해석하며(관찰과 묘사), 객관성을 보증해 주는 것이랍시고 증언과 의사소통이라는 사이비 기재(잡담과 앙케트)를 내놓고, 의미sens를 분명하고 명시적이며 공식화된 의미(signification, 거창한 주제들)와 혼동하는 문학은 본래 실망스럽기

마련이다.(PS, 61~63쪽)

객관주의는 지칭 대상의 객관성과 대화에서 오가는 말의 의미의 객관성에서 성립한다. 객관주의는 기호의 의미를 '관찰과 묘사'에서 발견하며, '증언·의사소통·앙케트'에 사용된 기호의 액면 그대로의 의미를 그대로 믿어버린다. 그러나 프루스트의 대표적 사물 '마들렌'이 알려주듯 사물은 객관적으로 관찰되고 묘사된 것과는 다른 의미를 지닌다. 마들렌의 의미는 특정한 모양, 그리고 설탕 맛이나 버터 맛처럼 그 과자에 객관적으로 귀속되는 성분에 있는 것이 아니다. 그 과자를 통해 사유가 창조적으로, 즉 이전에 자발적으로 기억했던 것과는 전혀 다르게 기억해 낸 '콩브레'에 있다. 또한 증언이나 대화나 고백이 진실로 인도해 준다고 생각하는 것은 순진한 믿음이다. 말은 늘 '명시적 의미'signification와는 다른, 객관화할 수 없는 '의미'sens를 감추고 있다.

그렇다면 기호의 진정한 의미를 대상 쪽이 아니라 주체 쪽에서 찾아야 할까? '주관주의' 역시 객관주의만큼이나 잘못된 길을 가고 있다. 우리는 주관주의를 이렇게 서술할 수 있을 것이다.

주체는 고작해야 연상의 사슬 정도만을 가지고 있을 뿐이다. 주체는 [객관적인] 통일성 대신에 이 연상의 사슬로 세계를 에워싼다. 그러므로 주체 쪽으로 관심을 돌려봐야 대상을 관찰하는 것보다 별로 나을 것도 없다. '해석하기'는 대상 못지않게 주체도 분해한다.(PS, 252쪽)

주관주의는 기호의 의미를 주관의 사적인 '연상'에서 찾고자 한다. 그것은 그야말로 철학이나 예술이 지녀야 하는 어떤 보편성도 없는 폐쇄된 사적인 세계 안에서 기호의 의미를 찾는 것이다. '의식의 흐름'이나 '자동기술법' 같은 문학의 기법이 종종 실망스러운 결과를 낳는 까닭은, 그 기법들을 잘못 이해한 작가가 주관적인 생경한 풍경을 문학적 성취로 오해하기 때문이다. 이런 주관주의는 당연하게도 기호의 의미가 지녀야 하는 보편성을 얻는 데 실패한다.

3. 본질에 대한 기호 해독: 차이와 반복, 사유의 창조성

그렇다면 객관주의와 주관주의의 잘못을 피해 기호에 대한 해독은 어디에 도달하는가? 기호 해독은 바로 '본질'에 대한 해독이다.

> 지칭된 대상을 넘어서서, 정식화된 명료한 진실을 넘어서서, 그리고 유사성이나 인접성에 의한 소생résurrection과 주관적 연상의 사슬 또한 넘어서서 본질들이 있다. …… 이 본질들은 대상의 속성들을 넘어서 있는 만큼이나 주관성의 상태 역시 넘어서 있다. 기호와 의미의 진정한 통일을 구성하는 것이 바로 본질이다. 그리고 기호가 자신을 방출하는 대상으로 환원되지 않는 한에서 본질은 기호를 구성한다. 또 의미를 파악하는 주체에게로 의미가 환원되지 않는 한에서 본질은 의미를 구성한다.(PS, 68쪽)

기호 안에 감싸여 있는 것은 바로 본질이다. 기호는 대상이 아니라 본질을 가리키고 있으며, 기호의 의미는 주관의 연상 속에 있지 않고, 주관적인 것과 상관없는 본질이다. 기호로부터 본질을 이해한다는 것은 무슨 뜻인가? 그리고 구체적으로 본질이란 무엇인가? 들뢰즈가 프루스트에게서 가장 중요한 지위를 가지고 있다고 말하는 '예술의 기호'를 보자. 예술작품을 이해한다는 것은 기호로서의 예술과 맞닥뜨려 예술작품 안에 내재하는 본질을 해독한다는 뜻이다. 그 본질이란 바로 '차이'와 '반복'이다.

> 본질 자체는 (예컨대 문체의 고리들 속에 대상들을 가두어버리는 식으로) 본질 자신이 육화되는 장소인 질료들을 개체화하며 또 규정한다. 뱅퇴유의 불그스름한 칠중주와 하얀 소나타 혹은 바그너 작품의 엄청난 다양성 등이 모두 그 예이다. …… 다시 말해 본질이란 본래 차이이다.(PS, 82쪽)

작품의 다양성을 가능하게 하는 것은 바로 차이이다. 차이가 본질로서 자리 잡고 있으니 작품은 차이의 분화로 인해 다양하게 되는 것이다. 다양성을 가지지 않는 작품이란 없다. 다양하지 않을 것 같다는 선입견을 줄 수도 있는 미니멀리즘 예술, 가령 작곡가 글래스Philip Glass의 「포토그래퍼」(1982) 같은 작품을 보라. 이 작품은 동일하다라고 오해할 수 있는 선율의 점진적인 전개로 이루어지는데, 이 전개는 결국 다양성의 구현이다. 그리고 차이가 없다면 다양성도 없다. 작가 루셀Raymond Roussel이 보여주는 '유사동음이의어'quasi-homonyme 역시 이러한 '차이'의 좋은 예가 될 것이다. 들뢰즈는 『차이와 반복』에서 말한다.

> 레몽 루셀의 작품에서 우리는 어떤 구두적口頭的 계열들 앞에 서게 된다. 여기서 전조의 역할은 어떤 동음이의어나 유사동음이의어(billard-pillard)로 돌아간다. …… 두 계열들 사이의 차이는 어떤 낯선 이야기들을 통해 메워질 것이고, 이에 따라 어떤 외적 유사성의 효과와 외적 동일성의 효과가 생겨나게 된다.(DR, 273~274쪽)

루셀의 창작 원리는 바로 '차이'로부터 '의미의 구성'이라 일컬을 수 있다. 루셀은 그의 유명한 창작론 『나는 내 책 몇 권을 어떻게 썼는가』 Comment j'ai écrit certains de mes livres (1935)에서, 'billard'(당구대)와 'pillard'(약탈자)라는 '유사동음이의어', 즉 거의 동일하게 발음되는 서로 다른 뜻의 단어로부터, 완전히 다른 의미를 지닌 두 문장을 만들어낸다. 다른 모든 단어는 같은데, 'billard'와 'pillard'라는 유사동음이의어로 인해 완전히 다른 의미를 지니는 아래 문장들이 탄생한다.

> 'billard'와 'pillard'의 경우 내가 얻어낸 두 문장은 이것이다.
> ① Les lettres du blanc sur les bandes du vieux billard...
>   오래된 당구대 쿠션에 초크로 쓴 글씨들
> ② Les lettres du blanc sur les bandes du vieux pillard...
>   늙은 약탈자가 이끄는 무리들에 관한 백인의 편지들
> 첫 번째 문장에서 'lettres'는 '글씨들', 'blanc'은 '초크', 'bandes'는 '당구대의 쿠션'을 뜻했다.
> 두 번째 문장에서 'lettres'는 편지들, 'blanc'은 '백인', 'bandes'는 '전사 부족들'을 의미했다.[3]

루셀은 첫 번째 문장으로부터 시작해서 두 번째 문장으로 끝나는 소설을 기획한다. 서로 다른 의미의 이 두 문장이 분기分岐하며 출현토록 하는 근본 원리의 지위에 놓인 것은 무엇인가? 바로 유사동음이의어이다. 이것은 한 문장에서는 billard로, 다른 한 문장에서는 pillard로 나타나며 완전히 다른 두 가지 의미를 만들어낸다. 결국 분기의 근본 원리는 '차이', billard와 pillard 두 가지 의미를, 또는 유사하게 보이는 단어들의 다양성을 만들어내는 차이이다.[4] 루셀의 이러한 창작 원리는 푸코 문학 비평의 주요 관심사이기도 한데, 우리는 이 책의 6장에서 이를 살펴보게 될 것이다.

저러한 본질로서의 '차이'는 또한 본질로서의 '반복'이기도 하다. 루셀이 보여준 동음이의어로서 차이는 반복의 원리이기도 하다. 동음이의어 때문에 첫 번째 구절 'Les lettres du blanc sur les bandes du vieux billard'는 두 번째 구절 'Les lettres du blanc sur les bandes du vieux pillard'로 반복된다. 반복은 동일성을 지닌 것(정확히 같은 형태의 구절)이 다시 출현하는 일이 결코 아니다. 그럴 경우엔 동일성이 근본 개념이고 반복을 식별할 차이는 아예 존립하지 못할 것이다. 한마디로 동일성은 반복을 불가능하게 한다. 차이로서의 반복은 언제나 '변장'déguisement과 '자리 바꿈'déplacement 속에서 일어난다. 우리는 차이와 반복의 관계를 『프루스트와 기호들』에 나오는 문장을 통해 다음과 같이 정리할 수 있다.

> 반복은 하나의 근원적인 차이에 단계들degrés을 구성해 준다. 그러나 이에 못지않게 다양성도 역시 근본적인 반복의 층위들niveaux을 이룬다. …… 사실 차이와 반복은 뗄 수 없고 서로 상관적인 본질의 두 힘puissance이다.(PS, 83쪽)

차이가 있으면 반복이 있다. 그리고 반복이 다양성을 만든다. 다양성이

---

3 레몽 루셀, 「나는 내 책 몇 권을 어떻게 썼는가」, 『아프리카의 인상』, 송진석 옮김, 문학동네, 2019, 357~358쪽.
4 루셀의 이러한 문학론에 대한 보다 자세한 논의는 서동욱, 『차이와 반복의 사상』, 서강대학교 출판부, 2023, 163~164쪽 참조.

삶과 예술이 실현된 모습이라면, 반복은 삶과 예술을 영위하기 위한 행위의 조건일 것이다. 몇 가지 예를 보자.『차이와 반복』에는 이런 흥미로운 문장들이 있다. "반복이 새로운 무언가가 실제적으로 산출되기 위한 역사적 조건이다. 루터와 바울 사이의 유사성, 1789년의 혁명과 로마 공화정 사이의 유사성 등은 역사가의 반성을 통해 드러나는 것이 아니다. 가령 혁명가들은 어떤 반복을 통해 행동을 시작한다."(DR, 212쪽) 바울과 루터 사이에, 로마 공화정의 탄생과 프랑스 혁명 사이에 무엇이 있는가? 바로 인과율의 부재로 표현할 수 있는 '차이'가 있다. 그리고 이 차이가 반복의 조건이다. 사건들 사이의 인과율이 아니라 사건들 사이의 변장과 자리 바꿈이 반복을 가능하게 한다. 그렇게 바울은 루터로 변장하고, 루터의 자리로 바꿔서 생을 반복한다.

> 하나의 삶은 다른 삶을 다른 수준에서 다시 취할 수 있다. …… 각각의 인물은 자신이 낼 소리의 높이나 색깔 아마 가사까지 선택할 것이다. 하지만 어떤 가사가 붙든지 곡조는 늘 같고, 음고音高와 음색이 아무리 달라져도 후렴tra-la-la은 늘 같아진다.(DR, 199쪽)

그리고 이는 사변적 반성 속에 드러나는 반복이 아니라 실천의 조건으로서 반복이다. 이런 관점에서 로마 공화정은 프랑스 혁명이라는 사건이 반복으로서 실천되기 위한 조건을 이룬다고 할 수 있다. 이런 정치적 사건의 반복뿐 아니라, 프루스트에게서 주된 주제인 사랑의 반복 역시 같은 형식을 지닌다. "사랑의 반복은 계열적 반복이다. 질베르트에 대한, 게르망트 부인에 대한, 알베르틴에 대한 주인공의 사랑은 하나의 계열을 형성한다. 그 계열 안에서 각각의 항項은 미세한 차이를 지닌다."(PS, 109쪽) 각각의 사랑 사이에는 인과율의 부재, 즉 '차이'가 자리 잡고 있으며 이전 사랑은 다음 사랑이 실천되기 위한 무의식적 조건이 된다.

여기서 우리는 사유와 본질의 관계에 대해서 묻지 않을 수 없다. 앞 장에서 강조했듯, '사유의 창조성'은 들뢰즈 사상의 핵심에 위치하는 개념이다. 기호 해독을 통해 본질에 도달하는 사유는 창조적인 것일 수 있을까? 들뢰즈는 말한다. "사유하는 것은 창조하는 것이라고 말해야 옳다. 우선적으로 사유 속에서 사유 활동을 창조하는 것이다."(PS, 166쪽) 사유 속에서 사유 활동을 창조하는 일을 사유의 근본으로서 이해하는 일은 크게 어렵지 않다. 그런데 이 사유가 본질에 관한 사유, 즉 차이와 반복에 대한 사유일 때 그것은 여전히 창조적이라는 찬사를 가져갈 수 있을까? 본질이 플라톤의 이데아처럼 고정된 본질이고, 사유란 이 본질에 대해 이차적인 것이라면, 사유에 대해 창조적이라는 덕목을 남겨두기 어려울 것이다. 사유란 사유 이전에 이미 있어온 본질의 지배를 받을 것이기 때문이다. 그러나 이런 생각은 들뢰즈가 말하는 본질의 의미를 전적으로 잘못 이해한 데서 기인하는 것이다. 사유의 창조성과 관련된 핵심적인 문장을 읽어보자.

> 사유 활동은 단 하나의 진정한 창조이다. 창조란, 사유 그 자체 속에서의 사유 활동의 발생이다. …… 사유함이란 언제나 해석함이다. 다시 말해 한 기호를 설명하고 전개하고 해독하고 번역하는 것이다. 번역하고 해독하고 전개시키는 것이 순수한 창조의 형식이다.(PS, 145쪽)

사유란 기호 해독, 즉 기호 안에 감추어져 있는 것을 펼치는 하나의 실천이다. 우리가 살펴본 차이와 반복은 애초부터 주어져 있는 본질이 아니라 기호를 해석하는 행위로부터 유래하는 창조적 결과물이다. 다시 말해 차이와 반복은 형이상학적 개념이 아니라, 기호 해독 속에서 사유가 실천하는 방식, 살아나가는 방식인 것이다.

4. 스피노자, 기호, 표현

들뢰즈 사상 전반의 배경에 있는 주도적인 철학자는 누구인가? 의심할 나위 없이 스피노자이다. 그렇다면 들뢰즈가 기호 해독이라는 사유의 모델을 프루스트에게서 발견할 때 프루스트의 배후에 있는 철학자는 누구인가? 프루스트를 독점하고 있다고 단언할 수 있는 단 한 사람의 고전 철학자는 없다. 『프루스트와 기호들』에서 프루스트는 맥락에 따라서 플라톤, 라이프니츠, 스피노자와 연결된다.(PS, 23, 72, 168쪽 참조) 그런데 들뢰즈의 기호 해독 개념이 스피노자를 전제하지 않고는 사유될 수 없는 것이라면, 당연히 우리는 들뢰즈의 프루스트 비평의 핵심에 자리하는 기호 해독을 스피노자와의 연관성 속에서 이해해야 할 것이다.

들뢰즈 스피노자론의 개성 가운데 하나는 합리주의 계보에 속하는 이 근대 철학자를 '경험주의자'로 해석하려 한다는 점이다. "스피노자의 영감은 근본적으로 경험주의적이다."(SPE, 179쪽) 그리고 이 경험주의적 스피노자를 특징짓는 개념이 바로 '기호'이다. 기호는 스피노자에게서 1종의 인식이며, 따라서 부적합 관념이고, 보다 일반적인 철학 개념을 통해 부르자면 '비진리'의 원천이다. 이런 위상을 지닌 기호가 기호 해독의 프로그램 속에서 뭔가 긍정적인 지위를 가지는 것이 가능할까?

합리론자에게 이성은 근본적으로 진리 상관적이다. 반면 경험론자에게 모든 경험적 환경은 이와 반대되는 국면을 증언하고, 경험론자는 '가끔' 진리에 대해서 인식할 수 있을 뿐이다. 다시 말해 경험론자의 최초의 환경은 비진리로서 '기호'이다. 들뢰즈가 강조하는 스피노자의 개성은, 경험론적 환경으로부터 출발해, 그것을 합리론에 봉사하도록 하는 것이다. 즉 부적합 관념인 기호에 대한 해독으로부터 출발해 진리인 적합 관념에 도달하는 것이다.(SPE, 179쪽 참조)

어떻게 이런 프로그램이 가능할까? 이를 이해하기 위해선 들뢰즈가 스피노자에게 귀속시키는 '존재의 일의성'univocité 논제를 이해해야 한다. 스피노자의 일의성은 "실체의 본질을 구성하는 것으로서의 속성과 피조물들의 본질들에 내포된 것으로서의 속성의 동일성을 표현한다."(SPE, 200쪽) 한마디로 '일의성'은 실체(신)와 유한한 개별자들(피조물들)이 같은 술어를 통해, 즉 동일한 속성을 통해 언급된다는 데서 성립한다. "스피노자에게 속성들은 표현적 가치를 갖는 참된 '동사들'verbes이다."(SPE, 45쪽) 표현적 질서를 만들어내는 속성들은 존재론적인 것이며, 그것들이 동사들이라는 점에서 또한 언어적인 것이다. 신의 존재 의미는 피조물의 존재 의미와 다르다는, 즉 탁월하다는 측면에서 다르다는 존재의 '다의성'équivocité과 반대로, 일의성의 철학은 신과 피조물의 존재가 같은 술어를 통해 동일하게 언급된다고 말하고 있는 것이다.

이것이 뜻하는 바는, 경험 가운데 먼저 기호들로서 나타날 수 있는 유한한 존재자들은 자신 안에 신의 본질을 '함축'한다는 것이다. 다만 이 유한한 존재자들, 즉 피조물들은 신의 본질을 함축하지만, 자신 안에 함축된 바가 신의 본질이라는 것을 펼쳐 보여주지는 못한다. 바로 이런 이유에서 경험 중의 유한한 존재자들은 진리에 대해 말해주는 바가 없는 '기호들'이라는 지위를 가진다. 요컨대 기호들의 사정은 다음과 같다. "'**이 경우에 '함축하다'라는 말은 더 이상 '설명하다'나 '표현하다'의 상관어가 아니다.**'"(SPE, 176쪽) 스피노자에게서 기호가 지니는 지위에 대해 이보다 간단하고 정확하게 서술하는 문장도 없을 것이다. 기호가, 오류라는 경험적 환경을 채우고 있을지라도, 자연의 산물이라는 것은 부정할 수 없다. 그렇기에 기호는, 자연을 서술하는 속성을 자신 안에 '함축하고' 있다. 그러나 여러 가지 경험적 조건의 영향을 받아 이 기호는 자신의 진정한 원인인 자연의 본질을 처음부터 '펼치지는' 못한다. 그렇기에 기호에 대한 해독으로부터 진정한 인식, 본질에 대한 인식에 도달하기 위해서는, 경험적 조건으로부터 출발해 합리적 인식에 이르는 '발생적' 과정이 필요하다. 위상학적 분류만을 하자면 1종의 기호는 2종의 진정한 인식과 결코 만나지 못할 것이다. 이를 극복하기 위해 요구되는 이 발생적 학습의 과정을 들뢰즈는 '배움'apprentissage이라 일컫는다. '수련'(형성, formation)이나 '도야'Bildung라는 말로 바꾸어 써도 좋은 이 개념은 프루스트적 학습 과정을 서술하는 『프루스트와 기호들』의 한 장의 이름이기도 하다.(PS, 22쪽 참조) 또한 '수련'은 들뢰즈의 경험주의적 스피노자를 이해하기 위한 열쇳말이기도 하다. "스피노자주의에서 수련 문제의 중요성을 소홀히 해서는 안 된다."(SPE, 355쪽, 번역 수정)

앞서 설명한 존재의 '일의성'은, 이와 상관적인 두 개념 '내재성'immanence과 '긍정성'affirmation을 함축한다. 한마디로 일의성·내재성·긍정성 이 세 개념이 들뢰즈의 존재론을, 보다 구체적으로 존재론에서의 '표현' 사상을 성격 짓는다. '내재성'은 자연적 존재에 대해 부가적인 차원이 들어설 여지가 없다는 것을 뜻한다. 앞서 보았듯 자연(신)의 본질이 유한한 개별자들의 본질의 형식이므로, 개별자들을 규정하기 위해 플라톤의 이데아 같은 자연 외재적인 원리, 즉 자연에 대해 초월적인 원리가 들어설 여지가 없다. 또한 신의 본질과 개별자들의 본질은 결코 '부정성'을 통해 기술되지도 않는다. 신적 본질의 결여라는 부정성을 통해 개별자들이 기술되거나 개별자들이 지닌 속성의 부정을 통해 신이 기술되는 일은 없다. 부정이 아니라 오로지 긍정을 통해 신과 개별자들의 본질이 기술된다. '표현' 개념은 이러한 일의성·내재성·긍정성을 통해 신(실체)과 속성들과 개별자들(양태)이 맺는 관계를 보여준다.

> 실체의 삼항관계에서, 신은 속성들 속에 자기 자신을 표현하며, 속성들은 신의 본질을 구성하는 무제한적 질들을 표현한다. 양태의 삼항관계에서, 신이 자기 자신을 재-표현하거나, 속성들이 각자의 방식으로 자기 자신을 표현한다. 즉 속성들은 양태들 속에서 자기 자신을 표현하며, 양태들은 (모든 속성들을 통해서 하나의 동일한 세계를 구성하는 실체의 변양들로서) 변양들을 표현한다.(SPE, 412쪽)

핵심은, '표현'은 모든 항들의 내재적 관계를 기술한다는 것이다. 신은 실체이지만 자신의 속성들과 구별되는 지위를 가지지 않는다. 속성들을 통해 표현된 것 외에 별도의 실체란 실존하지 않는다. 즉 속성들은 실체의 '실존'을 표현한다. 속성들이라는 개념의 말뜻에서 읽어낼 수 있듯, 그 자체로 실존하는 속성들이란 없다. 속성들은 개별자들의 존재 속에서 실존한다. 존재하는 것은 신(실체)이거나 개별자들(양태)이며, 양자는 모두 속성들을 통해 실존한다. 실체와 양태 각각의 실존이 위계적일 수 없다면, 서로 다르지 않다면, 양태는 실체의 변양modification으로서 실존한다.

5. 표현의 문학, 소수 문학의 정치성

들뢰즈의 프루스트론이 드러내듯 기호 해독이 긍정적인 것일 수 있다면, 기호가 궁극적으로 표현의 질서(자연의 질서) 속에 들어설 수 있기 때문이다. 기호는 경험적 무질서를 구성하지만, 궁극적으로 진리에 가 닿는다. 경험적 혼란을 대표할 수 있는 말이 '정념'이고 기호가 그 해석자를 결국 표현의 질서로 인도한다면, 기호는 '정념적 표현'expression passionnelle이라는 말로도 불릴 수 있을 것이다. 스피노자의 경험주의적 면모를 강조해 말하자면 "『에티카』는 정념적 표현의 형식을 통해 진행되며, 기호에 의해 진행된다."[5]

그렇다면 이런 궁금증을 가질 수 있을 것이다. 인간은 경험적 환경 속에서 살아갈 수밖에 없고 이 경험적 환경에 던져진 한 인간이 기호 해독을 통해 진리에 도달하는 일은 문학의 필연적인 주제일 수밖에 없다. 경험적 환경이 실망스럽게도 진리로 나아가는 길을 지체하게 만들고, 그래서 프루스트가 보여준 것처럼 아주 긴 지체의 이야기가 생겨날 수도 있을 것이다. 그러나 존재의 근본이 표현적이고 따라서 이 존재를 기술하는 언어 역시 표현적일 수 있다면, 기호 해독이라는 우회를 거치지 않고 곧바로 언어의 표현적 본성 자체에 뿌리를 두는 문학도 가능하지 않을까? 그것이 바로 카프카이다.

들뢰즈가 카프카를 통해 두드러지게 보여주는 것은 "형태 자체를 붕괴시키는 '**표현 기계**'"이다.(K, 51쪽) 스피노자에 바탕을 둔 존재론적 일의성의 근본은 실체와 양태에 대해 속성이 동일하다는 것이다. 언어적으로 말하자면, 언어를 주관하는 초월적 원리는 없으며, 개별자들에 대한 자연적 기술이 곧 신에 대한 기술이라는 것이다. 존재론적 일의성은 단지 존재론에 국한된 문제가 아니라 특정한 언어론의 바탕을 이루어야 할 것이다. 당연하게도 언어는 존재와 상관없는, 덧없이 말의 부피만을 키워가는 수사修辭의 장이 아니며, 존재의 진실은 언어 속에서 드러나기 때문이다. "스피노자에게 유일한 언어는 일의성의 언어이다."(SPE, 410쪽) 이 일의성의 언어를 자신 안의 보석처럼 간직하는 문학이 가능할까? "일의적 표현들로 이루어진 철학의 자연적 언어"[6]와 친화적인, 초월적 기재가 개입하지 않는 문학 말이다.

들뢰즈가 가타리Félix Guattari와 함께 1975년에 펴낸『카프카』는 1972년에 나온 두 사람의 중요한 정치철학적 성취물인『안티 오이디푸스』*L'Anti-*

---

5 Gilles Deleuze, "Spinoza et les trois 'Éthiques,'" *Critique et clinique*, Paris: Éd. de Minuit, 1993, 180쪽.
6 질 들뢰즈,『스피노자의 철학』, 박기순 옮김, 민음사, 1999, 159쪽.

Œdipe가 가진 문제의식의 연장선에 있다. 구체적으로, 억압적으로 작동하는 '부성적父性的 시니피앙'이 제거된 언어는 어떻게 가능하며 그 효력은 무엇인가와 같은 의문을 안내자로 삼아 카프카론은 펼쳐진다. 또한 '소수 인민'minorité이라는 들뢰즈 정치철학의 핵심 개념이 카프카의 문학 속에서 구체적인 색깔을 가지게 된다.[7]

정치적 변혁의 추동력인 소수 인민은 '소수 문학'littérature mineure이라는 형태로 작품 속에서 모습을 내보인다. 소수 문학이란 무엇인가? "소수 문학이란 소수 언어의 문학이 아니라, 오히려 메이저 언어 속에서 소수가 수행하는 문학을 가리킨다."(K, 29쪽) 예를 들자면 소수 문학은 영어로 글을 쓰는 미국의 비주류 흑인들의 문학, 독일어로 글을 쓰지만 독일의 주류적 언어 및 문화와 상관없는 체코의 유대인, 카프카의 문학 같은 것이다. "메이저와 마이너는 서로 다른 언어를 가리킨다기보다는 동일한 언어의 서로 다른 쓰임새를 특징짓는다. 독일어로 작품을 쓴 체코계 유대인 작가 카프카는 독일어를 마이너로 사용함으로써 결정적인 언어학적 걸작을 만들었다."[8] 메이저 언어는 이렇게 기술된다. "메이저 언어란 매우 동질적인 구조를 지닌(표준화된) 언어이며, 불변적인 것, 상수 또는 보편적인 것에 집중된 언어이다."[9] 한 언어 공동체 안에서 메이저의 지위를 차지하는 것은 당연히 그 언어의 주도적인 쓰임새이다. 이 주도적인 쓰임새는 존칭법·의미·가치 등을 함축하며, 그것들은 문법과 사전을 통해 정체성과 권력을 획득한다. 메이저 언어는 규범적이며, 바로 이 규범을 통해 권력을 행사한다. 언어의 마이너 쓰임새를 구현하는 소수 문학은 언어의 메이저 쓰임새에 거스르고, 그렇게 함으로써 '정치성'을 자신의 본성으로 획득한다. 한 공동체의 주도적 가치를 언어의 메이저 쓰임새가 양육하고 있다면, 마이너 쓰임새는 그 주도적 가치에 대한 피할 수 없는 이의 제기일 것이기

---

7 이 장에선 '소수'에 대한 논의를 카프카의 소수 문학에 제한해 두지만, 소수 인민의 정치성은 들뢰즈가 '영화' 속에서도 읽어내고자 하는 개념이다. 이에 대해선 들뢰즈의 영화 비평을 다루고 있는 5장에서 다룰 것이다.
8 Gilles Deleuze & Carmelo Bene, *Superpositions*, Paris: Éd. de Minuit, 1979, 101쪽.
9 같은 책, 99쪽.

때문이다. 이런 맥락에서 정치적이지 않은 소수 문학이란 없다. 소수 문학은, 탈정치화된 전위성 내지 낯섦을 통해 예술이 문화의 놀이터 정도로 축소될 위험성을 본성상 허용하지 않는 것이다.

그렇다면 어떤 의미에서 카프카의 작품은 존재론적으로 일의적인 표현 언어를 가지고 있고, 동시에 정치적으로 언어의 마이너 쓰임새를 구현하는 소수 문학인가? 들뢰즈가 카프카를 통해 비판의 표적으로 삼으려 한 것은 다음 세 가지로 요약된다. "카프카에 대한 많은 해석 가운데 가장 나쁜 세 가지 주제가 있다. **법의 초월성, 죄의식의 내면성, 언표 행위의 주체성**이 그것이다."(K, 82~83쪽) 이 세 가지는 들뢰즈 카프카론의 철학적 밑그림이라 해도 좋을 『안티 오이디푸스』가 정신분석에 대해 비판적으로 부각했던 대표적인 주제들이기도 하다. 일단 이 주제들을 요약해 보자. 단적으로 말해 정신분석에서 언어의 본질은 '은유'이며, 그것은 '금지'의 법이라는, 초월적 심급으로 작동하는 '부성적 시니피앙'의 개입으로 생겨난다. 금지된 대상에 대해 간접적으로 접근하는 대리자가 바로 은유로서의 언어(상징적 질서)이다. 또한 욕망은 금지된 대상을 향하게 됨으로써 자신을 죄의식의 대상으로서 발견한다. 동시에 상징적 질서 안에서 발화 행위가 이루어지는 지점으로서의 주체성, 그리고 발화된 것으로서의 주체성이 출현한다.

카프카 문학의 어떤 측면은 바로 위와 같이 서술된 언어적 질서를 파괴하는 것으로 기능한다. 카프카 문학은 "전제적 시니피앙에 맞서는 혁명적 분열schize révolutionnaire"을 엿보게 해준다고 표현해도 좋겠다.[10] 특히 카프카의 '동물 소설들'이 그렇다. 핵심적인 구절들을 읽어보자. "카프카가 자기 방에 처박혀 하는 일은 동물이 되는 것이고, 그것이 소설의 본질적 목적이기도 하다."(K, 63쪽) "그는 원숭이, 또는 곤충, 또는 개 또는 쥐가 되기 위해 인간이기를 그만둔다. 동물이 된다. 비인간이 된다. 진실로 **목소리, 음향 때문에** 동물이 되는 것이다."(K, 15쪽)

카프카의 소설들에는 시니피앙에 매개되지 않은 음향들이 가득하다. 예를 들어 「변신」에서 벌레가 된 자의 목소리는 시니피앙에 의한 분절과

10 Gilles Deleuze, *Pourparlers: 1972~1990*, Paris: Éd. de Minuit, 1990, 38쪽.

는 아무 상관이 없는 것이다.

> 그레고르는 자기의 대답 소리를 듣고 깜짝 놀랐다. 그 대답 소리는 틀림없이 자기 목소리였는데, 거기엔 저음 같기도 한 어떤 억제할 수 없는 고통스러운 찍찍 하는 소리가 섞여 있었다. 그 찍찍거리는 소리는 하고 있는 말을 다만 처음 순간에만 명료하게 할 뿐, 그 여운은 분명치 않아서 상대방이 똑바로 알아들었는지 알 수 없었다.[11]

그리고 「어느 개의 연구」에 나오는 음악가 개 역시 시니피앙 없는, 즉 이야기도 노래도 아닌 음악을 연주한다. "당시 나는 개라는 족속에게만 주어졌던 창조적인 음악성에 대하여 미처 아는 것이 없었다. …… 그들은 이야기를 하는 것도 아니었고, 노래를 부르는 것도 아니었다."[12] 동물들의 이 음악은 시니피앙에 매개된 기존의 언어를 파괴하는 소리이다. "동물 되기에서 모든 형태는 붕괴되고, 시니피앙과 시니피에, 그리고 또한 의미 작용도 비형태적 질료, 탈영토화된 흐름, 무의미한 기호들에 자리를 내주며 와해된다."(K, 24쪽) 부성적 시니피앙이라는 초월적 법, 이 법을 '누빔점' 삼아 짜인 은유로서의 언어를 카프카의 동물들, 그들이 만들어내는 '소리'가 와해한다. "카프카의 관심을 끈 것은 순수한 음성적 질료이다."(K, 11쪽) 들뢰즈는 카프카의 동물 변신과 관련해 이렇게 말한다. "풍뎅이처럼 말하고 보는 것이 중요하다. …… 정치 그 자체인, 세계의 탈영토화를 작동시킨다."(K, 85쪽) 동물의 소리는 부성적 시니피앙 또는 전제적 시니피앙이 직조한 의미의 영토를 탈영토화한다.

이 관점에서 우리는 베르크Alban Berg의 오페라들이 가지는 의의를 잠시 생각하지 않을 수 없다. 오페라는 언제나, '소리'가, '언어'와 그 언어에 의한 서사에 대해 가지는 하나의 중요한 입장을 나타낸다. 그것이 오페라의 정체성이다. 인쇄된 예술, 예를 들면 소설은 언어가 어떻게 시니피앙에 매개되지 않은 채 힘을 발휘하는지 직접 보여주기 어렵다. 이런 사

---

11 프란츠 카프카, 「변신」, 『단편전집: 변신』, 이주동 옮김, 솔, 1997, 112쪽.
12 프란츠 카프카, 「어느 개의 연구」, 같은 책, 579쪽.

정을 염두에 둘 때 소리 자체가 언제나 언어에 대한 입장일 수밖에 없는 오페라는, 언어가 소리로 출현해, 형태를 지닌 시니피앙의 질서를 와해할 수 있다는 것 역시 직접 보여준다. 그렇다면 오페라는 순수한 음성적 질료에 관심을 가지고 있는 카프카의 동물 소설들이 무엇을 할 수 있는지 알려주는 그의 진정한 조력자라 할 수 있을 것이다. 구체적인 예를 베르크의 「보체크」Wozzeck(1924)와 「룰루」Lulu(1935)에서 찾아볼 수 있다. "「보체크」에서 마리가 죽을 때의 비명, 또는 룰루의 비명, 또는 증폭된 시$_{si}$음音 등이 있다. 우리는 어떤 면에선, 카프카에 근접한 음악적 길을 가고 있는 것 같다."(K, 45쪽) 베르크의 무조음악과 12음 기법 각각을 대표하는 오페라 「보체크」와 「룰루」에는 여주인공들(마리, 룰루)이 죽임을 당할 때 내지르는 비명(소리)이 있다. 이것은 언어이고, 음악과 오페라의 서사에 '본질적으로' 속하는 것이지만, 언어적 형태가 부재하는 것, 노래로서의 질서를 가지지 않는 것, 시니피앙을 파괴하는 것이다.

우리가 앞서 보았듯 표현 개념의 근본 특성은 '내재성'이라는 것이었다. 이 내재성의 핵심은 다음 문장으로 일컬을 수 있다. "표현된 것은 그것의 표현 바깥에서 실존하지 않[는다]."(SPE, 43쪽) 마치 스피노자의 실체가 그것을 표현하는 속성들 바깥에 실존할 수 없듯이 말이다. 카프카의 동물들의 음성 역시 마찬가지다. 음성에서, 표현된 것과 그것을 가시적으로 만들어주는 표현은 일의적이며, 전자는 후자 속에서만 실존한다. 이런 표현적 관계에는 은유로서의 언어의 법칙을 주관하는 초월적 시니피앙, 초월적 법이 들어설 여지가 없다. 따라서 법 대신, 표현적 발화를 하는 욕망만이 있다고 해야 할 것이다. "우리가 법이 있다고 믿는 곳에 사실은 욕망이 있으며, 오로지 욕망만이 있다."(K, 90쪽) 또는 욕망이 곧 법이라고 이야기해야 할 것이다. "욕망과 법은 같은 것이다."(K, 109쪽) 금지라는 부성적 시니피앙은 초월적 법으로서, 욕망이 자신을 죄지은 욕망이라는 모습으로 대면하게끔 한다. 표현적 언어에는 이런 초월적 법이 없기에 욕망은 금지와 죄의식으로부터 자유로워지며, 그 자신이 곧 법이 된다. 이는 진정 문학이 가져오는 정치적 성취로서, 욕망의 해방, 죄의식이라는 내면의 감옥으로부터의 해방이 아닌가? "욕망 안에는 아무것도 심판할 것이 없다."(K, 93쪽)

이런 욕망으로부터 유래하는 표현의 언어가 발화되기 위해선, 발화 지점에 주체성이 형성될 이유가 없다. 라캉Jacques Lacan은 주체에 대해 이렇게 말한 바 있다. "대타자의 영역에서 시니피앙이 나타나는 한에서 주체는 태어난다."[13] 발화와 욕망의 주체는 부성적 시니피앙의 상관자로서만 출현한다는 것이다. 반면 카프카에겐 저 초월적 법이 없으므로 주체가 출현하지 않는다. "카프카에게서 발화는 그것의 원인으로서 언표 행위 énonciation의 주체와도, 결과로서의 언표énoncé의 주체와도 관련되지 않는다. …… 주체는 없다."(K, 32~33쪽) 요컨대 "모든 위치들은 언표가 그로부터 파생되는, 어떤 기원적인 '나'의 다양한 형태들이 아니다."[14] 오로지 다수적인 익명적 욕망의 다수적인 익명적 발화만이 있을 뿐이다.[15]

들뢰즈의 '문학 비평critique'은 프루스트와 카프카라는 현대의 가장 중요한 작가들을 중심에 두고 짜였다. 현대 문학의 핵심에 놓인 이 작가들에

---

13 Jacques Lacan, *Le séminaire XI*, Paris: Éd. de Seuil, 1973, 181쪽.
14 Gilles Deleuze, *Foucault*, Paris: Éd. de Minuit, 1986, 17쪽.
15 들뢰즈는 카프카에 접근한 것과 같은 관점에서, 즉 주체 없는 익명적 발화라는 관점에서 프루스트 역시 다음과 같이 파악하고 있다. "우리는 화자와 주인공을 각각 언표 행위(énonciation)의 주체와 언표(énoncé)의 주체라는 두 가지 주체로 구별해야 할 필연성을 전혀 느끼지 못한다. 왜냐하면 이런 구별을 할 경우 『찾기』는 주체성의 체계(둘로 나눠진, 분리된 주체의 체계)와 결부될 터인데, 사실 이것은 『찾기』와는 별로 상관이 없는 체계이기 때문이다."(PS, 276쪽) 이 문장은 『프루스트와 기호들』 2부 결론에서 가져온 것인데, 이 결론은 원래 1973년 「『잃어버린 시간을 찾아서』에서 광기의 현존과 기능」이라는 논문으로 별도 발표되었던 것이다. 『안티 오이디푸스』(1972) 출간 이후 들뢰즈는 이 1973년의 프루스트 논문, 1975년의 『카프카』에 이르기까지 두 작가에 대한 성찰을 공통적으로 '익명적 발화' 문제에 집중하며 진행하고 있다. 그것은 『안티 오이디푸스』의 문제의식을 이어받아 심화하는 작업이기도 하다. 가타리는 『안티 오이디푸스』 출간 이후 이 책을 다루는 좌담에서 이렇게 말한 바 있다. "우리가 이 책에서 전개시키지 못한 것은, 언표 행위의 주체와 언표의 주체의 단절을 넘어서려는 언표 행위의 집단동작주들이라는 개념이다."(Gilles Deleuze, *Pourparlers: 1972~1990*, 35쪽) 『안티 오이디푸스』가 발화의 주체를 전제하지 않는, 다수적인 익명적 발화를 나타내는 '언표 행위의 집단동작주들'(agents collectifs)이라는 개념을 다루지 않는 것은 아니다. 그러나 가타리의 저 진술은 『안티 오이디푸스』의 다수직인 익명적 발화라는 주제가 이후 프루스트와 카프카에 대한 거의 동시적인 논의를 통해 집중적으로 심화된다는 것을 예고해 준다. 다수적인 익명적 발화란 단지 발화의 집단성을 가리켜 보이는 데 그치는 것이 아니라, 오이디푸스적으로 인격화되지 않은 익명적 다수성으로서의 욕망, 즉 해방된 욕망을 전제하는 것이라는 점에서 『안티 오이디푸스』 이후 들뢰즈 욕망 이론과 정치사상의 매우 핵심적인 한 국면을 이룬다.

대해 비평적으로 개입함으로써, 들뢰즈는 현대 문학에서 비평이 가져야만 하는 위상에 대해 주장한다. 이 비평의 출발점은 이미 통용되는 법칙과 가치, 즉 클리셰를 다시 알아보는 일, 즉 재인식에 대한 '비판'critique이다. 예컨대 이런 의혹들과 더불어서 말이다. 세상이 우리에게 소통을 가치 있는 행위로 권장한다고 해서, 객관화할 수 있는 소통의 말에는 우리를 진실로 이끄는 의미가 자리 잡고 있다고 믿어야 하는가?(객관주의 비판) 세상에 가족이 있다고 해서, 우리의 욕망도 아버지·어머니라는 주형鑄型에 부어져 불가피한 정체(부성적 법에 의해 죄의식을 수반하는 욕망)를 얻었다고 믿어야 하는가?(오이디푸스 비판) '나'라고 말하는 습관이 우리에게 있다고 해서, 발화의 기원이 되는 주체성이 있다고 믿어야 하는가?(주체 개념 비판) 한마디로, 겨우 우리를 클리셰 속에 잡아두기 위해서 또는 클리셰를 확인시키기 위해서, 문학은 우리 앞에 있다고 믿어야 하는가? 당연히 그렇지 않을 텐데도, 문학은 놀랄 만큼 자주 클리셰로 가려진다. 아둔하고 위험을 무릅쓸 용기가 부족한 비평가가, 불행하게도 클리셰를 자신이 따라야 할 '이론'으로 편안하게 추종할 때 그렇다. 그리하여 독자와 작품 모두가 죽어버린다. 진정한 비평은 문학을 보이지 않게 하는 클리셰의 먼지 낀 유리창을 깨뜨려버리고, 우리 자신을 임의적으로 제한하는 개념들을 제거한다. 그렇다면 작품을 창조하는 마지막 심급 또는 작품을 지속적으로 창조하는 심급은 바로 비평일 것이다. 비평이 예술을 완성하고 마감하는 마지막 말이다. 물론 이 비평의 담지자는 독자와 구별되는 어떤 자나 어떤 기구가 아니라 독자 자신이어야 한다. 독자의 자유가 비평을 창조하고 작품을 완성한다.

3
미술 비평

감각의 논리:
추상을 넘어 형상으로

이솔

1. "그림이 글쓰기에 불을 붙인다"

들뢰즈에게 미술 비평이란 무엇인가? 들뢰즈의 미술 비평을 대표하는 저작은 1981년 출간된 『감각의 논리』로, 여기서 들뢰즈는 총 아흔일곱 점에 달하는 베이컨Francis Bacon의 작품들에 대하여 이야기한다.[1][2] 아니, 베이컨의 작품에 '대하여' 이야기한다는 표현은 적절하지 않다. 정확히 말해 이 저작에서 들뢰즈는 베이컨의 작품과 '함께', 그러니까 베이컨과 '더불어' 말하고 있기 때문이다.[3]

비평가로서 들뢰즈가 가진 독특한 면모, 혹은 들뢰즈의 비평이 가진 독창성은 이처럼 들뢰즈가 작품에 '대해서'가 아니라 작품과 '더불어' 이야기한다는 점에서 드러난다. 통상적인 예술 비평이 비평 주체와 그에 의해 해석되는 대상으로서의 작품이라는 이원화된 두 항―혹은 비평의 선험적 조건인 철학 이론과 그것의 사례인 예술작품―을 전제한다면, 이와 달리 들뢰즈의 비평은 기존 비평이 전제해 온 해석의 주체인 비평가와 객체로서의 작품―곧 철학과 예술―의 경계를 와해하는 가운데 시작

---

1 Gilles Deleuze, *Francis Bacon: Logique de la sensation*, Paris: Éd. du Seuil, 2002.; 질 들뢰즈, 『감각의 논리』, 하태환 옮김, 민음사, 2017. 이 책의 인용은 번역본을 따르되, 원문을 기준으로 번역을 수정하였다. 이 책을 인용할 때에는 FB로 약칭하여 번역본의 쪽번호를 표기하고, 원문의 쪽번호를 콜론(:) 뒤에 병기하였다.
2 Gilles Deleuze, "Index des tableaux cités suivant l'ordre des références", *Francis Bacon: Logique de la sensation*, 153~159쪽 참조.
3 실제로 이 저작에서 들뢰즈는 실베스터(David Sylvester)의 베이컨 인터뷰에 의존하여 논의를 진행한다. 『감각의 논리』의 각주 154개 가운데 약 40퍼센트에 해당하는 62개의 각주는 실베스터와 베이컨의 인터뷰를 인용한 것이다. 이 인터뷰는 다음의 저작으로 출간되었다. David Sylvester, *Interviews with Francis Bacon 1962~1979*, London: Thames & Hudson, 1980. 국역본으로는 『나는 왜 정육점의 고기가 아닌가?』, 주은정 옮김, 디자인하우스, 2016. 참조.

된다. 『감각의 논리』 2002년판 서문에서 카생Barbara Cassin과 바디우Alain Badiou가 말했듯 이 책은 베이컨에 '관한' 책이 아니다. 이 책에 쓰여 있는 것은 "회화라는 사유"la pensée qu'est la peinture(FB, 5: 7쪽)인 것이다.

만일 비평이 미리 마련되어 있는 이론을 개별적인 작품에 적용하는 일에 지나지 않는다면, 예술작품은 이론이 가시화된 한 가지 사례에 불과한 것이기에 독자적 가치를 상실할 것이며, 작품의 고유한 가치를 훼손하는 일로서 비평은 예술작품에 더없이 해로운 일이 될 것이다. 그렇다면 비평은 예술에 독이 될 수밖에 없는 것인가? 들뢰즈가 남긴 저작들로부터 우리가 발견할 수 있는 것은 종래의 비평이 가진 한계를 넘어서는 새로운 비평의 가능성이다.

들뢰즈의 비평에서 예술작품은 더 이상 이론을 감각적인 방식으로 구체화한 사례가 아니다. 순서는 역전된다. 이론은 예술작품과 마주하기에 앞서 미리 전제될 수 있는 것이 아니다. 사유는 작품과 대면함으로써 비로소 촉발되기 때문이다. 랑시에르Jacques Rancière는 들뢰즈의 예술론이 들뢰즈 자신의 형이상학을 예증하는 일에 불과하다고 비판한 바 있다.[4] 들뢰즈의 예술론은 예술작품을 자신의 철학적 개념들을 전개하기 위한 계기로 환원한다는 것이다. 그러나 랑시에르의 비판과 달리 들뢰즈에게 예술작품은 이론을 가시화하는 사례이기는커녕 사유가 형성되는 기원이 된다. 『감각의 논리』가 출간된 1981년, 이 저작과 관련하여 들뢰즈가 기베르Hervé Guibert와 나눈 대담에 "그림이 글쓰기에 불을 붙인다"La peinture enflamme l'écriture[5]라는 제목이 붙은 것은 바로 이러한 까닭에서다.

그러나 그림이 글쓰기에 불을 붙인다는 표현에는 여전히 오해의 가능성이 남아 있는지도 모른다. 예술의 본질은 비이성적이고 신비로운 영감inspiration이며, 비평가는 흡사 영매靈媒와 같이 이 영감을 정제하여 이성적

---

4 들뢰즈의 예술론에 관한 랑시에르의 비판은 Jacques Rancière, "Existe-t-il une esthétique deleuzienne?", *Gilles Deleuze, une vie philosophique*, ed. Eric Alliez, Paris: Les Empecheurs de penser en rond, 1998, 525~536쪽에서 읽을 수 있다.

5 이 대담은 본래 1981년 12월 《르몽드》(Le Monde)에 실렸으며, 이후 다음 저작에 수록되어 출간되었다. Gilles Deleuze, *Deux régimes de fous: textes et entretiens 1975~1995*, Paris: Éd. de Minuit, 2003.

인 언어로 받아쓴다는 오해 말이다. 이러한 오해 속에서 발견되는 것은 예술과 비평에 대한 오래된 선입견이다. 이에 따르면 예술작품에는 논리가 없으며, 비평은 그 자체로 혼란스러운 작품에 합리적 질서를 부여하는 일이다. 비평은 창작자 자신도 모르는 작품의 진정한 의미와 가치를 찾아주는 일과 같이 여겨졌다. 역설적이지만 좀처럼 훌륭한 비평을 찾을 수 없었던 것은 이런 이유에서였다. 작품의 비의秘義를 제시해야 한다는 사명감에 비평가들은 자전적 정보에 기반한 상투적인 해석을 늘어놓거나 작품에 걸맞지 않은 지나치게 거창한 해석을 덧씌우기 일쑤였다.

기베르와의 인터뷰에서 들뢰즈는 미술 비평이 경계해야 할 두 가지 위험을 제시한다. 한편으로 비평은 그림을 단순히 묘사하는 데에 골몰함으로써 작품을 언어로 환원할 수 있는데, 이 경우 문제는 그림이 쓸모없는 것이 된다는 것이다. 다른 한편으로 비평은 작품에 형이상학을 적용함으로써 "회화 위에 덧씌워진 문학"[6]이 되어버릴 수도 있다. 이렇듯 작품의 존재 가치를 사라지게 하거나 작품의 의미를 과장되게 부풀리는 두 위험을 모두 경계하며, 들뢰즈는 베이컨에 대해 글을 쓰는 가운데 자신이 목표로 한 것은 "회화 안에서, 그리고 회화를 통해 조각된 개념을 추출하는 일"[7]이었다고 말한다.

주목할 것은 여기에서 들뢰즈가 쓰고 있는 '회화 안에서, 그리고 회화를 통해 조각된 개념'이라는 표현이다. 이 표현 속에서 읽어낼 수 있는 것은 언어적 형식을 통해 이루어지는 사유가 아닌 그와 다른 방식의 사유가 가능하다는 것, 그리고 회화의 이미지 역시 사유의 한 방편이라는 것이다. 그렇다면 들뢰즈에게 예술은 사유를 감각화하는 방식으로 표현한 결과물이 아니라 그 자체 또 다른 종류의 사유인 것인가? 실제로 영화에 관해 썼던 글에서 들뢰즈는 다음과 같이 말한다. "이러저러한 이미지 속에서 일

---

6 Gilles Deleuze, "La peinture enflamme l'écriture", *Deux régimes de fous. Textes et entretiens 1975~1995*, 169쪽.
7 "Il est difficile d'en extraire des **concepts scientifiques** qui ne soient pas de type mathématique ou physique, qui ne soient pas non plus de la littérature déposée sur la peinture, mais **qui soient comme taillés par et dans la peinture**."(같은 글, 169쪽.)

률적으로 현실화할 수 있는 추상적 사유들이 존재하는 것이 아니라, 바로 이 이미지들, 그리고 이 **이미지들이라는 수단을 통해서만 존재할 수 있는 구체적 사유들이 존재한다.**"[8]

여기에서 들뢰즈가 사용하는 '이미지'image라는 표현은 단지 시각 예술인 회화에 국한된 것이 아니다. 각각의 예술은 서로 다른 방식으로 사유하며, 사유를 표현하는 서로 다른 '이미지'를 갖는다. 물론 '이미지'가 단순히 예술작품의 매체, 곧 장르를 의미하는 것도 아니다. '회화'의 이미지와 '음악'의 이미지가 있는 것이 아니라, 오히려 개개의 작품들에 상응하는, 작품들의 수만큼이나 많은 수천수만의 이미지들이 있다고 해야 할 것이다. 이미지는 장르라는 헐거운 분류법에 제한됨 없이 개개의 예술작품이 가진 고유하고 독자적인 표현들을 가리켜 보인다.

그렇다면 들뢰즈는 각 예술에 고유한 표현들을 왜 '이미지'라 지칭하는가? 형식 혹은 매체가 아닌 '이미지'라는 개념을 통해 들뢰즈가 전달하고자 한 것은 각각의 예술작품을 구성하는 색채, 음율, 문장 등의 형식적 요소들이 그것에 담긴 사유와 동일하며 이 양자를 분리할 수 없다는 것이다. "사유는 이미지와 분리될 수 없으며, 이미지 안에서 완전히 내재적으로 존재한다."[9] 이와 같은 표현에 깃들어 있는 것은 명백한 베르그손주의이다. 베르그손Henri Bergson에게 이미지는 주관적이지도 객관적이지도 않은 순수경험을 가리키는 명칭이다. 주체와 대상—즉 정신과 육체—의 이분법을 넘어서는 가운데 베르그손은 우리 의식에 주어지는 주관적 경험과 물질세계의 객관적 사실들이 일치한다는 것을 보여주었다. "우리가 '이미지'로 의미하는 것은 관념론자가 표상이라고 부른 것 이상의, 그리고 실재론자가 사물이라 부른 것보다는 덜한 어떤 존재—즉 '사물'과 '표상' 사이의 중간 길에 위치한 존재—이다."[10] 베르그손의 이미지 개념을 수용·확장하는 가운데 들뢰즈는 지각적 실재를 넘어 예술작품까지

---

8   Gilles Deleuze, "Cinéma-1, première", *Deux régimes de fous. Textes et entretiens 1975~1995*, 194쪽.
9   "Et dans chaque cas, les pensées ne sont pas séparables des images, elles sont complètement immanentes aux images."(같은 글, 194쪽.)
10 앙리 베르그손, 『물질과 기억』, 박종원 옮김, 아카넷, 2013(초판 2005), 22쪽.

도 '이미지'로 규정한다. 예술작품에서도 실재와 표현은 일치한다. 이에 따라 예술작품은 한편으로 외부 세계의 사물을 재현한 표상이 아니라 세계에 직접적으로 속한 실재가 되며, 다른 한편으로 작가의 관념을 외면화한 산물이 아니라 그 자체 감각의 형태를 가진 사유가 된다.

예술가들은 저마다의 예술적 형식 속에서 바로 그 형식을 통해 사유한다. 작가가 문장을 통해 사유하듯, 화가는 회화의 선과 색을 통해 사유한다. '감각의 논리'logique de la sensation는 회화적 사유를 가리키는 다른 이름이다. 그리고 이렇듯 서로 다른 양상의 사유들과 관련하여 철학은 어떤 특권도 가지지 않는다. 이러저러한 작품들에 무차별적으로 적용할 수 있는 보편타당한 논리가 아니라, 각각의 특수한 작품들로부터 촉발되며 바로 그 작품에 유일무이한 감각의 논리가 있을 뿐이다.

물론 서로 다른 예술이 공통적인 사유에 도달하는 때가 있다. 하지만 그것은 표현 수단과 무관한 어떤 추상적 사고가 선행적으로 존재하기 때문이 아니다. 오히려 우리가 초점을 맞춰야 하는 것은 무한히 개연적일 뿐인 가설적 원인이 아니라, 우리가 실제로 대면하는 선과 색 그 자체, 그리고 그로부터 산출된 결과이다. 들뢰즈의 비평이 보여주는 것은 작품 이전의 원형적 사유가 아니라, 반대로 작품과의 마주침으로부터 사유가 촉발되는 국면이다. 그림이 글쓰기를 불붙이는 국면 말이다. 그렇기에 『감각의 논리』에 쓰인 것은 작품에 대한 주체의 '해석'이 아니다. 이 저작에 기록된 것은 베이컨의 작품이 가한 충격으로부터 촉발된 사유인 것이다.

2. 감각의 논리

1) 폭력의 두 종류

그렇다면 감각의 논리란 무엇인가? 감각의 논리를 특징짓는 것은 무엇보다도 그것의 경험적 원천일 것이다. 순수한 이성으로부터 유래하는 선험적인 이성의 논리와 달리 감각의 논리는 경험에 의해 발생한다. 물론 모든 경험이 감각의 논리를 촉발하는 것은 아니다. 감각의 논리를 촉발하는 계기가 되는 것은 우리의 일상적 경험이 아닌 특별한 종류의 경험이다. 그렇다면 감각의 논리가 형성되는 경험이란 어떠한 것인가?

그것은 재인reconnaissance을 통해 대상을 인식하는 일상적 경험을 벗어난 경험. 어떤 개념으로도 포획되지 않는 생경하고 낯선 것과 마주하는 경험이다. 우리가 가진 개념을 벗어나 있기에 정체성을 규정할 수 없는 대상과 대면하는 경험. 어떻게도 형언할 수 없는, 또한 언어를 통해 표현하기에 앞서 무엇이라 식별조차 불가능한 무언가와 마주하는 경험은 우리에게 '충격'choc을 준다.

그리고 '충격'shock은 베이컨의 작품을 특징짓는 키워드이다. 베이컨은 20세기 영국 현대 미술의 거장으로, 그의 작품 「루치안 프로이트의 세 가지 연구」Three Studies of Lucian Freud(1969)가 2013년 뉴욕 크리스티 경매에서 1억 4240만 달러(약 1528억 원)에 낙찰되어 당시 미술품 경매 사상 최고가를 기록한 것은 널리 알려진 일화이다. 그런데 그의 작품이 거둔 상업적 성공과는 별개로, 사실 베이컨의 창작 동기는 대중적인 호응과는 무관한 것이었다. 1985년 브래그Melvyn Bragg와의 인터뷰에서 스스로 밝혔듯, 베이컨이 목표로 한 것은 작품을 통해 관객들에게 시각적 충격visual shock[11]을 전달하는 것이었다. 그런데 이 충격은 화폭에 그려진 것이 기형적으로 뒤틀린 신체 내지 도축된 고깃덩어리이기 때문에, 즉 캔버스 위에 재현된 것이 폭력적이며 자극적인sensationnel 대상이기 때문에 야기되는 것이 아니다. 실제로 베이컨은 자신의 작품이 그런 종류의 폭력성을 띤다는 평가를 딱 잘라 부인한다. "사람들이 내 작품에 나타난 폭력violence에 대해 이야기할 때마다 난 늘 매우 놀라곤 합니다. 나 자신은 그것이 폭력적인 거라고 전혀 생각하지 않습니다. 왜 사람들이 그렇게 생각하는지 모르겠어요. 나는 결코 폭력을 추구하지 않습니다."[12]

그런데 앞서 베이컨은 사람들에게 충격을 주는 것이 창작의 목적이라

---

11 "Shock… not a shock that you could get from the story (but) a visual shock."(Melvyn Bragg, "Francis Bacon", *The South Bank Show*, London Weekend Television, 1985.)

12 Michel Archimbaud, *Francis Bacon: In conversation with Michel Archimbaud*, London/New York: Phaidon Press, 2010, 151쪽.; 프란시스 베이컨, 「화가의 잔인한 손」, 최영미 옮김, 도서출판 강, 1998, 207쪽.

말하지 않았던가? 그럼에도 그의 작품이 폭력을 추구하지 않았다는 것은 모순이 아닌가? 흥미로운 것은 베이컨이 폭력의 종류를 두 가지로 구분한다는 것이다. 아솅보Michel Archimbaud와의 대담에서 베이컨은 사람들이 흔히 말하는 표상적 차원의 폭력과 다른, '세계를 확장하는' 종류의 폭력에 대해 말한다.

> 피카소의 어떤 작품들은 내게 이미지들뿐 아니라, 사고의 방법들, 그리고 심지어 행동의 방식들도 열어주었지요. 그런 일은 자주 일어나지는 않지만, 나는 그것을 경험한 적이 있지요. **그것들은 내 속에 있는 무언가를 해방시켰고, 그 밖에 다른 어떤 것을 위해 길을 열어주었지요.** 그것이 공허한 폭력은 아니었다고 얘기합시다. …… 바로 그겁니다. **무언가 다른 것을 위해 문을 열어주는 폭력.** 매우 드문 일이지만 예술은 때때로 그런 일을 해낼 수 있지요. 이미지들은 어떤 것도 그대로 두지 않고 낡은 질서를 산산이 부서뜨릴 수 있습니다.[13]

베이컨이 사람들에게 충격을 줌으로써 달성하고자 한 것은 바로 이와 같은 종류의 폭력이다. 사고의 방법과 행동의 방식을 변화시키는 폭력. 기존 질서를 무너뜨리고 새로운 것을 향해 문을 여는 이 폭력으로부터 베이컨은 '열림'unlock, 그리고 '해방'release의 가능성을 발견한다. 들뢰즈와 베이컨의 사유가 맞닿은 것은 이 지점에서다. 들뢰즈는 두 종류의 폭력에 대한 베이컨의 구분에 주목하며, 표상적 차원의 "볼거리로서의 폭력"la violence du spectacle과 다른, 베이컨의 창작의 주제가 되는 폭력에 "감각의 폭력"la violence de la sensation이라는 이름을 붙인다.[14]

---

13 프란시스 베이컨, 『화가의 잔인한 손』, 208~209쪽.
14 "Bacon distingue la violence du spectacle, qui ne l'intéresse pas, et la violence de la sensation comme objet de la peinture."(Gilles Deleuze, "La peinture enflamme l'écriture", 171쪽.)
또한 『감각의 논리』의 영어판 서문에서 들뢰즈는 베이컨의 작품이 보여주는 '감각의 폭력'을 다음과 같이 바꾸어 표현하고 있다. "…… (재현의 폭력이 아닌) 감각의 폭력, 정적인 폭력 혹은 잠재적인 폭력, 반작용과 표현의 폭력. 예컨대 비가시적 힘의 예감이 우리에게서 끌어내는 외침……(…… the violence of a sensation (and not of a

베이컨의 그림이 우리에게 충격을 주는 것은 그것이 자극적인 무언가를 재현하기 때문이 아니다. 들뢰즈에 의하면 충격은 작품에 고유한 '색과 선'으로부터, 곧 이 작품이 전달하는 '감각'sensation으로부터 오는 것이다.[15] 그런데 표상적 차원의 기괴함 때문이 아니라면 베이컨의 작품은 왜 우리에게 충격을 주는가? 도대체 '감각의 폭력'이란 무엇인가?

2) 감각

들뢰즈는 베이컨 작업의 핵심이 '감각을 그리는 것'peindre la sensation이라고 말한다. 그렇다면 감각이란 무엇인가? 우선 다시 한 번 강조해야 할 것은 '감각'sensation이 단순히 '자극적인 것'le sensationnel을 의미하지 않는다는 사실이다.

실베스터와의 인터뷰에서 베이컨은 자신이 화폭에 담아내려 한 것은 '공포'horror가 아닌 '비명'scream이었다고 말한다. "사실 나는 공포를 능가하는 비명을 그리고 싶었습니다."[16] 공포가 아닌 비명을 그린다는 것은 무엇을 의미하는가? 베이컨이 공포를 그리지 않았던 까닭은 공포가 지나치게 극적인dramatique 것이기 때문이다. 극적인 것은 단순한 과장이 아니다. 극적인 것을 특징짓는 것은 관습적이며 정형화된 이야기 방식이다. 극적인 것은 틀에 박힌 방식으로 사건을 전달한다. 이와 달리 비명을 그리는 것은 틀에 박힌 표현을 벗어나, 우리에게 익숙한 모습으로 형태 지어지지 않은 원초적 힘을 그리는 것이다. 그러므로 '공포를 능가하는 비명'이란 '직접적'으로 주어지는 정제되지 않은 '사실'을 뜻한다. 베이컨은 자신이 의도하지 않았음에도 불구하고 만일 사람들이 그의 작품을 보고 공포와

representation), a static or potential violence, a violence of reaction and expression. For example, a scream rent from us by a foreboding of invisible forces……)"(Gilles Deleuze, *Francis Bacon: The Logic of Sensation*, trans. Daniel W. Smith, London: Continuum, 2004, x쪽.; 질 들뢰즈, 「들뢰즈 다양체」, 서창현 옮김, 갈무리, 2022, 322쪽.)

15 "Le sens de ce choc ne renvoie pas à quelque chose de 〈sensationnel〉 (ce qui est représenté), mais dépend de la sensation, c'est-à-dire des lignes et des couleurs."(Gilles Deleuze, "La peinture enflamme l'écriture", 167쪽.)

16 David Sylvester, *Interviews with Francis Bacon 1962~1979*, 48쪽.; 데이비드 실베스터, 「나는 왜 정육점의 고기가 아닌가?」, 163쪽.

같은 감정을 느낀다면 그것은 정제되지 않은 사실의 '직접성' 때문일 것이라 말한다.

> 나는 항상 가능한 한 직접적이고 정제되지 않은 상태로 이미지를 전달하고 싶었습니다. 무언가가 직접적으로 다가오면 사람들은 공포스럽다고 느낍니다. 너무 직접적으로 이야기하면 그것이 사실이라고 해도 때때로 상대방의 감정을 상하게 만들거든요. 사람들은 사실 또는 진실이라 불리는 것에 대해 불쾌해하는 경향이 있습니다.[17]

때때로 불쾌를 동반할지라도 정제되지 않은 이미지가 주는 충격은 공포와는 구분되는 것이다. 비명은 공포와 동시에 나타나지 않는다. "공포가 있게 되자마자 이야기가 재도입되고, 사람들은 비명을 놓치고 만다."(FB, 52: 43쪽) 공포는 이야기의 형식 및 재현의 구조를 통해 틀 지어진 사건 내지 대상과 관련되어 있지만, 비명은 그와 같은 재현의 형식 속에 틀 지어진 것이 아니다. 비명은 공포를 형상화하는 장치들에 의해 덮여 가려진다. 비명이라는 표현을 통해 베이컨이 가리키는 것은 공포로 환원되지 않는, 그러한 공포 이전의 원초적인 감각이다.

베이컨은 다음처럼 말한다. "우리는 거의 언제나 장막을 두른 채 살아갑니다. 가려진 존재인 셈이죠. **때때로 사람들이 내 작품이 폭력적으로 보인다고 말할 때 내가 가끔은 그 장막 한두 겹을 제거할 수 있었나 보다 하고 생각합니다.** …… 나는 단지 이미지가 가능한 한 정확하게 나의 신경계에서 빠져나오도록 만들려고 노력합니다."[18] 베이컨이 그려낸 이미지로부터 들뢰즈는 재현으로 가공되지 않은 '감각'을 발견한다. 그러나 유의할 것은 들뢰즈가 베이컨의 작품으로부터 발견하는 '감각'이 우리가 일상적으로 말하는 감각, 곧 재현에 종속된 감각을 의미하지 않는다는 점이다. 오히려 이 감각이란 우리에게 주어지는 감각들을 '생산'하는 힘이다. 감각은 단지 듣는 것, 보는 것을 뛰어넘는다. 감각은 눈을 통해 '보이는 것'

---

17 데이비드 실베스터, 『나는 왜 정육점의 고기가 아닌가?』, 161쪽.
18 같은 책, 214~215쪽.

이 아니라, 신경 체계를 통해 직접적으로 경험되는 것이다. "감각은 ……
신경 체계 위에 직접 작용한다"(FB, 47: 39쪽)

그러나 일상적 지각은 이러한 감각을 마주하기를 회피하며 이를 은폐한다. 비평의 목적은 바로 여기에 있다. 들뢰즈의 회화 비평은 모든 상투적인 의미와 해석, 상징 체계의 기저에 있는 '힘'에 접근하는 작품들에 대한 탐구이다. 물론 재현의 한계를 벗어나는 일이 회화만의 전속적 과제는 아니다. 들뢰즈는 틀에 박힌 방식으로 주어진 재현의 형식을 넘어 비가시적인 힘을 드러나게 하는 것을 예술의 과제로 규정한다.[19] 일찍이 1968년 『차이와 반복』에서부터 들뢰즈는 "예술은 철학에게 재현을 폐기하는 길을 가리켜 보여주고 있다."(DR, 166쪽)고 말했다. 예술을 재현을 전복하고 새로운 이미지를 창조하는 시도로 바라보는 관점은 그의 후기 철학에까지 일관적으로 이어진다. 1981년 출간된 『감각의 논리』에서도 예술은 재현 이전의 '힘의 포착'으로 규정된다.

> 예술들의 공통성이 있고 그들에게 공통된 문제가 있다. **예술에서는, 음악과 마찬가지로 회화도, 형태를 발명하거나 재생산하는 것이 문제가 아니라 힘을 포착하는 것이 문제이다.** 바로 그 때문에 어떤 예술도 구상적이지figuratif 않다. '보이는 것을 보여주는 것이 아니라 보이지 않는 것을 보이도록 한다.'는 클레Paul Klee의 유명한 공식이 다른 것을 의미하는 것은 아니다. 회화의 임무는 보이지 않는 힘을 보이게 하려는 시도로 정의될 수 있다. 마찬가지로 음악도 들리지 않는 힘을 들리도록 하기 위해 노력한다. (FB, 69: 57쪽)

들뢰즈에 의하면 예술의 과제는 비가시적인 힘을 가시화하는 것이다. 이렇게 말함으로써 들뢰즈는 예술의 본질을 모방mimesis으로 간주해 왔던 오래된 선입견으로부터 예술을 해방한다. 오래전 플라톤이 선분을 그으

---

19 재현에 관한 비판이라는 들뢰즈 철학의 대주제 안에서 들뢰즈의 베이컨론을 이해하는 가운데, 감성에서의 수동적 종합을 구현하는 작품으로서 베이컨 회화에 관한 분석은 서동욱, 「감성의 수동적 종합으로서 회화: 바로크의 마니에리슴에서 베이컨까지」, 『미술은 철학의 눈이다』, 문학과지성사, 2014, 326~334쪽을 참조할 수 있다.

며 말했듯, 감각적 사물이 이데아를 모방하여 형성된 것이며 예술작품은 이들을 모사한 이차적 재현에 불과한 것이라면, 예술작품은 진리로부터 가장 멀리 떨어진 열등한 존재자라는 오명을 벗어날 수 없다. 그러나 들뢰즈는 '어떤 예술도 구상적이지 않다'고 말함으로써 재현으로서의 예술이라는 선입관 자체를 무너뜨린다. 예술이 보이는 것의 재현이 아니라 보이지 않는 힘을 포착하여 그려내는 일이라면, 이제 예술의 본성은 모방이 아닌 생성으로, '창조'로 규정되어야 할 것이다.

그런데 예술은 어떻게 보이지 않는 힘을 드러낼 수 있는가? 들뢰즈가 베이컨의 작품으로부터 발견한 것은 이 문제에 관한 하나의 독창적인 응답이다. "베이컨의 형상들은 회화의 역사에서 나온 다음의 질문에 대한 가장 경이로운 대답 가운데 하나이다. '보이지 않는 힘을 어떻게 보이게 할 것인가?'"(FB, 71: 58쪽) 어떻게 비가시적인 힘을 가시적인 것으로 만들 것인가? 사실 베이컨의 작업이 '감각'을 그리는 것이라 말할 때, 들뢰즈는 힘을 가시화하는 베이컨의 독창적인 방식이 어떠한 것인지를 규정하고 있다. 감각이란 힘에 의한 신체의 변형이다. 즉 감각은 우리의 신체가 외부에서 가해지는 혹은 신체 내에서 맴도는 힘을 겪어내는 방식에 붙여진 이름이다. 이와 더불어 가장 먼저 떠올릴 수 있는 것은 「자화상」Self-Portrait이라는 동일한 표제가 붙은, 그 어떤 충격으로 일그러진 일련의 얼굴들이다.[20] 얻어맞은

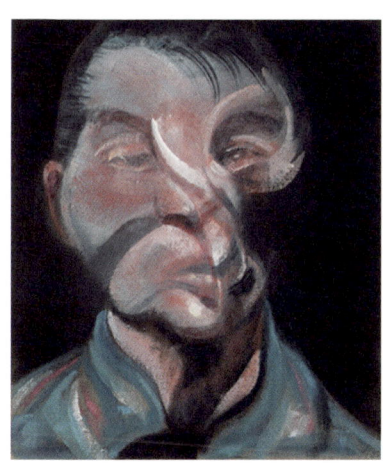

베이컨 「자화상」Self-Portrait (1972) [CR 72-11]
ⓒ The Estate of Francis Bacon. All rights reserved. DACS-SACK, Seoul, 2025

---

20 들뢰즈 역시 힘의 표현의 가장 명확한 사례가 베이컨의 머리 시리즈와 자화상 시리즈라고 지적한다. "…… 이렇기 때문에 베이컨은 보이지 않는 힘을 보이게 '하는' 문제에 더욱 직접적으로 부딪히게 된다. 그리고 이것이 베이컨의 머리 시리즈와 자화상 시리즈에 해당하는 것이고, 또 이를 위해서 베이컨은 이러한 시리즈를 그린 것이다."(FB, 71: 58~59쪽)

듯 벌겋게 부어오르거나 움푹 패어 찌그러진 뺨과 비틀어져 붉으락푸르락하며 경련을 일으키는 눈두덩이……. 베이컨의 그림들은 말 그대로 살에 가해진 비가시적 '힘의 기록'이다.

이런 관점에서 본다면 베이컨이 그리는 것은 결코 왜곡되거나 과장된 이미지가 아니다. 실제로 베이컨은 감각을 그려내는 자신의 작업이 사실을 '기록'recording하는 일이라 말한다. "나는 미술이 **기록**이라고 믿습니다. 또한 **보도**라고 생각합니다."[21] "그건 바로 단순한 사실로서가 아니라 **다양한 수준에서 사실을 기록하는 것, 이미지의 실재에 대한 보다 깊은 자각으로 이끄는 감각의 영역을 열어주는 것**, 이와 같은 것들이 살아 있는 날 것으로 포획되어 보존되고 최종적으로는 고정될 수 있는 구조를 만들려고 시도하는 것입니다."[22]

하지만 감각이 그 자체로 힘과 동일한 것은 아니다. "힘이 감각의 조건이라고 해도 실제 느껴지는 것은 힘이 아니다. 감각은 자신의 조건인 힘으로부터 출발하여 힘과는 전혀 다른 것을 '주기' 때문이다."(FB, 69: 57쪽) 힘은 감각의 조건을 이루는 것이지 감각과 같은 것이 아니다. "감각이란 신체 위에 작용하는 힘들과 파동의 만남으로서 …… 호흡-외침이다."(FB, 58: 48쪽) 그렇기에 감각을 그 모든 나타남 — 곧 자화상 속 얼굴의 경련과 팽창들 — 과 구분되며 그것에 앞서는 원천인 힘으로 규정할 수는 없다. 힘 그 자체는 인식될 수 없고 지각될 수조차 없다. 그것을 경험하는 감각이 없다면 힘이란 그저 공허한 관념일 뿐이다. 힘이 사실로서 드러나는 것은 그것이 감각으로 현현하는 한에서이다.

그러나 또한 감각을 재현으로, 혹은 재현된 것이 가지는 어떤 질적 속성으로 간주해서는 안 된다. 감각은 그 무엇도 재현하지 않는다. 감각은 그 자체 하나의 사실이다. "감각이란 질적으로 규정되지도 않고 질적인 것도 아니다. 감각은 오직 강도상의 실재성만을 가진다. 이 강도상의 실재성은 재현적 소여들을 규정하는 것이 아니라 동일한 것의 다양한 변주를 규정한다. 감각은 진동vibration이다."(FB, 58: 47쪽) 여기에서 들뢰즈는 감각을

---

21 데이비드 실베스터, 『나는 왜 정육점의 고기가 아닌가?』, 178쪽.
22 같은 책, 188~189쪽.

무엇 '의' 감각으로, 즉 어떤 실재가 가지는 질적 속성과 같은 것으로 간주할 수 없음을 분명히 한다. 베이컨이 그려내는 것은 무엇 '의' 감각이 아닌, 감각 그 자체이다.

감각을 그림으로써 베이컨은 구상적 형태 배후의 힘을 드러내 보인다. 세계를 바라보는 우리의 일상적 시선이 이미 틀에 박힌 기성의 개념과 표상들로 가려져 있기에, 클리셰가 되기 이전의, 클리셰로 오염되지 않은 힘의 모습은 우리로 하여금 일상적 경험을 벗어나도록 인도하는 예술작품을 통해서만 드러날 수 있는 것이다. 예술이란 틀에 박힌 진부한 경험을 넘어, 낯선 개념과 생경한 비전을 통해 포착된 세계의 이질적인 모습을 경험할 수 있는 일종의 '실험'인 것이다.

3. 구상을 벗어나는 두 가지 방법

하지만 당연하게도 모든 예술이 우리를 새로운 경험으로 인도하는 것은 아니다. 회화의 영역에 제한해 말하자면, 모든 그림이 재현으로서의 회화라는 선입견을 벗어나려 하는 것은 아니다. 많은 작품들은 오래된 관념을 충실한 방식으로 고집스레 유지한다. 여전히 그리고 변함없이, 구상 미술의 이상은 재현이다.

그러나 분명 어떤 작품들은 고정된 틀을 넘어 새로운 비전을 보여준다. 그런 작품과 마주할 때 우리는 비로소 세계를 바라보는 다른 시선이 있을 수 있다는 것을 깨닫고, 기존에 견지하고 있었던 관점이 자연스러운 것이 아니었다는 사실을 알게 된다. 그렇다면 어떻게 클리셰에 오염되지 않은 새로운 비전을 취할 수 있을 것인가? 회화에 상응하는 형식으로 바꾸어 묻자면, '어떻게 구상을 벗어날 것인가?'

1) 추상

그런데 구상으로부터 벗어난 회화란 추상화가 아닌가? 물론 그렇다. 사실적 묘사에 매달리던 구상 회화의 틈새에서 추상 회화가 시작된 것은 회화의 개념 자체를 뒤흔든 혁명적 사건이었다. 들뢰즈 역시 구상 회화를 벗어 나는 첫 번째 계기를 추상으로부터 발견한다. "현대 회화를 구상으로부터 떼어내기 위해서는 추상 회화의 그 특별한 작업이 필요했다."(FB, 22: 19쪽)

1968년 『차이와 반복』에서 이미 들뢰즈는 다음처럼 말했다. "사유 이론은 회화와 같다. 사유 이론에는 회화가 재현에서 추상 미술로 이행하게끔 하는 혁명이 필요하다."(DR, 588쪽) 그러나 수사적 차원의 비유를 넘어 추상 회화에 관한 구체적인 분석이 제시된 것은 그로부터 13년 뒤 출간된 『감각의 논리』에서였으며, 추상 회화에 관한 들뢰즈의 마지막 언급은 1991년 출간된 『철학이란 무엇인가』에서 찾아볼 수 있다.

『철학이란 무엇인가』에서 들뢰즈는 추상 회화를 '힘을 그 자체로 드러내려는 시도'로 특징짓는다.

…… 무엇보다 이는 추상 회화를 만드는 것이다. 곧 **힘들을 소환하기**, 무지의 단색을 그것이 낳는 **힘으로 가득 채우기**, 보이지 않는 **힘들을 그 자체로 보이도록 하기**.(QP, 172쪽)

회화를 추상적인 것으로 만드는 것은 다음과 같은 것들이다. **힘들을 소환하는 것**, 색면을 그것이 소지하는 **힘들로 가득 채우는 것**, **비가시적인 힘들을 그 자체에서 가시적이게 하는 것**, 기하학적인 외양들이지만 단지 힘들(중력, 중량, 회전, 소용돌이, 폭발, 팽창, 발아 그리고 시간의 힘들)만 존재하는 형상들을 세우는 것.(QP, 172쪽)

그렇다면 힘의 포획은 추상 회화를 통해 성취되었는가? 물론 추상의 방식으로 비가시적인 힘의 형상화를 이룰 수도 있었을 것이다. 그러나 실제로는 그러지 못했다. 들뢰즈는 현대 추상 회화가 예술을 철학에 접목하는 시도였다고 비판한다. 무엇보다도 추상 회화는 감각을 순수한 정신적 존재, 곧 개념으로 간주했다. "추상 예술은 …… 바다나 나무에 대한 감각이 아니라, 바다나 나무의 **개념**에 대한 감각이 될 수 있도록 하는 그러한 건축학적 구성의 구도를 표방함으로써, 오로지 감각의 정제와 탈물질화만을 추구한다."(QP, 187쪽) 이들이 간과했던 것은 감각이 개념과 다르다는 사실이다. 개념을 통해 사유하는 철학과 달리 예술은 감각을 통해 사유한다. 철학과 예술이라는 서로 다른 두 사유는 상호 교차하며 작용할 수 있지만 결코 동일시될 수 없다.

그러나 『철학이란 무엇인가』에 제시된 것은 결론에 지나지 않는다. 추상 회화 고유의 역량 및 한계에 관한 구체적 분석은 『감각의 논리』에서 찾아볼 수 있다. 『감각의 논리』에서 들뢰즈는 구상을 벗어나 추상이 형성되는 과정을 다음과 같이 기술한다.

> 강도 높은 정신적 노력을 통해 추상은 구상적 소여들을 넘어선다. 그러나 동시에 추상은 추상적이며 기표적인 형태들을 발견하기 위하여, **혼돈**chaos을 …… 축소해 버린다. 몬드리안Piet Mondrian의 사각형은 구상(풍경)에서 이탈하며 혼돈 너머로 도약한다. 그 도약 속에서 그것은 일종의 **동요**oscillation를 간직한다. …… 실제로 추상적 형태들은 '**긴장**'tension에 의해 단순한 기하학적 형태들과 구별된다. 이 긴장은, 형태를 그리는 손의 움직임과 그것을 결정짓는 보이지 않는 힘들을 시각 안으로 내면화하는 것이다. 바로 그것이 형태를 본질적으로 시각적인 변형으로 만드는 요소이다. (FB, 120: 96~97쪽)

인용된 단락에서 들뢰즈는 추상 회화의 형성 과정을 섬세하게 분석한다. 추상화를 그릴 때 일어나는 일은 무엇인가? 구상적 형태를 벗어나 추상에 걸맞은 형태를 발견하기 위해 우선 요구되는 것은 '혼돈'을, 즉 대상의 무한한 디테일을 축소하는 일이다. 그러나 이 축소는 결코 단순한 작업이 아니다. 추상 또한 어떤 형태를 그리는 일인 한, 혼란스러운 세부 사항들을 생략하여 특정한 형태를 형성함에 있어 틀에 박힌 구상적 형태로 회귀하는 일을 부단히 경계해야 하기 때문이다. 추상 회화로부터 '동요'가 발견되는 것은 이러한 까닭에서이다. 구상적 형태로의 이끌림으로부터 벗어나길 시도하는 까닭에 추상에는 우리에게 익숙한 형태를 의도적으로 거부함에서 비롯된 모종의 불안정성이 깃든다.

그런데 추상이 경계해야 할 위험은 이뿐만이 아니다. 추상은 구상으로의 회귀를 경계해야 할 뿐만 아니라 또한 그려진 것이 '깊이'를 상실하는 일 역시 경계해야 한다. 기하학적 문양과 추상 회화의 형태를 구분 짓는 것은 바로 그것이 단지 그려진 것이 아니며, 그려진 것과 다른 무언가를 나타내고 있다는 사실에서 비롯되는 '긴장'이다. 그려진 것이 그것의 전부일 뿐인 기하학적 문양과 달리, 추상 회화의 형태들은 그려진 것과 다른 무언가를 함축한다. 들뢰즈가 지적하듯 추상 회화가 지닌 '긴장'은 단순한 시각적 구성의 문제가 아니라, 보이지 않는 힘을 감각의 차원에서 사유하려는 시도에서 비롯된 것이다. 추상 회화를 감상하는 일이 기하학적 문양을 관찰하는 일과 근본적인 차이를 가지는 것은 이 때문이다. 화폭에 그어진 선과 색은 그것으로 전부가 아니다. 추상 회화가 우리를 사로잡는 것은 바로 이 깊이 때문이다. 한 폭의 추상화를 마주하고 우리는 묻는다. 이것은 무엇인가? 추상 회화가 불러일으키는 긴장. 그것은 곧 추상의 형태들이 우리의 사유를 촉발하는 운동인 것이다.

추상 회화는 대상의 재현이라는 틀에 박힌 관습을 벗어나고자 했다. 1922년 바우하우스에서 진행된 강의에서 칸딘스키Wassily Kandinsky는 다음과 같이 말했다. "자연에 대해서 스스로를 해방하는 것이 예술의 목적이다. 예술가는 대상Objekt으로부터 해방된다. …… 예술가는 아무것도 모방하지 않고, 또 어떤 목적에 기여하지도 않는 추상적인 형태를 찾아낸다."[23] 칸딘스키는 대상의 형태로부터 색채를 해방함으로써 형태 없는 informelle 회화의 지평을 열었다. 그런데 그가 목표했던 것은 단순히 구상을 해체하는 일이 아니었다. 추상 회화는 세계를 있는 그대로 표현할 수 있는 새로운 시각적 사유의 장을 개척하려는 시도였다. "예술가가 추구해야 하는 예술의 목적은, 전 세계를 보이는 그대로, 즉 그 내적 울림을 미화하거나 다르게 해설하지 않고, 또 약화하거나 더럽히지 않고 그대로 감지하고 표현하는 것이다. …… 추상화하는 표현양식에서는 …… 대상의 외적인 표피가 아니라 그 생, 즉 그 내적인 울림이 오히려 더 중요하다."[24]

이처럼 추상은 구상적 형태에 틀 지어지지 않은 대상의 본질을 포착하

---

23 바실리 칸딘스키, 『점·선·면–회화적인 요소의 분석을 위하여』, 차봉희 옮김, 열화당, 2019, 186쪽.
24 같은 책, 187쪽.

몬드리안 「저녁: 붉은 나무」Evening; Red Tree(1908)
「회색 나무」The Gray Tree(1911)
「꽃 핀 사과나무」Apple Tree in Blossom(1912)

고자 했다. 그렇다면 이와 같은 시도에도 불구하고 추상이 보이지 않는 힘을 보이게 하는 데에 성공하지 못했던 이유는 무엇인가? 그것은 추상 회화가 감각을 사유의 진정한 동력으로 삼기보다는, 감각을 이미 규정된 개념적 질서 속에 포섭하려 했기 때문이다.『감각의 논리』에서 들뢰즈는 추상 회화의 한계를 다음과 같이 지적한다.

> 그 결과, 추상 회화는 더 이상 하나의 돌발적 흔적diagramme을 만드는 것이 아니라, 오히려 상징적 코드, 즉 커다란 형식적 대립들을 따르는 일종의 **상징적인 코드**code symbolique를 구성하게 된다. 돌발적인 흔적이 코드로 대체된 것이다. …… 예컨대 칸딘스키에 따르면, 수직-흰색-활동성과 수평-검정-비활동성 등의 대립들이 그러하다. 여기서 우리는 선택의 개념이 단순한 우연이 아니라, 이항적 선택의 개념으로 자리 잡는 것을 본다. 추상 회화는 바로 그러한 고유하게 회화적인 **코드의 정교한 구성**을 아주 깊이까지 밀어붙였던 것이다.(FB, 120~121: 97쪽)[25]

분명 추상은 보이지 않는 힘을 보이게 하려는 기획으로 시작되었다. 그러나 최초에 겨냥했던 목적과 달리 점차 추상은 색과 면을 언어학적인 의미소로 이용하는 가운데 일종의 회화적 문법을 구축하는 데로 나아갔다. 추상 회화를 마주한 관객들은 그림을 보는 것이 아니라 그림을 '읽어내야' 했다. 몬드리안의 그림이 이념적이고 고정된 도식圖式을 보여주었다면, 칸딘스키에게서 발견되는 것은 "내적 필연성의 법칙"[26]에 따르는 "이

---

25 '돌발적 흔적'은 diagramme을 의역한 표현이다. 사전적인 뜻에 따라 diagramme을 '도표' 내지 '그래프'와 같은 표현으로 옮길 경우 이 개념이 실제로 의미하는 바가 전달되지 않기에, 뜻의 전달을 위해 문맥에서 이 개념이 실질적으로 의미하는 바와 가장 가까운 표현인 '돌발적 흔적'으로 옮겼다. 그럼에도 불구하고 들뢰즈가 diagramme이라는 개념을 사용할 때 이 표현에 '도표/그래프'라는 의미가 포함되지 않은 것은 아니다. 베이컨을 따라 들뢰즈는 충동적인 붓질이라는 '돌발적 흔적'으로부터 모든 잠재성들의 다이어그램을 발견하기 때문이다.
26 가령 다음과 같은 구절에서 칸딘스키는 추상 회화의 문법이 '내적 필연성의 법칙'에 따라 형성되는 것임을 주장하고 있다. "이러한 회화문법은 이제 다만 예견될 뿐이다. 이러한 문법이 궁극적으로 실현된다면 그것은 물리적 법칙의 근거…… 위에서 구축한다기보다는 오히려 우리가 '영혼적으로' 표현할 수 있는 '내적 필연성의 법칙' 위에서 구축할 것이다."

항대립적인 상징적 코드의 구성"(FB, 121: 97쪽)이었다. 그리고 "코드는 반드시 두뇌적이며, 그렇기에 코드는 감각을, …… 신경 시스템 위에서의 직접적인 행위를 결여한다."(FB, 126: 102쪽) 의미의 전달을 방해하는 노이즈가 최소한으로 줄어든 대신, 매끈해진 이미지 속에서 감각은 자취를 감추게 되었던 것이다.

인용된 단락에서 들뢰즈는 추상 회화가 돌발 흔적을 상징적인 코드로 뒤바꾸어 놓았음을 비판한다. "돌발 흔적이란 선들과 얼룩들, 선들과 영역들로 이루어진 작용하는 총체를 말한다."(FB, 118: 95쪽) 돌발 흔적은 작품을 구성하는 기본적인 요소인 선과 색에 동반되는 세부 사항들을 포괄한다. 그것은 한 폭의 그림이 언제나 화가의 손에 의해 그려진 것일 수밖에 없다는 사실로부터 비롯된 불가피한 무질서chaos, 곧 작품의 선과 색이 기표로서 의미를 전달하는 일과 무관하며 때로는 그러한 의미 작용을 방해하는 '우연성'이다. 추상이 간과한 것은 이러한 우연 없이는 결코 감각을 생성할 수 없다는 것이다. "돌발 흔적은 분명 하나의 혼돈이고, 대재난이다. 그러나 동시에 그것은 질서나 리듬의 생성적 기원이기도 하다. 그것은 구상적 소여들과 관련해서는 격렬한 혼돈이지만, 회화의 새로운 질서와 관련해서는 리듬의 씨앗이다."(FB, 118: 95쪽) 보이지 않는 힘을 가시화하는 것은 그려진 것이 해석 가능한 것이 되도록 만드는 상징적 코드들이 아니라, 추상 회화의 매끈한 표면에서 지워져버린 화가의 우발적 선택들이다.

분명 추상 회화의 이상은 비가시적인 힘을 가시화하는 것이었다. 그러나 추상은 화폭을 채운 선과 색을 기표로 만듦으로써 다시금 '판에 박힌 것'으로 전락한다. "구상적인 회화와 추상적인 회화는 유일하고 동일한 한 수준에 머무른다."(FB, 49: 41쪽) 구상 회화가 재현의 이상에 맞추어 우리의 실제적 경험을 재단하고 상투적인 프레임 속에 실재를 가두었다면,

(바실리 칸딘스키, 『예술에서의 정신적인 것에 대하여』, 권영필 옮김, 열화당, 2019, 83쪽) 또한 칸딘스키는 이어지는 페이지들에서 실제로 '내적 필연성의 법칙'에 따른 색채 연구를 수행한다. 그는 색채가 고유의 감정적 울림을 지니며, 감정은 원심성과 구심성, 온도와 농도, 힘과 깊이 같은 요소들과 상호작용함으로써 회화의 내적 구조를 형성한다고 본다. 이러한 색채 연구는 단지 시각적 조화에 그치지 않고, 각 색채가 유발하는 감정의 운동과 그들 사이의 가치, 대립, 균형 등의 관계를 통해 회화적 구성의 '내적 필연성'을 실현하려는 시도였다. 이에 관해서는 같은 책의 84~101쪽을 참조할 수 있다.

추상 회화는 그려진 것을 언표로 환원함으로써 또다시 판에 박힌 것의 차원에 남겨지게 되는 것이다. "우리는 구상적인 회화나 추상적인 회화에 대해 동일한 비난을 할 수 있다. 이러한 회화들은 두뇌를 통과하지, 신경 체계 위에 직접적으로 작용하지 않는다."(FB, 49: 41쪽) 이와 같은 두 유형의 작품들과 마주한 관객들은 그것이 무엇을 재현한 것인지 혹은 무엇을 의미하는 것인지를 묻고, 즉각적으로 — 혹은 '소양'이 부족한 경우에는 더디게 — 답을 찾을 것이다. 예술작품을 감상하기 위한 견식이 부족하다는 사실이 탄로날지언정, 작품의 감상에는 어떤 위험도 따르지 않는다. 예술작품을 감상하는 일은 문화를 향유하는 세련된 제스처에 지나지 않는다. 십자말풀이를 하듯 정해져 있는 규칙 및 코드에 따라 작품을 해석하고 미술관을 나와 다시 안온한 일상으로 돌아가면 그만인 것이다.

　추상의 형식은 '보이지 않는 힘'을 붙잡지 못한 채 공허한 코드로 전락했다. 해석의 습관에 안주하는 순간, 작품은 더 이상 우리를 사유하게 하지 않으며 사유를 촉발할 수도 있었을 불씨는 점화되기도 전에 해석의 재 속에 묻혀버린다. 이제 중요한 것은 질문을 다시 던지는 일이다. 예술은 무엇을 보여주고자 했는가, 그리고 우리는 그것을 진정 보고 있는가? 이러한 상황에서 비평의 과제는 명확해진다. 상투적 기호들에 뒤덮인 작품에 숨을 불어넣어 희미해진 불씨를 다시 타오르게 하는 일, 그리하여 예술이 다시금 우리를 사로잡게 하는 것이다.

2) 추상표현주의

그렇다면 재현으로 환원되지 않는 동시에 언표로도 환원되지 않는 이미지는 없는 것인가? 물론 모든 종류의 추상 회화가 상징적으로 코드화되어 있는 것은 아니다. 오히려 어떤 작품들은 화폭에 어떤 기표도 남겨놓지 않은 채 최대의 혼돈을 겨냥하기도 한다. 우리는 이와 같은 사례를 폴록Jackson Pollock의 액션 페인팅과 같은 소위 추상표현주의expressionnisme abstrait 회화로부터 발견할 수 있다.

　　우리가 종종 추상표현주의……라고 불렸던 두 번째 길은 정반대의 완전히 다른 답변을 제시한다. 이번에는 심연 또는 혼돈이 최대한으로 펼쳐진다. …… 돌발 흔적diagramme은 전체 화면과 뒤섞이며, 화면 전체가 하나의 돌발 흔적이 된다. 시각적 기하학이 손에 의한, 오로지 손에 의한 선에 자리를 내어주며 무너져 내린다. 눈은 그 선을 따라갈 수조차 없다. 실제로 이 회화의 탁월한 발견은 선(그리고 색-얼룩)의 발견이다. 이 선은 윤곽을 그리지 않는다. 이 선은 안으로든 밖으로든, 오목하게든 볼록하게든 그 어떤 것도 한계 짓지 않는다. 예를 들어 폴록의 선, 루이스Morris Louis의 얼룩이 그렇다.(FB, 121: 98쪽)

관건이 되는 것은 추상 회화가 과도한 정제의 과정에서 증발시켜 버린 우연성을 되찾는 일이다. 들뢰즈는 몬드리안과 칸딘스키로 대표되는 기존의 추상 회화에서 감각 — '손'에 해당하는 것 — 은 사라지고 두뇌를 거친 해석만이, 곧 '눈'만이 남게 되었다고 말했다. 그렇다면 추상표현주의는 어떤가? 흥미롭게도 인용된 단락에서 들뢰즈는 추상표현주의에서는 돌발 흔적이 화폭 전체를 점령함으로써 '손'만이 남는다고 말한다. 추상표현주의 작가들은 더 이상 붓과 이젤을 가지고 작업하지 않는다. "더 이상 시각적 구성의 강요에 종속되어 있지 않기에, 손은 해방되어 막대기, 스펀지, 걸레, 주사기를 사용한다. 액션 페인팅은 …… 화가가 추는 '광적인 춤'danse frénétique이다."(FB, 123: 98쪽) 이들의 손은 리듬을 표현하는 가운데 무수한 돌발 흔적들을 그려낼 뿐이며, 화폭에 흩어진 색은 더 이상 선으로 제한되거나 구획되지 않는다. 달리 말하자면 작가는 작품에 대한 시각적 통제를 포기한 것이다. 추상표현주의에 이르러 작가는 "실명"cécité (FB, 123: 99쪽)한 것이다.

기존의 추상 회화는 철저하게 계산된 상징적 코드화에 지나지 않았기에 감각이 개념의 이면에 은폐될 수밖에 없었다면, 이와 반대로 추상표현주의는 캔버스를 돌발 흔적으로 가득 채움으로써 감각을 충실히 보여주었으나, 이는 통제되지 않아 혼란하며 무질서한 감각의 과잉에 불과했다. 그것은 감각의 무절제한 표출일 뿐, 틀에 박힌 관점을 넘어 실재를 새로운 관점에서 바라보는 전복적·창조적 비전이 아니다. 추상과 추상표현주의는 감각을 구현하려는 현대 회화의 두 갈래이자, 눈과 손을 각기 서로 다른 극단으로 밀고 나간 결과였다. 그러나 들뢰즈에 의하면 이 두 극단 모두 감각을 가시화하는 데에는 성공하지 못했다. "그것은 우리가 벗어나고자 했던 견해로 우리를 다시 끌어들이거나, 그렇지 않으면 우리가 대항코자 했던 카오스로 우리를 함몰시켜 버리는 위험들이다."(QP, 188쪽) 전자의 경우 감각은 개념 속에서 정제되며 탈물질화되고, 후자의 경우 감각은 통제되지 않은 채 방기된다. 이 두 경향은 각기 다른 방식으로 감각의 본래적 진리를 배반한다. 하나는 감각을 지성화했고, 다른 하나는 어떤 질서도 없이 감각을 방출했던 것이다.

따라서 들뢰즈는 감각을 사유하는 제3의 길, 곧 코드화도 무질서도 아닌 힘에 의한 형상의 생성이라는 새로운 미학적 국면을 모색한다. 여기서 중요한 것은, 감각이 재현을 구성하는 부분 요소가 아니며 단순히 손의 움직임이 남긴 자취도 아니라는 사실이다. 감각은 형상을 이루는 선과 색이 신체에 직접 작용하는 힘의 현현이며, 동시에 그 힘에 대한 신체의 반응이다. 이러한 감각의 가시화를 가장 탁월하게 수행한 작가로 들뢰즈가 지목한 것은 베이컨이다.

4. 제3의 길: 형상

『감각의 논리』 첫 장에서 들뢰즈는 다음처럼 말한다.

> 회화는 두 가지 방법을 통해 구상적인 것le figuratif을 피할 수 있을 것이다. 하나는 추상을 통해 순수한 형태la forme pure를 지향하는 것, 다른 하나는 추출 혹은 고립을 통해 순수하게 형상적인 것le pur figural으로 향하는 것이다.(FB, 12~13: 12쪽)[27]

---

[27] 이와 동일한 표현은 『감각의 논리』 6장에서도 제시된다. "구상(figuration)(즉 예시적이면서 서술적인 것)을 넘어서는 두 방식이 있다. 하나는 추상적인 형태로 향하는 것이고, 다른 하나는 형상을 향하는 것이다."(FB, 47: 39쪽) 혹은 12장에서 들뢰즈는 구상을 벗어나는 길을 세 가지로 규정하기도 한다. "화가들이 서로 다르게 되는 이유는 그들이 이 비구상적인 혼란을 겪어내는 방식의 차이 때문이며, 도래하게 될 회화의 질서를 평가하고 이 질서와 혼돈의 관계를 평가하는 방식의 차이 때문이다. 우리는 아마도 이 점에 있어서 세 개의 길을 구별할 수 있을 것이다."(FB, 119: 96쪽) 그러나 여기에서 들뢰즈는 추상을 보다

앞서 우리는 구상을 벗어나기 위한 첫 번째 방법으로 추상 회화를 살펴보았다. 그러나 분명 판에 박힌 것에서 벗어나 재현적 형태에 갇히지 않은 감각을 되찾으려는 시도였음에도, 실제로 추상은 상징적 코드화 혹은 감각의 무질서한 방출이라는 두 극단으로 치달았던 까닭에 우리는 추상으로부터 감각의 새로운 질서를 발견할 수 없었다. 추상 회화는 그저 지성화된 장식 혹은 혼돈의 미화였던 것이다. 이와 달리 베이컨의 화폭은 상징적 기호의 공간도, 무절제한 흔적의 무대도 아니다. 베이컨은 두 종류의 추상 중 어느 한 방식을 택하지 않는다. "베이컨이 추구하는 길은 추상화처럼 눈에 의한 길도 아니고, 액션 페인팅처럼 손에 의한 길도 아닌 제3의 길이다."(FB, 128: 103쪽)

베이컨의 회화는 구상과 추상 중 어느 쪽으로도 나아가지 않는다. 오히려 베이컨의 작품은 재현과 비재현의 경계를 비트는 방식으로 작동한다. 베이컨은 감각이 개념화되기 이전, 혹은 감각이 클리셰로 가라앉기 이전의 '발생하는 감각'의 장면을 우리 앞에 펼쳐 보인다. 클리셰를 와해함 déformation으로써 재현적 유사성을 파괴하면서도 감각의 직접성을 포착하는 이미지, 들뢰즈는 그것에 '형상'Figure이라는 이름을 붙인다.

1) '형상'이란 무엇인가

들뢰즈는 '형상'을 다음처럼 정의한다.

> 형상은 감각에 결부된 감각적인 형태이다. 형상은 신경 체계에 직접 작용한다. …… 이와 달리 추상적인 형태는 뇌에 호소하고, 뇌의 매개를 통해 작용한다.(FB, 46: 39쪽)

인용된 구절에서 형상은 "감각에 결부된 감각적인 형태"la forme sensible rapotée à la sensation로 규정된다. 추상 회화의 상징적 형태와 달리, 형상은 지성을 통한 '해석'이라는 매개를 거치지 않고 신경 체계에 직접적으로 작

세분화하여 두 갈래의 길로 나누고 있을 뿐이다. 즉 구상을 벗어나는 세 개의 길은 추상, 추상표현주의, 그리고 베이컨의 형상을 통한 방법이다.

용한다. 형상은 대상을 모사한 재현도 해석을 위한 상징적 코드도 아니다. 형상이란 단지 발생한 감각이 형태를 띠고 가시화된 하나의 사건, 말하자면 응결된 감각인 것이다.

그러나 베이컨 회화를 특징짓는 핵심 개념으로서 형상은, 무엇보다 그것이 관객에게 가하는 충격과 절단의 효과 — 즉 감각의 폭력적 개입 — 와 관련하여 사유되어야 한다. 이 점에서 형상은 단순한 시각적 이미지가 아니라 기호signe로 기능한다. 앞서 문학 비평을 다루며 살펴보았듯 들뢰즈는 기호를 '사유를 강제하는 사건'으로 규정했다. "사유하도록 강요하는 것은 바로 기호이다."(PS, 145쪽) 들뢰즈에게 있어 기호란 인식적 차원에서 해석되어야 할 대상이 아니라 감각적 충격을 통해 기존의 인식 틀을 흔들고 새로운 사유를 촉발하는 장치다. 형상 역시 이와 같은 방식으로 작동한다. 베이컨의 형상은 상징적 해석을 유도하는 기표signifiant가 아니다. 오히려 그것은 기존의 해석 체계를 정지시키고, 해석되지 않음으로써 우리의 지각을 낯선 차원으로 개방하는 힘으로 작동한다. 형상은 우리를 멈춰 세우고 시선을 고정시키며, 해석 불가능한 방식으로 사유를 촉발하는 미지의 기호이다.

그럼에도 지적해야 할 것은 형상이 여전히 모종의 '형태'를 취하고 있다는 사실이다. 형상은 감각적 형태를 벗어나지 않는다. 그리고 바로 이런 점에서 베이컨의 형상은 — 붓이 아닌 솔로 문지르고 헝겊으로 닦아냈을지라도 — 추상표현주의의 돌발 흔적과 분명한 차이를 가진다. 추상표현주의 예술에서 선은 색을 제한하는 기능을 상실했다. 흩뿌려진 페인트 자국은 곧 색이자 선이었고, 양자는 구분 지을 수 없이 뒤섞여 있었다. 그러나 추상표현주의와 마찬가지로 구상을 벗어나려 했음에도 베이컨은 무차별적인 혼돈으로 나아가지 않았다. 베이컨이 그려내고자 한 것은 산만하고 무질서한 감각의 범람이 아니라 형태 속에 응결된 감각이었기 때문이다. 그렇기에 베이컨에게서 "돌발 흔적은 그림 전체를 갉아먹지 말아야 하고 공간과 시간 속에서 제한되어 있어야 한다. 돌발 흔적은 작동하되 통제되어야 한다. 격렬한 수단들은 고삐가 풀리지 말아야 하며, 대재난이 필수적이라 할지라도 그것이 전체를 집어삼켜서는 안 된다."(FB, 127: 102~103쪽)

그런데 우리는 앞서 베이컨의 창작의 주제가 '감각의 폭력'임을 지적했다. 감각의 폭력이 그것이 재현하는 자극적인 볼거리에 의해서가 아니라, 회화의 질료인 선, 색과 같은 조형적 요소에 의해 형성되는 것이라면, 감각의 폭력을 가장 잘 구현하는 것은 액션 페인팅과 같은 추상표현주의가 아닌가? 추상표현주의의 비합리적 획과 윤곽 없는 선들은 그 자체 어떤 재현의 원리에 의해서도 제한되지 않은 순수한 감각의 구현이 아닌가? 이를테면 로스코Mark Rothko의 색면회화color field painting는 감각을 어떠한 형식에도 종속시키지 않은 채, 순수한 색의 장을 통해 감각 자체가 직접적으로 드러나도록 만든다. 폴록이 물감의 물질성과 운동성을 통해 감각의 역동적 분출을 구현한다면, 로스코의 작품에서 감각은 색면을 통해 번져 나가는 가운데 깊이 침잠한다. 여기에서 감각은 특정한 윤곽이나 구조를 갖추지 않은 채, 색면의 강렬함 속에서 직접적으로 구현된다. 이와 비교하자면 베이컨의 형상은 여전히 구상적 형태를 간직하고 있는 것이 아닌가?

분명 그렇다. 비록 뒤틀리고 짓이겨진 형태일지라도 베이컨이 그리는 것은 누군가의 얼굴이고 신체이다. 그렇다면 이는 구상으로의 회귀가 아닌가? 이것은 실제로 베이컨이 고심했던 문제이기도 했다. "베이컨은 그 자신에게 형상이 구상적인 것과 결별하려는 의지를 표명하는 바로 그 순간, 실천적인 구상성이 불가피하게 유지된다는 문제를 제기한다."(FB, 51: 42쪽) 베이컨의 화폭에는 여전히 어떤 구상적 형태가 존속하고 있다. 이는 근본적으로 베이컨의 형상이 구상의 틀 속에서 구상을 넘어서려는 시도이기 때문이다. 형상은 구상의 잔여를 지우지 않은 채 오히려 그것을 비틀고 왜곡함으로써 작동한다. 베이컨의 작품에 '비구상적 초상화'라는 일견 모순적인 명칭이 따라붙는 것은 이러한 이유에서다. 형상은 재현과 비재현, 구상과 추상이라는 이분법을 해체하는 경계 위의 이미지다.

실제로 주제의 측면에서 베이컨은 전통적인 구상 회화와 다른 것을 시도하지 않았다. 베이컨이 천착했던 것은 인물 및 신체와 같은 진부한 소재였다. 전통적인 구상 회화와 마찬가지로 베이컨은 이웃의 얼굴을 그렸고 자화상을 그렸다. 그렇기에 베이컨의 독창성은 회화의 '주제'를 쇄신했는가의 측면이 아니라, 초상화라는 진부한 주제를 형상의 길을 통해 다시 다룬 '방식'manière의 측면에서 평가되어야 한다. 그리고 이렇듯 고전적인 주제를 다루었음에도 새로운 방식을 통한 변혁을 이루었다는 사실로부터 우리는 베이컨과 바로크를 연결하는 교차점인 '마니에리슴'manièrisme을 발견할 수 있다.[28] 조금 뒤에 다루겠지만, 300년이 넘는 역사적 간격에도 불구하고 형식을 뒤틀고 과장하는 방식으로 재현의 틀을 내부로부터 교란한 마니에리슴적 실천에서 두 예술은 깊이 공명한다.

그런데 베이컨이 그리고자 했던 것은 감각, 곧 재현에 종속되지 않은 힘이 아니었던가? 추상표현주의가 구상적 형태에 틀 지어지지 않은 감각을 드러내기 위해 물감을 흩뿌림으로써 모든 형태로부터 벗어나 해방된 힘의 분출 그 자체를 보여주려 했다면, 베이컨은 이와 같은 방식을 통해서는 힘을 드러낼 수 없다고 생각했다. 어째서인가? 우선 첫째로는 그들이 힘을 흰 바탕 위에 직접 그려질 수 있는 즉흥적 표상으로 오해했기 때문이다. 추상표현주의는 물감을 던지는 무작위적 행위로써 순수한 힘의 자취를 형상화할 수 있다고 생각했지만, 이러한 시도는 이미 이미지로 가득 찬 화면이 '빈 바탕'일 수 있다는 환상에 기댄 것이다. 추상표현주의가 간과했던 것은 화가가 백색의 빈 화폭에서 출발할 수 없다는 사실이다. 화폭은 이미 구상적 이미지들, 곧 판에 박힌 이미지들로 가득 차 있다. "화가가 흰 표면 앞에 있다고 믿는 것은 잘못이다. …… 그것이 현실적이든 잠재적이든, 이 모든 것은 이미지의 자격으로 화폭 위에 현존한다. 그래서 화가는 흰 표면을 채워야 하는 것이 아니라, 오히려 비우고 치우고 청소해야만 한다."(FB, 101 : 83쪽)

---

28 일반적으로 마니에리슴은 르네상스 후기의 회화 양식을 가리키지만, 들뢰즈는 마니에리슴을 단순한 미술사적 양식이 아니라, 형식의 자기반영성, 기형화(deformation), 그리고 감각의 직접적 표현이라는 측면에서 이해한다. 이러한 관점에서 마니에리슴은 고전적 조화와 비례를 파괴하고, 표현 그 자체를 강조하는 표현 방식 및 사유를 의미한다. 들뢰즈의 마니에리슴 개념이 어떻게 베이컨의 회화와 바로크 미학 사이에서 작동하는가에 대해서는 Sjoerd van Tuinen, "Pris dans une sorte de serpentin: Le concept de maniérisme de Deleuze entre Bacon et le baroque"(*Gilles Deleuze. Nouvelles lectures, nouvelles écritures*, P. Chenier, D. Giroux, & R. Lemieux (Eds.), Québec: Presses de l'Uni. Laval, 2009, 23~44쪽.)를, 들뢰즈의 미학에서 마니에리슴과 바로크가 어떻게 현대 예술의 본질과 연결되는가에 대해서는 "Mannerism, Baroque, and Modernism: Deleuze and the Essence of Art"(*SubStance*, vol. 43, no. 1, 2014, 166~190쪽.)를 참조할 수 있다.

목적으로 하는 것이 클리셰에 가로막혀 보이지 않는 것을 보이게 하는 것이라면, 눈을 감고 붓을 휘둘러 카오스에 호소함으로써 무질서로부터 감각이 드러나기를 마냥 기도할 것이 아니라, 판에 박힌 생각들에 대항해서 싸워야 하는 것이다. 캔버스가 순백의 표면이 아니라 이미 너무 많은 구태의연한 이미지들로 포화되어 있다면, "우선은 지우고, 청산하고, 눌러서 두께를 줄이고, 심지어는 조각조각 해체해야만 비로소 우리에게 비전을 가져다줄 카오스로부터 솟아나는 한 줄기 공기를 흐르게 할 수 있을 것이다."(QP, 192쪽) 요컨대 감각을 드러내기 위해 요구되는 것은 카오스에 대항한 투쟁이다. 예술은 단지 카오스를 전시하는 일로 그쳐서는 안 된다. "정녕 예술은 카오스와 투쟁한다. 그것은 그러한 투쟁에서 일순간에 카오스를 밝혀내는 하나의 비전, 하나의 감각을 발현시키기 위함이다."(QP, 192쪽) 하지만 추상표현주의는 카오스에 대항하기는커녕, 카오스에 의탁하여 감각을 보여주기를 호소했던 것이다.

그러나 사실 이보다 심각한 문제는 다음의 것인데, 종국에는 추상표현주의의 이미지 역시 판에 박힌 것이 되어버린다는 사실이다.

> 우리 주위에서, 우리 머릿속에서 온갖 종류의 이미지가 증식하고 있다. 이뿐만이 아니다. 판에 박힌 것들에 대한 반항마저도 판에 박힌 것들을 양산하고 있다. **심지어는 추상화마저도 추상화의 판에 박힌 것들을 생산해내는 일을 멈추지 않았다.** …… 모방하는 이들이 언제나, 심지어는 판에 박힌 것으로부터 벗어난 것에서도 판에 박힌 것을 되살렸기 때문이다. 판에 박힌 것들에 맞선 투쟁은 무시무시한 것이다.(FB, 104: 85쪽)

물론 모든 이미지들은 판에 박힌 것으로 전락할 가능성이 있다. 그런데 추상표현주의의 이미지가 맞닥뜨리게 되는 것은 다른 이미지들과 같은 일반적인 수준의 위험이 아니다. 사실 추상표현주의의 이미지는 다른 어떤 이미지들보다도 판에 박힌 것이 될 위험에 크게 노출되어 있다. 이는 무엇보다도 추상표현주의의 핵심을 이루는 우발적 제스처 때문이다. 한때 급진적인 창작 행위로 여겨졌던 물감의 흩뿌림은, 반복될수록 누구나 흉내 낼 수 있는 몸짓으로 전락하고 만다. 이렇게 본다면 추상표현주의의 이미지가 클리셰로 전락하게 되는 것은 결국 형식적 구성의 부재 때문이다. 추상표현주의는 감각을 형태로 다듬으려는 시도를 거부하고 카오스 속에 자신을 내맡겼다. 그러나 감각의 무질서한 방출은 초기에는 강한 인상을 남기지만 이내 반복 속에서 그 효과를 상실한다.

베이컨이 감각의 무제약적 방출을 경계한 것은 이와 같은 까닭에서이다. 베이컨은 무작위적 제스처가 아니라 절제된 구성을 통해 감각을 형상으로 조직해 낸다. 결국 베이컨이 선택한 것은 클리셰와 결별하는 '동시에' 카오스에 대항하는 길이다. 이것이 형상을 맴도는 긴장의 원천을 설명한다. 형상은 단지 손이 남긴 우발적 흔적이 아니라 감각의 투쟁의 흔적이다. 감각은 무차별적인 혼돈 속에서 자연스레 캔버스의 표면 위로 떠오르는 것이 아니다. 오히려 감각이 형상으로 응결되기 위해서는 클리셰와의 싸움, 형식과의 치열한 교섭이 필요한 것이다.

그런데 이렇듯 캔버스가 순백의 표면이 아니라 이미 수많은 이미지들로 뒤덮여 있다면, 어떻게 판에 박힌 것을 벗어날 수 있는가?

2) 판에 박힌 것을 벗어나는 방법

> 사실 구상적 소여들은 우리가 처음 생각했던 것보다 훨씬 더 복잡하다. …… 구상적 소여들이 어떤 방식으로부터 유래하든 간에, 그것들은 그 자체가 어떤 것이요, 그 자체로서 실존한다. 즉 **구상적 소여들은 단지 보는 방식인 것이 아니다.** 우리가 보는 것이 곧 구상적 소여들이요, 또 궁극적으로 **우리는 오로지 구상적 소여들만을 본다.**(FB, 105~106: 86쪽)

들뢰즈가 지적하듯, 구상적 소여는 단지 실재를 재현하는 하나의 방식에 그치지 않는다. 오히려 구상은 우리가 세계를 지각하는 방식을 구성한다. 우리는 어디까지가 실재의 본래적인 모습이며, 특정한 방식으로 실재를 틀 짓고 재단한 구상이 어디서부터 시작되는지를 명확히 구분할 수 없다. 요컨대 문제는 우리가 구상적 형태 외에는 세계를 보는 방법을 알지 못한다는 것이다. 그렇다면 어떻게 구상의 틀에 갇히지 않은 '힘'을 드러낼 것인가?

아이러니하게도 들뢰즈는 구상으로부터 벗어나기 위해 구상의 한복판에서 시작해야 한다고 말한다. "차라리 판에 박힌 것들에게 자신을 맡기고, 마치 그것들이 선회화적 소여라도 되는 것처럼 그것들을 모두 불러들여서 축적하고 배가하는 편이 더 좋았을 것이다. …… 그리고 거부에 의해 그것들로부터 빠져나올 때 비로소 작업이 시작될 수 있다."(FB, 108: 88쪽) 관건은 구상적인 것과 더불어 시작하되 그것을 답습하지 않는 것이다. 그러나 아무도 밟지 않은 영역을 찾는 일은 고된 것이다. 모든 선과 색은 이미 화폭을 뒤덮고 있는 다른 이미지를 가리켜 보인다. 이것은 틴토레토의 노란색이며, 저것은 세잔의 사과이다……. 따라서 구상으로부터 출발하되, 모든 틀에 박힌 구상적 형식들과 단절해야 하는 것이다. 이것이 바로 '윤곽'contour의 기능이다.

3) 윤곽

윤곽은 형상을 그것의 배경으로부터 단절시킨다. 이것이 베이컨의 작품에서 동그라미가 수행하는 역할이다. "동그라미는 흔히 인물, 즉 형상 Figure이 앉아 있는 장소를 제한한다."(FB, 11: 11쪽) "동그라미는 형상을 고립시키는 아주 단순한 기법이다."(FB, 12: 11쪽) 물론 단절을 위해 이용되는 것이 항상 동그라미인 것은 아니다. 때로는 사각의 평면, 또 때로는 나팔 모양으로 휘어진 침대나 안락의자 등의 다양한 도형과 기물들이 형상의 고립을 위해 동원된다. 형상이 고립되지 않는다면 형상은 필연적으로 구상적, 예시적, 서술적 성격들을 갖게 될 것이다. "고립시키는 것은 재현과 단절하고, 서사를 깨뜨리며, 설명적 묘사를 방해하고, 형상을 해방하기 위한 비록 충분하지는 않지만 가장 단순하면서도 필수적인 방법이다. 즉 '사실' 자체에 머무는 것s'en tenir au fait이다."(FB, 13: 12쪽) 물론 이러한 고립은 일차적으로 대상을 예술작품으로 명명함으로써 수행되었다. 다른 모든 사물로부터 예술을 나누는 구분선에 의해 작품은 일상적 관심으로부터 일탈한 사유의 대상이 된다. 이와 달리 두 번째 윤곽선은 작품의 내부에 그려진다. "그림은 하나의 고립된 실재(즉 하나의 사실)다. …… 하지만 고립은 이뿐만이 아니다. 형상 또한 그 자체가 그림 속에서, 동그라미 또는 평행육면체에 의해서 고립된다."(FB, 12: 12쪽)

그런데 중요한 것은 고립 자체가 아닌 고립의 효과이다. 이 두 번째 윤곽의 효과는 무엇인가? 윤곽에 의해 고립된 형상은 재현해야 할 모델도, 말해주어야 할 이야기도 갖지 않는다. 그림 안에서 형상과 그 바깥을 분할하는 윤곽선에 의해 형상은 재현이며 서사적인 모든 관계로부터 단절된다. 기존 회화에서 신성을 상징해 왔던 십자가 책형Crucifixion이 베이컨의 그림에서는 종교적 상징 체계의 일부이기를 그치고 신체적 고통이 발생하는 사건의 장이 되듯 말이다. 그런데 더욱 흥미로운 것은 외부와의 관계가 단절된 이 공간에서, 그간 판에 박힌 표현—및 해석—의 습관에 가려져 보이지 않았던 '운동'이 드러난다는 사실이다. "중요한 것은 이 기법들이 **형상을 정지된 상태로 고정하지 않는다**는 것이다. 오히려 이 기법들은 형상이 장소 안에서 또는 자기 자신에 대해 행하는 일종의 모색과 탐험을 감각 가능하게 해주는 것이 틀림없다. 그것은 수술이 이루어지는 부위champ opératoire이다."(FB, 12: 11쪽)

선을 긋고 색면을 분할함에 의해 형상은 모든 회화적 관습으로부터 단절된 채 우리의 시야에 들어온다. 형상을 기호로서 출현시키는 첫 번째 조건은 이렇듯 윤곽에 의한 고립이다. 윤곽은 형상을 위한 무대를 마련한다. 물론 고립만으로 곧바로 형상이 기호로서 작용하는 것은 아니다. 윤곽이 그려지더라도 대상이 구상적 재현과 같은 방식으로 묘사되어 있다면 고립은 우리의 사유를 촉발하지 못할 것이다. 그렇기에 "회화는 형상을 구상적인 것으로부터 잡아 뜯어내야 한다."(FB, 19: 17쪽) 베이컨은 형상을 모든 재현적 맥락으로부터 고립시킨 뒤, 판에 박힌 회화적 관습들로부터 해방한다. 들뢰즈가 지적했듯 베이컨의 캔버스는 "수술이 이루어지는 장소"(FB, 12: 11쪽)이다. 여기에서 베이컨은 박제된 표본을 고정하는 바늘을 뽑아내듯 상투적 재현의 선입견들을 하나하나 제거해 나간다.

예컨대 오른쪽 그림 「회전하는 형상」Turning Figure(1962)을 보자. 황갈색 평면 위에 뒤틀린 한 형상이 서 있다. 형상의 이 기형적 외양은 구상적 재현의 틀을 통해서는 결코 이해될 수 없다. 해석의 습관이 중단된 공간, 재현적 인식이 작동할 수 없는 이 환부患部에서 형상은 그것의 정체를 가늠할 수 없는 낯선 것으로 출현한다. 도대체 이것은 무엇인가? 베이컨이 지치지도 않고 반복해 말하듯 이것은 사실의 기록 이외의 무엇도 아니다.

이 뒤틀린 형상은 상투적인 재현의 습관을 넘어 우리가 대상을 감각하는 실제적인 방식을 보여주는 것이다. 가령 우리를 등지고 서 있던 인물이 다시 우리를 향해 돌아설 때, 그 움직임은 결코 선명한 스틸컷처럼 주어지지 않는다. 뒤를 돌아보는 움직임 속에서 다리는 뒤틀리고 얼굴은 뭉그러진다. 우리는 연속적인 부동의 제스처들을 결합하는 방식으로 움직임을 지각하지 않는다. 베르그손이 지적했듯 영화적 환영illusion cinématographique은 움직임을 정

베이컨 「회전하는 형상」Turning Figure(1962) [CR 62-11] ⓒ The Estate of Francis Bacon. All rights reserved. DACS-SACK, Seoul, 2025

지된 이미지들의 연속으로 환원하는 기만이다. 베이컨이 사진을 비판했던 것도 같은 이유에서였다. 우리는 움직임을 선명한 변별적 형태들로 감각하는 것이 아니라, 살이 주름져 뒤틀리는 혼잡하며 모호한 운동의 과정으로 감각한다. 이런 점에서 베이컨의 형상은 경험을 작위적인 방식으로 재단하고 마름질했던 재현의 틀을 벗어나 세계의 실재적인 모습을 보여주는 것이다. 형상이 보여주는 것은 재현이 감추어버린 감각, 곧 '사실'fact이다.

4) 기형화déformation

재현의 관점에서 베이컨의 그림에 등장하는 형상들은 왜곡된 기형적 형태들로 보인다. 그러나 베이컨에게 왜곡은 대상을 사실적으로 표현하기 위한 수단이다. 그는 모든 관습적 이미지를 거부하고, 재현에 앞서는 감각의 직접성을 포착하기 위해 왜곡을 선택한다. "이것은 어떻게 하면 이미지를 가장 비이성적인 방식으로 만들 수 있을지에 대한 집착이라 할 수 있습니다. 그건 단지 이미지의 외관만이 아니라 우리가 이해하는 감각의 전 영역을 다시 만드는 일입니다."[29] 놀라운 것은, 베이컨의 작업에서는 통

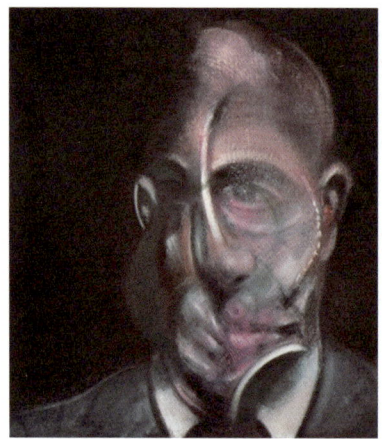 

좌) 베이컨 「미셸 레리의 초상」Portrait of Michel Leiris(1976) [CR 76-14]
우) 베이컨 「초상화 연구(미셸 레리)」Study for Portrait(Michel Leiris)(1978) [CR 78-07]
ⓒ The Estate of Francis Bacon. All rights reserved. DACS-SACK, Seoul, 2025

넘적 이성에 '정상적인 형태'를 벗어난 왜곡이 오히려 대상을 사실적으로 드러낸다는 점이다.

> 나는 늘 사람들을 변형하여 외관을 만들고자 [합니다.] 나는 사람들을 있는 그대로 그릴 수 없습니다. 예를 들어 미셸 레리Michel Leiris를 그린 두 작품 중에서 **그의 외양을 덜 사실적으로 그린 그림이 실질적으로는 훨씬 더 그와 유사하다고 생각합니다.** 그 특별한 작품에서 이상한 점은 …… 실제 그의 머리는 약간 구형인 데 반해 그림에서는 길고 좁게 표현되었다는 것입니다. 그러므로 **다른 그림보다 실제적으로 보이게 만드는 요소가 무엇인지는 알 수 없습니다.** …… 이건 언제나 그림에서 설명이 불가능한 요소 중 하나입니다. 나는 내 그림을 보다 더 인위적으로, 보다 더 왜곡되게 만들고 싶습니다. 정말로 더욱더 인위적으로 만들고 싶습니다.[30]

---

29 데이비드 실베스터, 『나는 왜 정육점의 고기가 아닌가?』, 127쪽.
30 같은 책, 55, 59쪽.

이 인용은 베이컨의 작업이 왜 '비구상적 초상화'로 불리는가에 관한 정확한 설명이 될 것이다. 베이컨이 목적으로 한 것은 있는 그대로의 사실을 기록하는 것이다. 그러나 이 '사실성'이란 재현적 차원의 닮음을 의미하지 않는다. 오히려 이 인터뷰에서 베이컨은 대상을 사실적으로 그려내기 위해 '인위적'인 '왜곡'이 필연적으로 동반된다는 사실을 토로한다. "내가 하고 싶은 작업은 겉으로 보이는 외관을 크게 넘어서서 대상을 일그러뜨리는 것입니다. 그러나 그러한 왜곡은 다시 외관의 기록으로 돌아가기 위한 것입니다."[31]

그런데 왜 사실을 드러내기 위해 오히려 왜곡이 요구되는가? 이 수수께끼의 실마리는 앞서 살펴본 들뢰즈의 말에서 찾을 수 있다. "우리가 보는 것은 곧 구상적 소여들이다. 궁극적으로 우리는 오로지 구상적 소여들만을 본다."(FB, 106: 86쪽) 우리가 바라보는 세계가 구상적 소여로 제한되어 있다면, 그에 가려 보이지 않는 세계의 모습이 드러나는 것은 판에 박힌 구상적 형태들이 무너져 내리는 순간일 것이다. 바로 이런 점에서 형상의 창조를 위해서는 형태의 와해가 요구되는 것이다.

그러나 구상에서 벗어나기 위해서는 단지 클리셰를 난폭하게 다루는 것으로는 충분하지 않다. 관건은 형태를 거부하는 것이 아니라 형태에 대한 새로운 이해를 제시하는 것이다. 이것이 베이컨의 '기형화'가 보여주는 것이다. "베이컨의 문제는 확실히 '변형'transformation이 아니라 '기형화'déformation의 문제이다. 이것들은 두 개의 전혀 다른 범주이다."(FB, 72: 59쪽) 베이컨이 보여주는 것은 신체의 변형이 아닌 기형화이다. 형상은 단순히 하나의 형태에서 다른 형태로의 변형을 보이는 것이 아니다. 형상을 통해 드러나는 것은 형태의 전환이 아니라, 형상의 외부 — 혹은 내부 — 에서 작용한 힘이 고정된 형태를 일그러뜨리고 와해하는 과정이다. 베이컨은 신체에 힘이 가해져 형태를 일그러뜨리는 순간을 놀랄 만큼 섬세하게 포착한다. 감각과 힘의 직접적인 흔적을 드러내기 위해 베이컨이 선택한 것은 형상이다. "회화의 역사에서 베이컨의 형상은 다음의 물음에 대한 가장 훌륭한 답변 가운데 하나이다. 가시적이지 않은 힘을 어떻게 가

---

31 같은 책, 147쪽.

시적이게 할 것인가? 이것이 바로 형상이 하는 제1의 기능이다."(FB, 71: 58쪽) 형상은 구상도 추상도 아니다. 그것은 고정된 재현에 머무르지 않으며, 또한 형태를 잃어버리지도 않는다. 말하자면 형상은 단지 변형된 신체가 아니다. 베이컨이 그리는 것은 그저 짜부라진 얼굴, 뒤틀린 팔이 아니다. 그것은 피부를 짓이겨 벌겋게 부어 달아오르게 하는 열기이며, 팔이 비틀어질 수밖에 없도록 가해진 힘이다. 정확히 말해 베이컨의 형상이 보여주는 것은 힘의 작용이다. "모든 것은 힘과의 관계 속에 있으며 모든 것이 힘이다. 이것이 기형화를 회화적 행위로 만드는 것이다."(FB, 72: 60쪽)

물론 형상이 기형적이라 말하는 것은 여전히 구상적 형태를 정상적이며 표준적인 형태로 가정하는 것이다. 구상적 선입견을 벗어난다면 형상은 더 이상 기형적인 것이 아니다. 그것은 단지 우리에게 익숙하지 않은 또 다른 '사실'일 뿐이다.[32] 베이컨의 형상이 바로크와 공명하는 것은 이처럼 회화적 관습을 넘어 판에 박힌 구상적 형태를 벗어난다는 점에서다. 베이컨과 바로크 미술은 선행된 형태를 전제하지 않는다는 점에서 공통적이다. 이들에게서 형태는 미리 주어져 있지 않다. 오히려 형태는 그들에게 고유한 회화적 방법의 수행을 통해 가장 마지막에 도달하게 되는 것이다. 주의 깊게 들여다봐야 할 것은 이들이 형태에 도달하는 서로 다른 방법이다.

5) 바로크

그렇다면 바로크가 형태에 도달하는 방법은 무엇인가? 우선 바로크를 특징짓는 것은 르네상스적인 선線과 다른, 바로크 특유의 반죽 같은 회화적 질료이다. 르네상스 회화가 선을 통해 공간과 인물을 명확하게 구획한다면, 바로크 회화에서 형태는 질감과 색, 그리고 명암을 거쳐 드러난다. 바로크 회화에서 종종 인물과 배경의 경계가 불분명하게 느껴지는 것은 이

---

32 동일한 이유에서 'déformation'을 번역한 '기형화'라는 표현이 적절한 것인가 문제를 제기할 수 있다. 그러나 이 개념을 '형태 외해'로 번역할 경우, 베이컨의 형상이 여전히 어떤 형태를 간직하고 있다는 사실이 드러나지 않아 베이컨의 형상을 추상표현주의와 동류적인 것으로 간주하는 불필요한 오해를 유발할 가능성이 있기에, 불가피하게 '기형화'라는 표현을 선택했다.

카라바조 「성 마태오의 소명」(1599~1600)

때문이다. 바로크 회화는 대상과 배경을 구분 짓는 '선'을 기초로 구성되지 않는다. 바로크적 세계는 선으로 재현되는 것이 아니라, 질료 속에서 발생한다. 형태의 경계가 아닌, 물감의 두께와 밀도 그리고 농담의 전개 속에서 대상들이 스며 나오듯 출현하는 것이다.

카라바조Caravaggio의 「성 마태오의 소명」La Vocazione di San Matteo을 보자. 빛과 그림자를 강하게 대비시키는 키아로스쿠로chiaroscuro 기법을 활용한 이 작품에서 빛과 어둠은 형태에 부가된 장식이 아니라 회화의 물성을 구성하는 질료가 된다. 작품의 우측 상단의 창에서 들어온 빛은 인물들의 얼굴, 손, 옷의 일부만을 밝히고, 나머지는 어둠 속에 잠긴다. 좌측의 인물들이 앉아 있는 어두운 공간은 반죽 덩어리처럼 인물들을 감싸고, 어둠 속에 반쯤 잠겨 있는 인물들은 판명하게 구분되지 않는다. 르네상스 회화에서라면 인물들의 옷 주름, 얼굴, 손가락 하나하나가 선명하게 묘사되었을 것이다. 하지만 여기서 인물들은 뚜렷한 선으로 구획되지 않고 빛과 어둠의 경계에서 스며들듯 드러난다.

바로크 미술에서 색은 어둠에서 출발해서 식별 가능하게 된다. 형태는 '미리' 테두리를 두른 채 주어지는 것이 아니라 미세한 요소들의 '겹침'recouvrement을 통해 출현한다. 『주름』에서 들뢰즈는 바로크 미술의 특징을 다음처럼 설명한다. "바로크는 빛과 색들의 새로운 체제와 분리될 수 없다. …… 이것이 바로크의 공헌이다: 그림을 기다리는 백악白堊이나 석고로 된 흰 바탕 대신, 틴토레토, 카라바조의 작품은 적갈색의 어두운 바탕을 사용하는데, 그 위에 그들은 가장 넓은 그림자를 위치시키고 그림자를 향해 색조를 엷어지게 하면서 직접 붓질을 해나간다. 그림은 지위가 변하고, 사물들은 배경에서 솟아오르며, 색들은 어두운obscur 본성을 보여주는 공통의 바탕으로부터 터져 나오고, 형태들은 윤곽에 의해서보다는 겹침에 의해 정의된다."(P. 63~64쪽)

왜 바로크 회화에서 명암은 형태에 뒤따르는 부수적인 것이 아니라 그 자체 사물들을 출현시키는 방법이 되는가? 이는 바로크 회화가 대상에 대해 전혀 다른 이해를 가지고 있었기 때문이다. 이들에게 대상이란 선을 따라 판명하게 구별되는 개체들이 아닌 어둡고obscur 혼잡한confus 방식으로 주어지는 질료의 덩어리, 곧 물질이며, 명암은 미세한 겹침을 통해 물질로서의 존재를 드러내기 위한 가장 정확한 표현 방식이다. 사물을 경계 짓는 선은 이러한 명암의 가장자리에 위치한 것으로, 광학적 경험에 대해 이차적인 추상물에 불과한 것이다.[33]

'일그러진 진주'barocco라는 어원이 보여주듯 바로크Baroque는 르네상스적인 형태적 질서와 균형으로부터의 이탈로 특징지어진다. 바로크 회화의 특징은 선행적 '형태를 갖지 않는'informel 것으로, 미세한 명암들의 겹침에 의해 형태에 도달하는 것이다. "바로크는 대표적인 앵포르멜informel

---

33 들뢰즈가 끊임없이 바로크를 라이프니츠와 연관 짓는 것은 감각의 미분적 구조에 대한 양자의 공통된 통찰 때문이다. 데카르트의 실체 중심적 사유에 맞서 비본질적인 것으로부터 본질적인 것의 '발생'을 기술했던 라이프니츠는, 대상에 대한 명석 판명한 지각을 형성하는 것은 그러한 지각의 발생적 요소들에 대한 무의식적 지각들이라 생각했다. 엄밀한 의미에서 우리가 경험하는 것은 미분적인 감각적 지각들뿐이며, 이러한 감각에 대응하는 대상이란 없다. 이러한 점에서 "모든 [경험상의] 지각은 환각적(hallucinatoire)이다. 왜냐하면 지각은 대상을 갖지 않기 때문이다."(P. 171쪽)

예술이다. …… 그러나 앵포르멜은 형태의 부정이 아니다: 그것은 주름 잡힌 것으로 형태를 제시〔한다.〕 …… 물질들은 바로 바탕이고, 반면 **주름** 잡힌 형태들은 양식樣式이다. 사람들은 물질matières에서 양식manières으로 나아간다."(P, 70쪽) 여기에서 우리는 드디어 바로크를 특징짓는 '주름'pli이라는 개념을 만난다. 주름이란 무엇인가? 주름은 선행된 본질을 가정하지 않는 생성의 원리이다. 서로 다른 본질을 가진 대상들이 있는 것이 아니다. 주름들이 접히는 방식에 따라 서로 다른 본질들이 출현하는 것이다. "바로크는 어떤 본질을 지시하지 않〔는다.〕 바로크는 끊임없이 주름을 만든다. 그것은 사물을 발명하지 않는다. …… 바로크는 주름을 구부리고 또다시 구부리며, 이것을 무한히 밀고 나아가, 주름 위에 주름을, 주름을 따라 주름을 만든다. 바로크의 특질은 무한히 나아가는 주름이다."(P, 11쪽)

바로크의 세계는 주름의 세계다. 들뢰즈 철학에서 바로크는 단순히 17, 18세기의 예술사적 양식을 가리키는 좁은 의미의 개념이 아니다. 통일과 조화를 지향한 고전주의적 질서를 벗어나 감각적 과잉과 변형을 특징으로 한 예술 사조를 가리키는 명칭이었던 바로크는, 들뢰즈에게서 끊임없이 접히며 변화하는 과정 속에서 생성을 보여주는 예술적·존재론적 실험으로 거듭난다. 바로크를 예술사의 한 시기에 제한된 사조 이상이 되도록 하고, 300여 년이 넘는 시간을 가로질러 바로크와 베이컨을 매개하는 것은 바로 이 '주름'이라는 규준이다. "정확히 주름을 따라 지나가고, 건축가, 화가, 음악가, 시인, 철학자들을 한데 모을 수 있는 바로크적인 선이 있을 것이다."(P, 67쪽)

주름은 단지 외형상의 굴곡이 아니라 형식이 형성되는 방법 자체를 가리키는 이름이다. 여기에서 관건이 되는 것은 '방법'manière이다. 바로크적 '양식'은 결과로 특징지어지는 것이 아니라, 형식에 도달하는 특정한 방법, 곧 주름이 접히는 과정 자체에 중심을 두는 것이다. 바로 이러한 점에서 바로크는 곧 양식의 양식la manière de la manière, 마니에리슴Maniérisme이 된다. 마니에리슴은 단순한 양식적 과장을 의미하지 않는다. 마니에리슴은 형식에 대한 탐구, 곧 형식을 뒤틀고 과장하는 방식으로 재현의 틀을 내부로부터 교란함으로써 형식 그 자체의 조건을 시험하는 실천이다. 그리고 마니에리슴적 실천에서 바로크와 베이컨은 맞닿는다. 베이컨의 형상은 마니에리슴적 작동의 전형이다. 베이컨은 전통적인 구상 회화의 문법을 완전히 폐기하지 않는다. 오히려 그는 구상적 형태를 존속시키되, 그것을 과도하게 변형하고 왜곡함으로써 형식을 해체하지 않고도 그것을 내부로부터 뒤흔드는 전략을 취한다.

이렇듯 우리는 바로크와 베이컨으로부터 형태 없음에 도달하는 서로 다른 방식을 발견할 수 있다. 한편에서 형태는 주름들의 겹침을 통해 해체되며, 다른 한편에서 형태는 비틀고 짓누르는 왜곡에 의해 기형화된다. 양자는 서로 다른 방식으로 고전적 형식에 균열을 내고 구상적 형태 이면의 힘을 드러내 보인 것이다.

6) 시간

우리는 바로크를 형태 이면의 힘과 관련하여 규정했다. "바로크에서 물질과 형태를 대체하는 것은 재료-힘의 쌍이다."(P, 71쪽) 들뢰즈에게 바로크는 예술의 역사에서 지나가 버린 과거의 한 양식이 아니라, 형태를 고정된 결과물이 아닌 생성의 과정으로 이해하는 사유의 방식이다. 바로크는 결과로서 주어진 '형태'가 아닌 그러한 형태를 형성하는 '힘'에 관심을 둔다. 그렇다면 형태가 아닌 힘에 대한 관심이란 무엇을 의미하는가? 그것은 공간이 아닌 '시간'의 관점에서 사태를 이해하는 것이다. 이 관점에서 회화란 단순히 대상을 공간적으로 배열하는 작업이 아니라, 사태의 발생과 변화를 시간 속에서 포착하려는 시도이다. 말하자면 바로크와 더불어 회화의 과제는 급진적으로 전환된다. 이제 회화의 임무는 대상을 시각적으로 재현하는 일이 아니다. 회화는 대상을 형성하고 변형하는 힘, 그리고 그 힘이 우리에게 영향을 미치는 방식인 감각을 그려내는 일이 된다.

앞서 우리는 베이컨의 형상을 '응결된 감각'이라 규정했다. 그리고 이 감각이 '구상적 재현으로 포착되지 않는', '회화적 관습 이전의' 것임을 덧붙였다. 감각은 '구상'이 아니며, '재현'과 질적으로 다른 것이다. 이러한 감각 개념은 베이컨 자신의 진술에 바탕을 둔 것이다. "감각에 대해 말할 때 그는 …… 부정적으로는, …… 감각으로 환원되는 형태(형상)는 그것이 재현하는 것으로 간주되는 대상으로 환원되는 형태(구상)의 반대라고 말한다."(FB, 49: 40쪽) 그러나 베이컨이 감각을 단지 부정적으로만 설명한 것은 아니다. 주목할 것은 감각에 대한 그의 적극적인 정의이다. 들뢰즈는 이를 다음과 같이 요약한다. "긍정적으로는, 베이컨은 감각은 **하나의 '범주'에서 다른 범주로, 하나의 '층'에서 다른 층으로, 하나의 '영역'에서 다른 영역으로 이동하는 것**이라고 항상 말한다."(FB, 49: 41쪽)

감각이란 무엇인가? 감각이란 힘을 느끼는 것이다. 날카로운 무언가에 의해 찔리거나 넓은 표면에 의해 압박되는 것, 짓누르는 무게를 견디는 저항감과 그로부터 벗어날 때 느끼게 되는 가벼움, 근육의 긴장과 이완, 뜨거움과 차가움에 이르기까지……. 감각은 힘이 우리의 신체에 미치는 영향이며, 그 자체로 힘의 운동에 다름 아니다. 그리고 힘이란 언제나 운동과 변화, 곧 움직임 속에서 성립한다. 베이컨은 감각을 "하나의 영역에서 다른 영역으로 이동하는 운동"으로 정의함으로써, 감각의 본질을 정태적 형태가 아니라 변동하는 힘의 흐름으로 파악한다.

이러한 감각의 전송이 바로 형상을 정의한다. 감각은 단순히 어떤 신체적 인상이나 시각적 자극이 아니라, 힘이 하나의 층위에서 다른 층위로 이동하며 남기는 자취이며, 그 자체로 시간 속에서 펼쳐지는 운동이다. 베이컨의 형상은 이와 같은 감각의 흐름을 응축시킨 것이며, 따라서 그것이 보여주는 것은 공간 속에 고정된 주형이 아니라 시간 속에서 구성되는 변조modulation이다. 이 지점에서 베이컨의 형상은 고전 회화의 대상과 근본적인 차이를 갖게 된다. 고전 회화는 본질적으로 시간성을 결여한다. 고전 회화의 대상은 고정된 본질을 지닌 완결된 실체이며, 대상의 생성과 소멸, 변화와 운동은 사유의 범위 바깥으로 밀려나 있다. 반면 베이컨이 그려내는 세계는 끊임없이 변화하며 운동 중에 있는 세계이다. 그의 회화는 시간 속에서의 힘의 작용을 그려낸다. 베이컨의 형상은 '형태를 가진 대상'이라기보다는 '형태를 형성하는 힘'의 흔적이며, 하나의 고정된 결과물이 아니라 감각의 과정, 신체에 가해지는 힘의 운동이 가시화된 국면이다.

이것이 그림 속에 시간을 도입하는 방식이다. 베이컨의 그림 속에는 시간의 거대한 힘이 있고, 시간이 그려진다. 신체나 머리 그리고 등 위에서 일어나는 조직과 색의 변화는 진정으로 10분의 1초 동안에 일어난 순간적

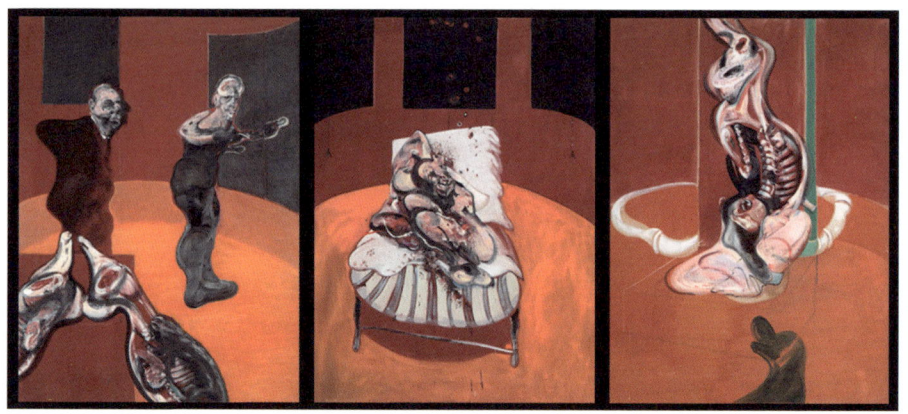

베이컨 「십자가 책형에 대한 세 가지 연구」Three Studies for a Crucifixion(1962) [CR 62-04]
ⓒ The Estate of Francis Bacon. All rights reserved. DACS-SACK, Seoul, 2025

인 변화이다. …… 형상 속에 시간을 놓는 것이 베이컨 그림에 있어서의 신체의 힘이다.(FB, 61:50쪽)

베이컨이 그리는 것은 고전주의적 윤곽선을 통해 형태 지어지고 고정된 대상이 아닌, 운동과 변화 가운데 있는 힘이다. 이러한 차이는 단순히 양식의 문제가 아니라 세계를 이해하는 방식의 전환을 함축한다. 고전 회화가 불변하는 본질의 시각화를 추구했다면, 베이컨의 회화는 생성 중에 있는 힘을 포착하는 것에 목적이 있다. 다음 사례를 보자.

위의 그림은 베이컨의 삼면화triptyque 「십자가 책형에 대한 세 가지 연구」Three Studies for a Crucifixion이다. 이 작품은 베이컨 회화의 대상이 고정된 형태를 가진 완결된 실체로서의 대상이 아니라, 그러한 형태 이면에서 꿈틀거리는 힘이라는 사실을 적나라하게 보여준다. 이 그림에 대해 베이컨은 다음처럼 말한다. "오른쪽 패널의 형상은 내가 오랫동안 그리고 싶었던 것입니다. 치마부에Cimabue의 훌륭한 작품 「십자가 책형」을 아시죠? 나는 늘 그 작품에서 십자가를 기어 내려오는 벌레의 이미지를 봅니다. 나는 십자가를 따라 아래로 움직이는, 구불거리는 이미지의 그 작품에서 가끔씩 받았던 느낌으로 무언가를 만들어보고자 했습니다."[34]

베이컨은 자신이 그리는 것은 단지 사실일 뿐이라 말했다. 그리고 이

'사실'이란 재현적 차원의 유사성을 의미하지 않는다. 베이컨이 목표로 한 것은 형태 이면의 힘을 그려내는 것이었으며, 그와 같은 견지에서 구상적 형태들은 작용하는 힘 자체가 아니라 힘이 지나간 흔적이며 결과일 뿐이므로 언제나 불충분한 것일 수밖에 없다. 그리고 이것이, 인간의 신체적 특성과 고통을 드러낸 사실적 묘사에도 불구하고, 치마부에의 「십자가 책형」이 여전히 모범적인 성화의

치마부에 「십자가 책형」(1272~1274)

범주에 귀속되는 이유일 것이다. 치마부에는 기존 종교화의 관습적 표현으로부터 벗어나 십자가에 못 박힌 예수의 몸을 곡선의 형태로 휘게 만듦으로써, 고통받는 인간으로서의 예수를 드러냈다. 그러나 그럼에도 불구하고 치마부에의 이미지는 여전히 절제되어 있으며, 신성함과 경건함을 드러내려는 종교적 목적을 벗어나지 않는다.

베이컨은 치마부에의 이미지를 고전적인 종교적 상징으로 만드는 고정되고 경직된 형태를 와해하고, 그러한 형태 배후의 힘을 노출시킨다. 베이컨의 십자가 책형은 종교화의 관습적 상징과 도상적 외피를 모두 벗겨낸다. 온갖 고초에도 불구하고 허리를 굽혔을 뿐 피 한 방울 흘리지 않은 온전한 신체 대신 고통받는 육체의 모습이, 곧 배가 갈라져 내장이 빠져 나가고 살점이 흘러내린 처참한 고깃덩어리가 그려진다. 신성은 온데간데 없이 사라지고, 고통을 견디지 못해 몸을 뒤틀며 십자가를 기어 내려오는 벌레의 모습만 남는다. 베이컨은 관습적인 구상적 형식을 넘어 생성 중에 있는 역동적 힘을 포착한 것이다.

그런데 우리가 주목해야 할 것은 베이컨이 단지 역동성만을 그려낸 것

34 데이비드 실베스터, 『나는 왜 정육점의 고기가 아닌가?』, 105쪽.

이 아니라는 사실이다.

> 시간을, 시간의 힘을 가시화하는 것. 베이컨은 이 작업을 두 가지 방식으로 해낸 것으로 보인다. **변화시키는 힘**으로서 시간은 '10분의 1초 동안에' 신체에 일어난 다양한 변이에 의해 나타난다. 이 변이는 기형화의 일부이다. 다음으로는 **영원한 시간의 힘**, 즉 시간의 영원성인데, 이것은 삼면화를 지배하는 결합과 분리의 힘에 의하여 나타난다. 이때 시간은 순수한 빛으로 나타난다. 시간을 그 자체로서 감각 가능하게 하는 것은 화가, 음악가 그리고 때로는 작가에게 공통된 임무이다.(FB, 77: 63쪽)

이 구절에서 들뢰즈는 베이컨이 보여주는 시간을 두 가지로 구분한다. 베이컨은 먼저 정태적인 형태 이면의 변화의 힘으로서 시간을 보여주었다. 그런데 베이컨은 단지 운동을 시각화하는 데에서 멈추지 않았다. 들뢰즈에 의하면 베이컨은 순간을 넘어 시간의 영원성까지도 화폭에 담아낸다. 이것이 바로 베이컨의 삼면화에서 발견되는 것이다.

베이컨의 삼면화는 단지 세 장의 그림을 나란히 배열한 회화적 형식이 아니다. 삼면화의 세 패널은 각기 다른 형상이나 사건을 보여주지만, 이들 각각이 서로 독립적으로 완결된 것이 아니다. 그러나 또한 삼면화는 어느 한 패널을 중심으로 작동하지 않는다. 삼면화는 단일한 중심을 갖지 않는다. 오히려 삼면화를 특징짓는 것은 분산된 시점 내지 서로 다른 시간의 병렬적 공존이다. 삼면화는 사건들이 하나의 선형적인 서사의 흐름 속에 놓이지 않고, 서로 다른 국면들로서 공존하도록 한다. 유의해야 할 것은 삼면화가 어떤 이야기도 전달하지 않는다는 사실이다. 예컨대 세 장의 그림이 선형적 시간의 세 계기인 과거, 현재, 미래에 해당한다는 식으로 해석하는 것은 가장 흔하며 동시에 가장 잘못된 접근일 것이다. 이 경우 우리는 다시금 작품 안으로 이야기를 들여놓게 되기 때문이다.

그럼에도 삼면화를 구성하는 각각의 그림이 완전히 독립적인 것은 아니다. 분명 세 장의 패널과 각 패널에 그려진 형상들 사이에는 서로 분리될 수 없는 연속성과 긴장이 있다. 그렇다면 이들 사이의 관계는 무엇인가? 이 문제에 관한 답을 결정짓는 것 역시 '감각'이다. "…… 문제는 동시에 존재하는 형상들 사이에 설명적이지도 서사적이지도, 심지어 논리적이지도 않은 관계들이 존재할 가능성에 관한 것이다. 우리는 이를 정확히 '사실의 문제'matters of fact라고 부를 수 있을 것이다. 서로 다른 층위의 감각들이 결합함으로써 형상 간의 결합이 만들어지는 것이지, 그 역이 아니다. 다시 말해, 그려지는 것은 감각이다.Ce qui est peint, c'est la sensation."(FB, 79: 65쪽)

들뢰즈는 베이컨을 따라 그의 삼면화가 보여주는 것은 단지 '사실'일 뿐이라 말한다. "말해주어야 할 그 어떤 이야기가 없어도, 두 신체의 공통된 하나의 형상 또는 두 형상의 공통된 하나의 '사실'fait이 있는 것이다."(FB, 80: 65쪽) 그런데 어떻게 분리된 형상들이 하나의 사실을 가리킬 수 있는가? 여기에서 관건이 되는 것은 앞서 살펴본 것처럼 단순히 정태적 형태 이면의 운동을 가시화하는 것이 아니다. 삼면화와 더불어 "우리는 더 이상 단순한 진동의 영역에 있는 것이 아니라 **공명**résonance의 영역 속에 있게 된다."(FB, 79: 65쪽)

감각의 논리를 구성하는 핵심 기제는 '공명'이다. 사실 전통 철학의 관점에서 보자면 '감각의 논리'는 모순적 표현이다. 감각은 개념적 사고 이전의 수동적인 인상이며, 논리는 개념적 구성과 판단의 질서로서 지성적 사유의 원리를 의미하기 때문이다. 칸트 철학에서 감각은 감성에 주어지는 소여로서, 오직 지성의 종합을 통해서만 인식으로 거듭날 수 있는 것이다. 그러나 들뢰즈는 '감각의 논리'라는 표현을 통해 감성 자체 안에서 일어나는 종합의 운동이 있음을 주장한다. 감성은 단지 수동적인 수용의 능력이 아니라, 지성과 다른 특별한 방식으로 종합을 수행하는 힘이다. 그리고 이 수동적 종합을 가능하게 하는 원리가 바로 차이와 반복이다.

공명은 차이를 간직한 반복 속에서 작동한다. 이것이 바로 삼면화에서 일어나는 일이다. 삼면화는 동일한 사건이 각기 다른 방식으로 다시 출현하면서 감각의 논리를 생산하는 반복의 장이다. 차이 나는 세 패널은 서로를 반복하고 반향하며, 리듬을 만들어낸다. "삼면화에서는 리듬 그 자체가 형상이 되고 리듬 그 자체가 형상을 구성하게 된다."(FB, 87: 71쪽) 반복을 가능하게 하는 것은 '단색 배경'aplat이다. 이 그림에서 세 개의 개별 패널에 그려진 형상들은 서로 연관되지 않은 것처럼 보이지만, 균일하게 채

색된 밝은 주황색과 빨간색의 배경은 통일된 요소로서 세 패널을 연결하는 작용을 한다.

앞서 살펴보았듯 이 삼면화의 오른쪽 패널의 형상은 십자가에 못 박힌 예수 그리스도를 그린 십자가 책형의 관습적인 구상적 형태를 왜곡한 것으로, 몸을 뒤틀며 십자가를 타고 내려오는, 내장이 제거되고 사지가 절단된 고깃덩어리의 모습이다. 여기에서 우리는 전통적인 십자가 책형이 보여주는 종교적 엄숙함과 신성함 이면의 적나라한 사실적 고통을 목격한다. 눈여겨볼 것은 이 고깃덩이 앞으로 드리워진 그림자이다. 누구의 그림자인가? 그림자의 출처를 찾는 우리의 시선은 자연스럽게 왼쪽 패널로 향한다. 왼쪽 패널에 나타난 것은 정육점의 광경이다. 정육점에는 두 남자가 있고, 패널 전면에 그려진 카운터에는 다리의 형태를 가진 고기의 조각이 진열되어 있다. 흥미롭게도 이 패널은 고기의 관점을 취하고 있다. 흉측하게 뒤틀린 다리 뒤로 선 두 남자는 어떤 적극적인 태도도 취하지 않고 비스듬히 고개를 돌린 채 이편을 바라보며 방관하고 있다. 동물 도살과 예수의 십자가 책형 사이의 연관성을 암시하고 두 패널을 공명하게 하는 것은 바로 고통받는 신체와 이를 방관하는 자 사이의 이 거리이다.

그렇다면 가운데 패널이 보여주는 것은 무엇인가? 중앙 패널에 그려진 것은 침대 위에서 피 흘리며 몸부림치는 몸이다. 터져 나온 피는 침대 시트를 대각선으로 가로지른 것으로 모자라 공중으로 분출한다. 이 패널의 소재는 이처럼 격렬하게 흩어지는 피이다. 공중으로 비산하는 피가 보여주는 것은 침대에 누워 몸을 뒤틀고 있는 것이 이미 죽은 자의 시체가 아니라는 것, 즉 살해가(도축이) 일어나는 것은 과거가 아닌 지금 이 순간이라는 사실이다.

베이컨의 삼면화를 성립시키는 것은 지성의 개념을 통해서는 포착할 수 없는 감각의 논리이다. 십자가에 못 박힌 그리스도는 대속의 숭고함과 신성함을 상징해 왔다. 그러나 관습에 따라 읽어내기를 멈추고, 십자가 책형을 있는 그대로 마주할 때 우리는 무엇을 보게 될 것인가? 베이컨은 도살된 동물의 고깃덩어리로부터 사지가 절단된 시체를, 더 나아가 처형된 그리스도의 육체의 모습을 본다. 각각의 형상들은 지성적 연역이나 개념적 사유에 의해 관계 지어지지 않는다. 그가 십자가에 매달린 육체로부터 고기의 형상을 발견하는 것은 결코 '은유'metaphor에 의한 것이 아니다. 베이컨에게 있어 살해된 동물의 신체와 대속의 육신은 상징적으로 대응되는 것이 아니라, 감각적으로 '동일한' 하나의 사실fait로 나타난다.[35] 물론 이와 같은 동일시는 논리적으로 정당화될 수 없다. 그리스도라는 신적 형상과 도축된 고기의 육체성은 전통적으로 서로 절대적으로 배타적인 범주에 속해 있기 때문이다. 그러나 베이컨은 이질적인 두 항을 어떤 서사적 매개나 개념의 중재 없이, 오직 감각의 층위에서 하나의 회화적 사실로 접붙인다. 감각은 통속적 지성의 범주를 뛰어넘어, 상호 이질적인 항들을 이접disjonction의 방식으로 병치한다.

　이로부터 드러나는 것은 새로운 계열, 새로운 배치이다. 고귀한 신적 형상과 도축된 동물의 저급함을 구분 짓는 통속적 논리는 해체되고, 이질적인 것으로 간주되던 항들은 이제 동일한 범주에 놓인다. 이것이 바로 베이컨의 작품이 보여주는 감각의 폭력이다. 감각은 통상적인 개념적·범주적 구획을 넘어 범주를 새롭게 재편한다. 대부분의 순간 우리는 클리셰를 따라 세계를 경험한다. 그러나 어느 한 순간 찰나에 드러나는 세계의 새로운 모습, 사물의 또 다른 얼굴이 있다. 이것이 바로 들뢰즈가 앞서 '영원'이라는 표현으로 가리켜 보였던 것이다. 그것은 세계의 시간이 멈추는 순간 드러나는 본질이다. 예술은 바로 그런 순간을 포착하는 일이 아닐까? 그리고 예술이 보여주는 본질이란 곧 차이일 것이다. 들뢰즈가 다음처럼 말하듯 말이다. "예술작품을 통해 드러나는 그 본질이란 …… 하나의 차이, 궁극적이고 절대적인 차이Différence이다. …… 본질은 내재적 차이, '세계가 우리에게 나타나는 방식 속에 들어 있는 '질적인 차이'différence qualitative, **예술이 없었더라면 영원히 각자의 비밀로 남게 되었을 차이'** ……이다."(PS, 72쪽)[36]

　예술이 없었더라면 영원한 비밀로 남게 되었을 '차이'. 예술은 '미학적

---

[35] "나는 도살장과 고깃덩어리를 그린 그림에 늘 감동을 받았습니다. 내게는 그것이 십자가 책형이 가진 의미의 전부입니다. …… 나는 그것이 온전한 십자가 책형에 매우 근접한 것이라고 생각합니다."(데이비드 실베스터, 『나는 왜 정육점의 고기가 아닌가?』, 121쪽)

[36] 인용문 중 마지막 문장은 Marcel Proust, *À la recherche du temps perdu*, Paris: Gallimard(Pléiade), 1954, t. III, 895쪽

유비'Analogie esthétique를 통해 우리 앞에 이러한 차이를 현시한다. 들뢰즈는 유비analogie의 세 가지 형태를 구분한다. 첫째는 한 사물을 구성하는 요소들의 관계가 다른 사물을 구성하는 요소들에 직접적으로 영향을 미침으로써 '닮음을 생산하는' 경우이다. 재현의 방식으로 형성되는 이와 같은 유사성의 대표적 사례는 사진이다. 둘째로 최종적으로 산출된 것과 완전히 다른 관계의 결과로 우발적으로 '닮음이 생산되는' 경우가 있다. 이에 해당하는 것은 암석의 무늬나 구름의 모양으로부터 느닷없이 강아지의 형태나 예수의 얼굴을 발견하는 경우이다. 이것은 어떤 재현의 과정도 없이 우연히 형성되는 유사성이다. 그러나 이러한 유사성의 발견은 일종의 코드('강아지는 네발 달린 짐승이다', '예수는 수염이 있는 서양 남성의 얼굴을 하고 있다' 등)에 따른다. 마지막 세 번째 유비는 닮음을 형성하는 어떤 코드도 없으며, 어떤 재현의 작용도 없는 — 즉 닮지 않은 수단들로부터 닮음이 드러나는 — 경우이다. "일차적 유사성도 없고 선행적 코드도 없는 이 뛰어난 마지막 유형을 위해, 구상적이지도 않고 코드화되지도 않은 '미학적 유비'라는 이름을 남겨두어야 한다."(FB, 134: 109쪽) 이 마지막 유형의 닮음은 재현의 논리에 의해서도 코드에 의해서도 설명되지 않으며, 오로지 "감각적으로"sensuellement(FB, 134: 109쪽) 성립되는 닮음이다. 이 마지막 유형의 유사성을 보여주는 사례가 바로 베이컨의 작품이다. 예수의 십자가 책형과 동물 도살은 재현적 관계에 있지 않으며 어떤 코드에 의해서도 매개되지 않는다. 이 이질적인 두 항의 유사성은 지성 — 추상적 개념의 통일이나 상징적 해석 — 이 아닌 감각을 통해 알려지는 것이다. 베이컨의 형상은 감각이 접붙인 이질성의 기록인 것이다. 미학적 유비라는 이 특별한 종류의 닮음을 만들어내는 것은 차이이다. 오직 차이 나는 것들만이 서로 유사할 수 있다.[37]

형상과 더불어 우리는 판에 박힌 것의 균열을 목격한다. 그런데 '판에 박힌 것만을 본다'는 것은 무엇을 의미하는가? 베르그손을 따라 들뢰즈는 우리가 세계를 그 자체로서 지각하는 것이 아니라 항상 감해진 상태로 지각한다고 말한다. 지각은 항상 선별적이며 목적 지향적으로 구성된다. 복

---

[37] 질 들뢰즈, 『의미의 논리』, 이정우 옮김, 한길사, 1999, 416쪽 참조.

잡한 시장 한복판에서도 사려는 물건만이 눈에 들어오듯, 심리 생리적 욕구, 경제적 이해관계, 혹은 이데올로기적 믿음에 따라 우리는 자신에게 흥미로운 것만을 본다는 것이다.

그렇다면 판에 박힌 것을 벗어날 때 우리는 무엇을 보게 될 것인가? 그간 우리의 지각을 효율적으로 재단해 왔던 — 혹은 안전하게 보호해 왔던 — 클리셰의 균열로부터 드러나게 되는 것은 사실 그 자체의 모습일 것이다. 이것이 바로 들뢰즈가 『시네마』의 그 유명한 구절에서 기술했던 것이다.

> 우리의 감각-운동적 도식schéma sensori-moteur이 멈추거나 와해될 때, 그때는 전혀 다른 유형의 이미지가 출현할 것이다. 즉, **순수한 시청각적 이미지가, 어떤 은유도 없이 문자 그대로 그 자체로서의 사물이 나타난다.** …… 공장의 존재가 모습을 드러내면, 우리는 더 이상 "사람은 어차피 일을 해야 한다…"고 말할 수 없을 것이다. 나는 죄수들을 본 것 같았다. 공장은 감옥이고, 학교도 감옥이다. **은유적으로가 아니라 문자 그대로.** 단순히 감옥의 이미지를 학교의 이미지에 이어 붙이는 것이 아니다. 그것은 그저 명석한claires 두 이미지들 사이에 어떤 유사성이나 불분명한confus 관계를 가리킬 뿐이다. 반대로 불분명한obscure 이미지의 심층에서 놓치고 있는 판명한distincts 요소들과 관계들을 발견해야 한다. 이를 통해 왜 그리고 어떻게 학교가 감옥이고, 대규모 주거 단지가 매음굴이며, 은행가들이 살인자이며, 사진가들이 사기꾼인지를 — 문자 그대로, 은유 없이 — 보여주어야 한다.(IT, 32쪽)

이 구절에 이어지는 문장에서 들뢰즈는 영화에 대해 "판에 박힌 것으로부터 진정한 이미지를 끄집어낼 것"(IT, 32쪽)을 요구한다. 그리고 이 요청은 정확히 베이컨에게도 적용될 수 있을 것이다. 우리의 일상적 지각을 형성해 왔던 판에 박힌 것들이 무너져 내릴 때 드러나는 것은 '사실'이다. 그리고 이것이 바로 베이컨이 그려내고자 했던 것이다. 베이컨이 회화의 임무가 사실의 기록이라 말했을 때, 이 '사실'이란 판에 박힌 사실이 아니라 우리가 보지 못했던 새로운 리얼리티를 의미한다.

우리가 마지막으로 강조할 것은 베이컨의 기록이 문자 그대로의 '사실'이지 결코 '은유'가 아니라는 점이다.

5. 예술의 정치성

그것이 가진 위험천만한 본성에도 불구하고 예술을 무해한 것으로 만들어왔던 기제 가운데 하나는 분명 은유일 것이다. 작품이 보여주는 것을 한낱 은유에 지나지 않는 것으로 취급함으로써 사람들은 예술의 급진적 역량을 손쉽게 억눌러왔다. 예술이란 근본적으로 현실을 '다르게 표현하는' 일이라 말하며 예술작품을 실재로부터 파생된 실재의 모사로 규정하는 순간, 예술이 가진 창조적 역량은 은폐되고 만다.

예술의 본질을 모방으로 보는 관점은 예술이 현실과 다른 새로운 무언가를 말할 수 있다는 가능성을 부정한다. 모방론의 관점에서 예술의 창조성이란 기껏해야 대상을 심미적으로 형상화하는 장식에 지나지 않는다. 만일 정말로 예술적 창조라는 것이 있다면 그것은 원본을 모사하는 것에 실패한 '잘못된 재현'이며, 주관의 공상에 지나지 않는 허구적 가상일 뿐이다. 이러한 사고방식은 플라톤 이래 예술을 현실을 모사하는 데 실패한 이미지로 간주해 왔던 오래된 철학적 전통에 뿌리를 두고 있다.

이런 관념은 "그건 한낱 문학일 뿐이지."라는 친숙하며 자조적인 표현을 통해 여실히 드러난다. 그러나 예술을 한낱 몽상에 불과한 것으로 치부하는 태도야말로 예술로서는 최악의 좌절이 된다. 말하자면 예술의 입은 틀어막히고, 예술이 보여주는 모든 것은 상징이나 은유의 이름 아래 무력화된다. 이로 인해 예술은 언제나 위험 없는 것, 현실을 뒤흔들 수 없는 안전한 대상으로 길들여진 것이다.

문제가 되는 것은 상징과 은유가 '해석'을 요구한다는 점이다. 감상자들은 작품이 가시화하는 감각 그 자체에 머물지 않고 작품 이면에 있는 의미를 찾아내려 애쓴다. 형상이 표현하는 고통은 더 이상 실제적인 충격으로 경험되지 않고, 단지 '고통의 상징'으로 소비된다. 은유로 해석될 때 형상은 더 이상 낯선 것이 아니다. 그것은 '무엇을 의미하는가'라는 물음을 통해 우리에게 친숙한 기표 체계 안으로 다시 돌아온다. 이로써 예술은 판에 박힌 것에 균열을 내는 것이 아니라, 판에 박힌 것의 일부가 된다. 낯섦은 의미화되고, 충격은 해석되며, 감각은 무력화된다.

결국 은유는 예술의 위험성을 제거하는 세련된 방식이다. 예술이 더 이상 말해지지 않는 것을 말하지 않고, 이미 말해진 것을 반복하는 수사적 기법이 될 때, 그것은 현실을 변화시키는 힘이 아니라 현실을 미화하는 장식에 지나지 않게 된다. 그로써 예술은 정치적인 것이기를 멈추고 안전한 것으로 길들여진다. 바로 이런 점에서 들뢰즈는 예술이 그 어떤 해석 이전에 작용하는 감각을, 세계를 '다르게 보는' 낯선 시선을 열어주는 새로운 감각을 보여주기를 요구한다. "만일 은행가가 살인자이고, 학생들은 죄수이고, 사진작가가 포주라면, 그리고 노동자가 사장에게 강간당하고 있다면, 그것을 그대로 보여주어야 하며, 결코 '은유적으로' 말해서는 안 된다. …… 이것은 더 이상 은유가 아니라 증명démonstration이다."(IT, 238쪽)

예술은 판에 박힌 비전으로는 경험할 수 없는 감각을 보여주어야 한다. 그런데 이와 더불어 또한 강조되어야 할 것은 예술이 단지 감각을 전달하는 '매체'medium가 아니라는 사실이다. 우리는 앞서 베르그손의 이미지 개념을 인용하는 가운데, 들뢰즈에게서 예술작품이 그 자체 '실재'로서 규정된다는 사실을 지적한 바 있다. 예술작품은 외부 세계의 사물을 재현한 표상이 아니라 세계에 직접적으로 속한 실재이며, 또한 작가의 관념을 외면화한 산물이 아니라 그 자체 감각의 형태를 가진 사유이다. 예술작품을 실재의 모사로 간주해 왔던 모방론적 선입견만큼이나, 주체의 사유를 외화한 산물로 바라보는 표현론적 관점 역시 위험하기는 마찬가지이다. 예술은 사적이며 주관적인 환상이나 꿈과 같은 것이 아니다. "이미지는 어떤 전제된 실재를 재현하는 것이 아니다. 예술은 그 자체로 전적인 자신의 실재성réalité을 갖는다."[38] 들뢰즈는 끊임없이 이미지의 실재적 측면을 강조한다. 그런데 이렇듯 이미지가 그 무엇의 모사물이 아닌 그 자체 실재의 일부를 이루는 힘이라면, 예술의 본성은 더 이상 아름다운 것이 아니라

---

38 Gilles Deleuze, "Portrait du philosophe en spectateur", *Deux régimes de fous. Textes et entretiens 1975~1995*, 199쪽.

정치적인 것이 된다.

예술의 실재성을 역설함으로써 들뢰즈는 '모방으로서의 예술'이라는 전통적 관념과 더불어 '순수 예술'이라는 근대적 관념까지도 산산이 와해한다. 그것이 이미 실재의 편린인 한 예술은 결코 주관적 관조가 될 수 없을 것이다. 예술에 관한 들뢰즈의 관점은 이러한 점에서 사르트르 Jean-Paul Sartre를 닮아 있다. 사르트르와 마찬가지로 들뢰즈가 목적으로 한 것은 예술을 무해한 것으로 환원하고 예술을 무력화하는 모든 시도에 대항하여, 예술의 역량을 되살리는 것이다. 정확히 말해 예술의 정치적 기능이 있는 것이 아니다. 예술은 그 본성상 정치적이다. 1947년 사르트르는 『문학이란 무엇인가』에서 다음처럼 썼다. "작가란 세계와 특히 인간을 다른 사람들에게 드러내 보이기를 선택한 사람인데, 그 목적은 이렇게 드러낸 대상 앞에서 그들이 전적인 책임을 지도록 하기 위한 것이다. …… 작가의 기능은 아무도 이 세계를 모를 수 없게 만들고, 아무도 이 세계에 대해서 '나는 책임이 없다'고 말할 수 없도록 만드는 데 있다."[39]

그로부터 44년이 지난 1991년 들뢰즈는 『철학이란 무엇인가』에서 예술의 본성을 다음처럼 기술한다.

> 창조적 허구는 더러 부풀려지기도 하는 추억이나 환상 따위와는 아무 관련이 없다. 사실 소설가를 포함한 예술가는 모름지기 체험의 지각적 상태들과 감정상의 전이들을 넘어서 있다. 그는 견자見者이며 생성되어 가는 자이다. …… **그는 삶 속에서, 너무나 거대하여 도저히 용납할 수 없는 그 무언가를, 그리고 삶과 삶을 위협하는 것이 서로 옥죄고 있는 것을 목도했기에**, 그가 지각하는 자연의 한 구석, 도시의 몇몇 구역들이 그 인물들과 함께 어떤 비전에까지 이르게 된다. 그것은 …… 더 이상 객체도 주체도 없이 오로지 그 자체만을 통하여 그러한 삶, 순간의 지각들을 구성하는 비전이다.(QP, 161~162쪽)

잠시 사르트르와 들뢰즈의 문장이 빚어내는 공명에 주의를 기울여볼

---

[39] 장 폴 사르트르, 『문학이란 무엇인가』, 정명환 옮김, 민음사, 2013, 33쪽.

수 있을 것이다. 20세기 중반과 후반 프랑스 철학을 대표하는 이 두 철학자들은 여기에서 공통적으로 예술의 정치성을 역설하고 있다. 사실 들뢰즈는 이미 1967년 『자허마조흐 소개』에서부터 문학의 자율성을 통렬히 거부한 바 있다. 이 저작에서 들뢰즈는 "문학은 무엇에 소용되는가?"ᴬ quoi sert la littérature?[40]라는 사르트르적 질문을 던진다. 문학은 분명 '무언가'에 참여한다. 문학은 그 자체로 정치적 힘을 가지며, 독립적 실재성을 가진다. 그리고 이와 같은 참여론적 관점은 1991년의 『철학이란 무엇인가』에서도 일관적으로 유지된다. 예술은 현실을 반영하는 수동적 재현이 아니라, 현실을 생성하는 능동적 실천인 것이다.

  그럼에도 이 두 철학자의 사유는 핵심적인 부분에서 차이를 보인다. 무엇보다도 들뢰즈에게 예술작품은 주체인 작가 개인의 자유의 소산이 아니다. 전통적인 참여문학론을 대표하는 사르트르의 관점에서 예술이 '주체의 자유의 표현'으로 규정되는 것과 달리, 들뢰즈에게 예술이란 "객체도 주체도 없는 비전"(QP, 162쪽)으로 나타난다. 하나의 물결, 한 줌의 바람을 셀 수 없듯이, '하나의 사유' 역시 개체로 환원되거나 개별자에 귀속될 수 없다. 예술은 비인칭적인 사유의 장인 것이다.

  앞서 우리는 "그림이 글쓰기에 불을 붙인다"고 말했다. 예술작품은 단지 해석의 대상이 아니라, 그 자체로 새로운 사유를 촉발하는 힘이다. 그렇다면 그림으로부터 불붙은 글쓰기, 곧 미술 비평은 무엇인가? 들뢰즈에게 비평이란 예술작품이 열어 보인 감각의 세계에 감응하는 일, 예술과 더불어 사유하는 일이다. 이것이 바로 『감각의 논리』가 보여주는 것이다. 『감각의 논리』는 베이컨의 회화에 대한 철학적 해석이 아니라, 베이컨의 회화로부터 촉발된 사유의 기록이다. 그것은 예술이 일으킨 감각의 파동을 철학의 언어로 증폭한 창조적 사유의 실천이다. 이와 같은 견지에서 '그림이 글쓰기에 불을 붙인다'는 말은 단순한 수사가 아니라, 예술과 철학의 생성적 관계를 증언하는 문장이 될 것이다.

  비평은 더 이상 죽어 위대해진 사상가들의 묘지를 지키는 일이 아니다.

---

40 Gilles Deleuze, *Présentation de Sacher-Masoch*, Paris: Éd. de Minuit, 1967, 15쪽.

'그림이 글쓰기에 불을 붙인다'고 말함으로써 들뢰즈는 비평가들이 자랑했던 예지계의 시민권을 박탈한다. 비평의 과제는 더 이상 원형原型을, 곧 불멸하는 위대한 가치들을 기리는 것이 아니라 구체적인 세계에서 감응하며 창조하는 것이다. 예술이 재현을 넘어선 감각을 현시함으로써 사유를 촉발한다면, 비평은 개념을 창조함으로써 그렇게 촉발된 사유가 흐를 수 있는 길을 형성한다. 이름조차 가지지 못했던 것, 혹은 감히 이름 붙일 수 없었던 것에 이름을 붙임으로써 비평은 현시된 감각을 실재화하라는 예술의 요청에 응답한다. 예술이 클리셰를 파괴하고 감각을 통해 새로운 비전을 선취한다면, 비평은 이에 공명하여 감각이 열어 보인 힘을 개념의 차원에서 사유함으로써 감각의 생성에 가담하는 것이다. 이로써 비평은 예술에 종속된 해석이 아니라, 예술과 함께 사유하는 사유가 된다.

4
음악 비평

리토르넬로의
음악사:
고전주의, 낭만주의, 현대 음악

서동욱 · 강선형

1. 오페라와 에디트 피아프: 새로움이 어떻게 도래했는가

1995년 11월 4일 들뢰즈가 타계한 후 공개된 인터뷰 「질 들뢰즈의 A to Z」(1996)에서 파르네Claire Parnet는 들뢰즈에게 알파벳 O로 시작하는 단어로서, 오페라opéra에 대해 묻는다.

> 오페라는 전혀 당신의 관심사가 아니라는 것을 우리가 다 알고 있잖아요, 물론 베르크Alban Berg를 제외하면이지만. 이탈리아 오페라를 아주 좋아했던 푸코나 샤틀레에 비교하면, 당신은 음악을 딱히 좋아하지도 않고, 특히 오페라는 별로 좋아하지 않지요. 당신이 더 관심을 보이는 것은 대중가요인데요. 가요, 특히 당신은 에디트 피아프Edith Piaf를 좋아하죠. 그것에 대해 약간 얘기해주셨으면 좋겠는데요.[1]

베르크에 대한 들뢰즈의 생각이 어떤 것인지 우리는 문학 비평을 다루는 2장의 5절에서 이미 살펴본 바 있다. 위와 같은 파르네의 평가에 대해 들뢰즈는 사실 음악을 많이 들었던 시절이 있었음을 고백한다. 다만 그것이 시간을 너무 많이 빼앗았기 때문에 그만둘 수밖에 없었다고 덧붙인다. 그러면서 그는 대중가요와 고전 명곡에 어떤 공통점이 있느냐는 질문이 었으면 좋았을 것이라고 파르네의 질문을 수정한다.

> 에디트 피아프의 경우 나는 그녀가 대단한 가수이며, 아주 멋진 목소리를 가졌다고 믿어. 그리고 또한 그녀는 계속해서 틀린 음으로 노래를 부

---

[1] 질 들뢰즈, 「질 들뢰즈의 A to Z」, 대윤미디어, 2015.

르며 음의 부조화를 이끌어내, 우리로 하여금 계속 따라가게 하는 방식을 가지고 있었지. 이것은 사실 가요를 비롯한 모든 것에 관해서 내가 던지는 질문이네. '그것이 어떤 새로운 것을 가져다주는가?'[2]

들뢰즈의 관심사는 피아프뿐만 아니라 모든 작가와 예술작품에 있어서 그 이전의 세대와 시대에는 없던 새로움이 어떻게 도래했는가에 관한 것이다. 그리고 그는 이 새로움에 대한 연구가 바로 가타리와 함께 했던 '리토르넬로'ritournelle 연구였다고 말한다. 리토르넬로는 가타리가 『기계적 무의식』에서 프루스트의 『잃어버린 시간을 찾아서』와의 연관성 속에서 다루었던 개념인데, 이후 두 사람은 『천 개의 고원』*Mille Plateaux*(1980)을 공동 저술하면서 이 개념을 재정립하고, 『철학이란 무엇인가』에 이르기까지 사유의 중심 개념으로 삼는다.

음악은 『천 개의 고원』 이래로 『주름』, 『철학이란 무엇인가』 등에서 문학 및 회화와 함께 주요 예술로서 분석되고, 들뢰즈의 음악철학에서 가장 중요한 개념인 리토르넬로는 그의 저작 곳곳에 등장하여 영토성territorialité과 영토화territorialisation, 탈영토화déterritorialisation라는 개념들을 이해하는 데 핵심 역할을 한다. 들뢰즈는 인터뷰에서 리토르넬로에 대해 이렇게 표현한다.

> 리토르넬로가 트랄랄라, 랄라, 랄라, 트랄랄라, 이런 것이라고 해보자. 나는 언제 트랄랄라하고 노래를 부를까? 지금 철학 얘기를 하는 거라네. 난 언제 콧노래를 부르는가? 나는 세 가지 경우에 콧노래를 부른다네. 나는 나의 영토 안에서 돌아다닐 때 콧노래를 부른다네. 라디오를 켜놓고 가구의 먼지를 닦을 때, 그러니까 집에 있을 때 말이야. 그리고 나는 밤에 집에 가는 길에 노래를 부르지. 어두운 길을 찾아 가면서 나는 노래를 불러 나 자신에게 힘을 주지. 트랄랄라…… 집으로 향해 가는 중에 말이야. 그리고 나는 '잘 있으세요, 저는 가요, 당신을 제 마음속에 영원히 기억할게요'라고 하며 노래를 부르지. 가요의 한 맥락이지. …… 그래, 나는 집을 나와서 어

[2] 같은 인터뷰.

디론가 향해 가지만, 어디로?[3]

앞으로 더 자세히 살펴보겠지만 리토르넬로라는 개념은 이렇게 자신의 영토와, 자신의 영토화하고자 하는 힘과, 자신의 영토를 떠나는 탈영토화와 밀접한 관계에 있다. 가곡은 항상 "나의 영토, 내가 더 이상 가지지 않은 영토, 내가 다시 찾아오려 하는 영토"와 관련된 것이다.[4]

이러한 리토르넬로 개념을 이해하기 위해서는 그것을, 들뢰즈가 그려 보이는 '음악사'를 통해 음악을 가능하게 하는 요소로서 접근하는 것이 필요하다. 왜 음악사인가? 문학이나 미술의 경우 프루스트, 카프카, 베이컨 등의 특정 예술가를 통해 예술에 관한 들뢰즈 사유 전반이 드러날 수 있었다. 음악의 경우엔 그런 결정적인 예술가가 등장하기보다는 음악사 전반이 들뢰즈의 사유와 비평적 활동을 드러내는 프레임 역할을 해준다. 들뢰즈는 모든 음악에 리토르넬로가 있다고 강조하면서, 위대한 음악가의 음악에서는 음악가 자신이 리토르넬로를 서로 맞물리게 놓는 것이 아니라, 리토르넬로가 서로 섞여 더욱 심오한 리토르넬로를 만들어낸다고 말하기도 한다. 한 사람의 예술가가 어떻게 리토르넬로를 연결하고 변형하는가보다는 리토르넬로가 어떻게 또 다른 리토르넬로를 만들어내는가가 더 중요하다. 그래서 들뢰즈는 음악을 '리토르넬로의 모험'l'aventure d'une ritournelle이라고 표현하기도 한다.(MP, 571쪽 참조) 그리고 리토르넬로가 어떻게 영토성으로부터 떠나게 되는가에 따라 고전주의classicisme, 낭만주의romantisme, 현대moderne라는 각 시대의 음악이 펼쳐진다.

우리가 '음악사'라고 일컫는 것은 어떤 역사의 법칙을 함축하는 것이기보다도, 바로 저 세 시기가 순차적으로 등장하는 논의의 장이다. 시대 구분은 발전의 과정을 그리기 위한 것이 아니다. 들뢰즈에게 바로크 시대가 그 어떤 시대보다 중요하다는 점에서 드러나듯이 그는 진보의 관점에서라기보다는 리토르넬로의 모험을 분류하기 위해서 시대 구분을 하고 있다. 이런 맥락을 염두에 두고 우리는 들뢰즈 음악론의 중심에 음악사를 위

---

3 같은 인터뷰.
4 같은 인터뷰.

치시키며, 리토르넬로 개념과 그것이 가진 영토성의 의미를 밝힐 뿐만 아니라, 이것이 어떻게 각각의 시대에 드러나는지를 살펴보고자 한다.

음악에 대한 이러한 논의는 들뢰즈의 '비평' 개념 일반 및 철학의 이념과 어떤 연관성을 지니는가? 들뢰즈 철학의 일관된 목적은 그가 '재인식'récognition의 대상이라 부르는 것을 공격하는 것이다. 기존의 것들을 '정당화'justification하는 것이 재인식이다. 이미 있는 것들의 근거를 마련해 주며 다시ré 알아보는 일cognition 말이다. '재인식'의 대상은 기존의 관념, 도덕, 가치, 클리셰 등이다. 물론 이 모든 것들로 이루어진 기존의 '학문' 역시 재인식의 대상이다. 따라서 재인식의 대상을 공격한다는 것은 기존의 학문을 와해하려는 시도를 포함한다. 이렇게 기존의 것들의 근거를 마련해 주는 재인식이 아니라, 그것들을 와해하는 니체적 '비판'critique이 들뢰즈가 가지고 있는 철학의 이념이다. 비판을 통해 기존에 받아들여져 오던 것들이 해체된 후, 모든 것은 새로이 해석해야 하는 징후들(기호들), 즉 '징후학'symptomatologie의 대상들이 되고, 이에 응하는 사유는 징후들을 새로이 이해하기 위한 개념을 창조하는 사유이다. 그리고 이 개념의 '창조'는 저 '비판'critique과 뗄 수 없이 연결되어 있는 '비평'critique이 수행하는 바이기도 하다. 그렇기에 비평은 창조물인 작품에 제한되는 해설물에 그치는 것이 아니라 그 자체 창조적인 작업이다. 이 창조적인 작업으로서의 비평과 징후학이 기존의 학문을 대체한다. 비평이 창조의 과업을 수행한다고 해서, 비평 자체가 사전辭典에 없는 새로운 말을 고안해 내야 하는 것은 아니며, 이는 창조물인 작품이 새로운 말로 이루어지지 않은 것과 같은 관점에서 이해할 수 있다. 이제 이 글이 다룰 리토르넬로, 환경milieu, 대지terre, 코스모스cosmos 등등의 개념들도 그 외관은 이미 있어왔던 것일지라도 그 함의는 들뢰즈가 음악사를 새롭게 해석하기 위해 창조한 것이다. 마치 스피노자가 데카르트의 말들을 그대로 사용하면서 개념으로서의 그 함축은 새롭게 창조한 것처럼 말이다.

2. 리토르넬로의 영토성

리토르넬로는 본래 '반복'을 뜻하는 이탈리아어 'ritorno'에서 유래한 음악 용어이며, 비발디Antonio Vivaldi에 의해 자리 잡은 협주곡의 형식을 가리킨다.[5] 협주곡에서 총주와 독주가 교대될 때 A-b-A´-c-A″-d…A와 같이 총주에서 반복되는 주제 A가 독주와 교차되면서 변형되는 방식이다. 그런데 리토르넬로 개념을 특정한 시대적 배경 아래에서 특정한 협주곡의 형식으로 이해하는 것은 사실 중요하지 않다. 왜냐하면 들뢰즈에게서 이 개념은 특정 시대에 귀속하지 않는 그 자체로 '고유한 음악적 내용을 가지는 것'이기 때문이다.(MP, 567쪽)[6] 어둠 속에서 두려움을 떨치기 위해 어린아이가 손뼉을 치는 것, 알 수 없는 노래를 흥얼거리는 것, 새가 노래하는 것들이 모두 리토르넬로를 의미한다. 리듬은 이로부터 생겨나는 것이다.

그렇다고 해서 리토르넬로를 음악의 기원으로 여겨서는 안 된다. 음악은 분명 리토르넬로가 존재하기 때문에 가능한 것이지만, 리토르넬로는 오히려 음악을 방해함으로써 음악을 가능하게 하는 것이라고 해야 하기 때문이다. 즉 음악은 리토르넬로를 영토성으로부터 떠나게 만듦으로써 성립하는 것이다. 예를 들어 「아, 어머니께 말씀드리죠」Ah, vous dirai-je, maman라는 프랑스 민요는 모차르트Wolfgang Mozart에게서 열두 가지로 변주된다. 민요가 영토성을 가진 하나의 리토르넬로라면 다양한 변주는 리토르넬로에 갇혀 그대로 반복하지 않음으로써 이루어지는 것이다. 요컨대 리토르넬로가 본질적으로 영토적이며 영토화를 행하는 것이라면, 음악은 그 리토르넬로를 영토성으로부터 떠나 모험하도록 하는 것이다. "음악은 리토르넬로를 탈영토화함으로써 이루어지는 능동적이고 창조적인 조작이다. 리토르넬로는 본질적으로 영토적인 것이며 영토화나 재영토화reterritorialisation를 행한다. 반면 음악은 리토르넬로를 가지고 탈영토화

---

5 J. Peter Burkholder·Donald Jay Grout·Claude V. Palisca, *A History of Western Music*, New York: Norton, 2014, 417쪽 참조.
6 『천 개의 고원』에서 리토르넬로라는 개념은 음악의 영역을 넘어 여러 분야에 걸쳐 사용되고 있기까지 하다.

하는 표현의 형식을 위한 탈영토화된 내용을 만든다."(MP, 568쪽) 이러한 점에서 들뢰즈는 음악을 '리토르넬로의 모험'이라고 표현하는 것이다.

그렇다면 리토르넬로의 영토성이란 무엇인가? 앞서 예로 든, 어둠 속에서 무서움을 느낀 어린아이는 노래를 흥얼거리며 안정감을 찾는다. 이 안정감은 무질서 속에서 질서를 만들어냄으로써 얻어진다. 아리아드네의 실과 오르페우스의 노래는 이런 유의 리토르넬로다. 방황과 모험의 선들의 중심을 만들어냄으로써 안정적인 영토를 세운다. 이는 새들이 노래를 지저귐으로써 자기 영토를 나타내고, 그리스 음악과 인도 음악이 그 지방과 지역을 나타내는 것과 같다. 그런데 흥얼거리는 아이의 노래에 언제든 다시 두려움이 겹쳐질 수 있는 것처럼, 리토르넬로의 이러한 영토성은 확정적이지 않다. 그것은 언제든 카오스chaos를 불러들일 수 있는 동기를 간직하고 있는 것이다.

그래서 들뢰즈는 이를 클레Paul Klee의 회색 점과 같다고 말하기도 한다. 클레는『현대미술을 찾아서』에서 회화가 '크기'로 정의되는 선과 '무게'로 정의되는 명도, 그리고 '질'로 정의되는 색으로 이루어졌다고 말하면서, 색은 무게와 질, 크기를 모두 가지고, 명도는 무게와 크기를 가지지만, 선은 크기만을 가진다고 구분한 바 있다. 그러면서 여러 보색들이 지름에 따라 연결되어 있는 색상환의 중심에 회색이 있다고 말한다. "지름에 의해 연결된 보색의 쌍은 서로를 파괴합니다. 보색을 혼합하면 회색이 됩니다. 세 쌍의 보색 모두 교차점 또는 양분점, 즉 색상환의 회색 중심을 공유한다는 사실에서도 나타납니다."[7] 그러므로 다양한 색을 통해 도달되는 클레의 회색은 크기와 무게, 질을 모두 가지는 것이다. 클레는 색들을 겹쳐놓음으로써 색들을 변화시킬 때 늘 회색의 영역에서 색들이 만난다고 말한다. "아주 사소한 음영의 차이부터 색의 웅장한 교향악에 이르기까지 얼마나 굉장한 다양성이 깃들어 있는 것입니까. 의미의 차원에 얼마나 다양한 조망이 가능한 것입니까! 마지막으로 회색의 중심, 심지어 흑색에서 백색에 이르는 모든 명암까지 포함하는 색의 전 영역에 걸쳐 여행할 수도

---

[7] 파울 클레,『현대미술을 찾아서』, 박순철 옮김, 열화당, 2014, 27쪽.

있습니다."[8] 클레는 이러한 방식으로 색이 자유롭게 여행할 때, 그리고 선과 명암 역시 자유롭게 여행할 때 회화는 생명력을 가지게 되며, 따라서 화가는 "완성된 형태 자체보다는 형태를 만들어내는 힘에 더 큰 가치를" 두는 자라고 말한다.[9] 그래서 화가는 '철학자가 되려는 의도가 있든 없든' 철학자인데, 이 세계가 최선의 세계라고 주장하는 철학자가 아니라 "현재 형태의 이 세계가 유일하게 가능한 세계는 아니"라고 말하는 철학자가 된다.[10] (참고로 이 두 가지 주장 모두 라이프니츠에게서 유래한 것이다.) 들뢰즈는 클레의 이러한 회색 점이 차원이 없는 블랙홀과도 같으면서 위치를 규정할 수 없는 카오스의 힘을 표현하고 있다고 본다. 클레의 회색은 완결되지 않는 형태로 끊임없이 창조적인 힘을 표현하고 있는 것이다.

이렇게 카오스의 힘을 간직한 영토성은 확정적이지 않다. 영토는 고정적이고 위치를 정할 수 있는 특정한 환경을 가리키는 것이 아니라, '행위'를 의미하는 것이다. 즉 영토는 흥얼거림을 통해 영토화했을 때 생겨난다. 이는 가변적인 플래카드를 내거는 일과 같다. 들뢰즈는 스케노포이에테스 덴티로스트리스Scenopoïetes dentirostris라는 학명을 가진 새를 예로 드는데, 이 새는 아침마다 나뭇잎을 뒤집어놓으면서 땅과 자신의 영토를 구분한다.

> 스케노포이에테스 덴티로스트리스, 오스트레일리아 열대우림에 서식하는 이 새는 매일 아침 자신이 잘라낸 나뭇잎들을 나무에서 떨어뜨리고, 그것들을 뒤집어 더 연한 안쪽 면이 땅과 대비되도록 한다. 그렇게 해서 마치 레디메이드처럼 무대를 구성한 다음, 바로 그 위, 덩굴이나 가지 위에서, 부리 아래 깃털의 노란 뿌리를 드러내면서, 자신의 고유한 음과 함께 다른 새들의 음을 사이사이에 모방하여 혼성적으로 구성된 노래를 부른다. 그야말로 완벽한 예술가인 것이다.(QP, 174쪽)

8   같은 책, 41쪽.
9   같은 책, 45쪽.
10 같은 책, 45쪽.

이렇게 이 새가 아침마다 영토화하면서 음악가가 되는 것은 뒤샹Marcel Duchamp이 서명을 통해 기성품을 작품으로 만드는 것과 같은 예술가의 작업이다. 즉 하나의 플래카드를 통해 영토화를 하는 것이다. 새들의 소리를 수집하여 그것을 음악으로 만든 메시앙Olivier Messiaen의 다음과 같은 말은 이러한 영토화의 뜻을 잘 드러낸다.

> 새는 지구상에서 가장 위대한 음악가일 것입니다. 새는 모든 관점에서 볼 때 정말 경이로운 생물입니다. …… 이상하게 들릴지 모르지만, 새의 노래에는 먼저 영토적 측면이 있습니다. 새는 자신의 지점, 목초지를 방어하고, 암컷, 둥지, 나뭇가지 또는 먹이가 있는 지역에 대한 소유권을 확인하기 위해 노래를 부릅니다. 영토 소유권은 종종 노래를 경연하여 조정되며, 침입자가 자신의 소유가 아닌 곳을 차지하려고 하면 원래 주인이 노래를 잘 불러서 침입자가 떠나가도록 합니다.[11]

메시앙의 이러한 설명에 대담자인 사뮈엘Claude Samuel이 노래 경연을 주제로 한 바그너Richard Wagner의 오페라 「탄호이저」Tannhäuser(1845)가 떠오른다고 언급하자, 메시앙은 바그너가 예상하지 못했던 것은 침입자가 주인보다 노래를 더 잘 부르면 주인이 침입자에게 자리를 양보한다는 것이라고 덧붙인다. 영토화는 바로 이러한 방식으로 이루어지는 것이다.

리토르넬로의 이러한 영토성은 음악의 연주자뿐만 아니라 음악을 듣는 자에게서도 드러난다. 프루스트의 『잃어버린 시간을 찾아서』에서 뱅퇴유의 소악절이 늘 스완에게 불로뉴 숲의 풍경을 펼쳐놓고 그의 앞에 오데트를 데려다놓는 것도 영토성과 관련되어 있는 것이다.

> 그는 대신 오데트에게 뱅퇴유 소나타의 소악절을 연주해 달라고 부탁하곤 했다. 오데트의 연주는 매우 서툴렀지만, 어떤 작품에 대해 우리에게

---

11 Claude Samuel, *Olivier Messiaen. Music and Color: Conversations with Claude Samuel*, trans. E. Thomas Glasow, Portland, OR: Amadeus Press, 1994, 85쪽.

남는 가장 아름다운 심상은 종종 서투른 손가락 사이로 엇나간 음들, 조율되지 않은 피아노 너머로 솟아오른 것이기도 하다. 스완에게 소악절은 여전히 오데트에 대한 그의 사랑과 결속되어 있었다.[12]

이렇게 오데트에 대한 그의 사랑과 뱅퇴유의 소악절이 연결된 이후로 스완은 우연히 소악절을 마주할 때마다 오데트를 고통스럽게 떠올린다.

> 그리고 스완이 그 곡이 무엇인지 알아차리고, '뱅퇴유 소나타의 소악절이구나, 듣지 말자!'라고 스스로에게 말할 틈도 없이, 오데트가 자신을 마음에 품었던 시절의 모든 추억들이, 지금까지 그의 존재 깊은 곳에 보이지 않게 감춰두었던 그것들이, 사랑의 시절이 되돌아온 것으로 믿게 만든 그 갑작스러운 한 줄기 시간의 빛에 속아 깨어나 날갯짓을 하며 올라와서는, 현재의 불행 따위에는 아무런 자비도 없이, 잊고 있었던 행복의 후렴들을 열렬히 그에게 노래하기 시작했다.[13]

이러한 방식으로 뱅퇴유의 소악절은 그것을 듣는 스완을 오데트라는 인물에게로, 과거의 풍경으로, 즉 하나의 영토로 돌려보낸다.

유사한 국면을 바그너의 라이트모티프leitmotiv와 관련해서도 생각해 볼 수 있다. 라이트모티프는 각각의 인물에 할당된 선율을 통해 청자들에게 그 인물이 무엇을 생각하고 무엇을 느끼는지 알 수 있는 단서를 제공한다. 「니벨룽겐의 반지」Der Ring des Nibelungen(1854~1874)에서는 지크프리트, 브륀힐데, 보탄, 하겐 등 모든 인물에게 할당된 라이트모티프가 있으며, 인물뿐만 아니라 발할라, 검(노퉁) 등의 라이트모티프도 제시된다.

바그너의 오페라에서 이러한 라이트모티프의 운용은 인물에 단지 선율을 할당하는 데 그치는 것이 아니라, 청자들이 선율로부터 인물의 감정과 행위를 발견하게 하는 방식으로 이루어진다. 라이트모티프는 때에 따라 다르게 연주되는데, 가령 위기감이 고조될 때에는 음을 변화시켜 전체

---

12 Marcel Proust, À la recherche du temps perdu, Paris : Gallimard(Pléiade), 1954, t. I, 236쪽.
13 같은 책, 345쪽.

1876년 바그너 「니벨룽겐의 반지」 바이로이트에서의 초연

모티프의 성격을 바꾸기도 하는 것이다. 그러므로 바그너식 모티프는 드뷔시Claude Debussy가 비판한 것처럼 줄거리나 인물의 감춰진 충동, 상황을 나타내는 표식에 그치는 것이 아니라, 자율성을 획득하면서 독립적으로 변화하는 생명력을 가진다. 그리고 라이트모티프의 이러한 면모를 누구보다 먼저 발견한 사람은 프루스트다. "모티프는 더 이상 무대에 등장하는 인물에 결부되는 것이 아니라 모티프 자체가 매번 나타날 때마다 그 자체로서 리듬적 인물을 만들며 [프루스트의 표현처럼] '실제로 하나하나가 하나의 존재인 수많은 음악들로 채워진 충만한 음악' 속으로 몰입해 들어간다는 것이다."(MP, 606쪽) 바그너식 모티프는 특정한 인물에 결부되어 있기만 한 선율이 아니라, 리듬 자체가 인물을 만들어내는 방식인 것이다. 이것이 '리듬적 인물'의 의미이다. "하나의 인물, 하나의 주체 또는 하나의 충동에 하나의 리듬이 연결되는 단순한 상황에서 빠져나올 때 '리듬적 인물'이 탄생한다."(MP, 604쪽) 뱅퇴유의 소악절 역시 궁극적으로는 특정한 풍경이나 인물을 떠올리게 하는 데만 머무는 것이 아니라, 외적으로는 존재하지 않는 여러 풍경을 자기 내면에 담아 발전시키는 것이다. 음악은 이미 있는 인물이나 풍경을 떠올리게 하는 데에서 더 나아가 인물과 풍경을 생성한다. 이러한 일이 가능한 것은 근본적으로 리토르넬로가 카오

스의 힘을 가지고 있기 때문이며, 이 카오스의 힘과 더불어 리듬이 특정한 인물의 정체성에 머물지 않을 수 있게 되기 때문이다.

3. 환경과 고전주의

들뢰즈는 리토르넬로의 힘이 어떻게 서로 다르게 드러나는가에 따라 고전주의와 낭만주의, 그리고 현대라는 음악의 세 시대를 구분한다. 앞서 언급한 바 있듯이 시대 구분은 역사의 흐름에 따른 발전을 표현하는 것이 아니라, 리토르넬로의 상이한 양상들에 따른 분류다. 먼저 리토르넬로가 카오스의 힘을 간직한 채 형식의 지배 아래 들어갈 때는 고전주의 음악이 출현한다. 들뢰즈는 이를 '환경의 리토르넬로'라고 부른다. 또한 각각의 음들이 가진 힘들을 형식 아래 놓는 환경이 아니라, 그 힘들이 결집되는 중심을 그대로 드러내는 경우, 이는 환경과 구분하여 '대지'라고 불리는데, 이 대지의 힘이 드러날 때가 낭만주의 음악('대지의 리토르넬로')에 해당한다. 마지막으로 환경이나 대지를 가지는 것이 아니라 탈영토화되는 방식으로 드러나는 리토르넬로가 있는데, 이것이 현대 음악을 이룬다. 현대 음악은 분자화된 음들을 형식 아래 두지 않고 대지로 돌려보내지 않으면서 하나의 면plan으로서의 코스모스cosmos에 풀어놓는다. 이때 이 코스모스는 음들을 하나의 질서로 통일하는 것이 아니라 질서를 부여할 수 없는 음들이 가진 힘들을 그 자체로 함께 공존하게 하는 것을 의미한다. 이는 들뢰즈가 박자와 리듬을 구분하면서 리듬을 카오스모스chaosmos라고 부르는 것과 같은 맥락에 있다.(MP, 594쪽 참조) 박자가 보편적인 형식을 전제함으로써 궁극적으로 환경에 안주한다면, 리듬은 카오스로부터 생겨나 보편적 척도를 가지지 않는다. 이러한 리듬이 카오스모스, 또는 카오스-리듬이다. 그리고 이렇게 카오스모스로서의 평면 위에서 다양한 음들을 공존시키는 것이 현대 음악의 '분자화된moléclarisée 리토르넬로'다. 형식화되지 않으며 카오스의 힘을 간직한 이러한 음들은 잡음으로만 남을 가능성을 늘 가지고 있다. 이는 현대 음악뿐만 아니라 현대 미술이 가지게 되는 가능성이기도 하다. 그러나 작품을 잡음이나 난필로 이해하는 것은 재영토화하려는 경향이 지닌 관점 때문이다. 즉 작품을 늘 알아볼 수 있는 것으로 만들고자 하는 경향이 현대 미술을 어린아이의 그림과 같은 것으로 보게 하고, 조화와 질서를 떠난 현대 음악을 잡음으로 듣게 만든다. 그러나 현대 미술과 현대 음악은 재영토화될 수 없는 선과 음의 탈영토화의 움직임을 드러내고자 한다는 데서 고유성을 가지는 것이다.

고전주의는 카오스의 힘들을 마주한 음악가들이 탈영토화의 움직임을 그려내기보다는 그 힘들을 형식 아래 놓게 되었을 때 펼쳐진 사조이다. 바로크 시대의 길들여지지 않은 원재료의 힘들에 직면한 하이든, 모차르트, 베토벤 등 고전주의 예술가들은 그 힘들에 형식과 질서를 부여하고자 했다. 그러나 고전주의와 바로크 사이에 경계선을 명확히 긋기는 어려운데, 이는 고전주의 아래 바로크적인 힘이 들끓고 있기 때문이다. "고전주의적인 것의 저변에는 온갖 종류의 바로크적인 것이 들끓고 있다. 고전주의 예술가의 사명은 신의 사명과 똑같이 카오스에 질서를 부여하는 데 있다."(MP, 642쪽)

들뢰즈는 비발디, 바흐, 헨델과 같은 바로크 예술가들이 표현하는 카오스적 힘에 대해 다음과 같이 말한다. "[음악은] 외연에 있어 끊임없이 모든 선율을 전개하는 수평적 선율이면서 그와 동시에 내부적인 정신적 통일성 혹은 꼭지점을 구성하는 수직적 화성이다. …… 바로크에 속하는 것은, 선율로부터 화성을 추출하는 것"이다.(P, 233쪽) 이는 오선지 아래 쓰인 숫자에 따라 즉흥적인 화성을 반주로서 함께 연주하는 바로크 시대의 통주저음bass continue이 잘 보여준다. 통주저음은 선율이 곡을 지배하는 것이 아니라 화음들의 수직적 조화가 수평적인 선율을 지배한다는 것을 드러내는 바로크적 음악의 특징을 잘 나타내는 것이다. "통주저음이 다성음악의 선율들에 조화로운 법칙을 부여할 때마다, 선율은 거기에서 새로운 자유와 통일성, 흐름을 발견한다."(P, 246쪽) 통주저음의 특징은 다성적이고 즉흥적이라는 데 있기 때문에, 이것이 만들어내는 통일성은 독립적이고 변화무쌍한 선율들을 공존시키는 자유로운 통일성이다. 이렇게 바로크적 힘은 다양한 차원들, 그리고 이질적인 질들을 배제하거나 감추지 않고 모아두는 데에서 나온다.

이러한 이질적인 것들의 총합을 점의 체계와 구분하여 다선적인

multilinéaire 체계라고 부를 수 있다면, 이 다선적인 체계는 그 자체로 선을 해방하고 사선을 해방하는 것이다. "선을 해방하고 사선을 해방하라. 이런 의도를 갖고 있지 않은 음악가와 화가는 없다."(MP, 559쪽) 점의 체계는 늘 수평선과 수직선이라는 두 기본선을 포함한다. 수평선과 수직선은 점들을 지정하는 좌표를 가능케 하는 기능을 맡는다. 늘 위치를 정할 수 있게 만드는 이러한 좌표 위에서 사선은 점들을 연결하는 연결선으로서의 역할을 맡는다. 이러한 맥락에서 점의 체계로부터 선들을 해방할 수 있는 것은 예술가들이 위치를 부여할 수도 없고 연결될 수도 없는 다중적인 선들을 그려낼 때일 것이다. 바로크 시대의 통주저음이 드러내는 즉흥성과 이질성은 점들이 연결되어 이루는 선율 아래에서 들끓는 다선적인 힘을 드러내는 것이다.

바로크 음악의 이러한 카오스적 힘은 보편적인 형식 아래에서 완전히 사라지거나 정복되는 것이 아니다. 카오스적 힘은 형식이 지배적인 고전주의 음악에서도 여전히 들끓고 있다. 들뢰즈는 이를 "밤의 여왕처럼 군림"하고 있다고 비유하는데, 우리는 이로부터 그가 고전주의를 서술하는 데 있어서 모차르트의 「마술피리」Die Zauberflöte(1791)를 상징적인 작품으로 염두에 두고 있다는 것을 알 수 있다.(MP, 642쪽)

모차르트의 「마술피리」를 통해 고전주의적 형식과 카오스가 이루는 긴장 관계를 설명하자면, 타미노의 피리가 카오스를 조직하고자 하지만 카오스는 여전히 군림하는 밤의 여왕으로 남아 있는 것이다. 이에 맞서 고전주의 예술가는 소리와 리듬, 목소리, 악기들을 구분 가능한 것으로 만들어 카오스를 조직한다.

이렇게 해서, 예컨대 한 소나타에서 피아노가 구슬픈 새처럼 노래하면, 그 노래를 들은 나무가 답하듯이 바이올린이 노래하는 것이다. 들뢰즈에 따르면 이 사안에 대해 프루스트만큼 적절한 설명을 제공하는 이도 없다.

> 고독한 피아노가 짝을 잃은 새처럼 슬피 울자, 바이올린이 그것을 듣고, 인근 나무에서 응답하듯이 화답했다. 마치 세상의 시작처럼, 마치 지상에는 아직 그 둘만이 존재하는 것처럼, 아니, 오히려 세계의 모든 것을 차단한 채 한 창조자의 논리로 지어진 그 닫힌 세계 속에서 오직 그 둘만이

1815년 모차르트 「마술피리」 무대

영원히 존재할 것만 같은, 그것이 바로 이 소나타였다.[14]

이처럼 고전주의 음악은 구분 가능한 소리들만을 남겨놓고, '닫힌 세계' 안에서 그 소리들을 질서 있게 공명하게 한다. 들뢰즈는 프루스트처럼 이를 신적인 창조와 같다고 말하는데, 창조된 소리 외에는 다른 어떤 이질적인 소리도 남겨놓지 않음으로써 닫힌 세계 안에서 소리들이 공명할 수 있도록 하기 때문에 그렇다. 모차르트의 「마술피리」에서도 타미노에게 주어진 마술피리와 파파게노에게 주어진 마법의 종은 계속해서 서로 구분된 채 역할을 하고, 그러면서 또 서로 공명한다. 이러한 방식은 고전주의가 통주저음에서 드러나는 다성적이고 즉흥적인 힘들을 규정 가능한 것으로 뒤바꿈으로써, 완결적이고 규칙적인 형식 아래에서 체계적인 음악을 만들고자 했다는 것을 알게 해준다. 마치 카오스로부터 서로 구분되는 것들을 창조해 낸 신과 같이 말이다.

14 Marcel Proust, À la recherche du temps perdu, t. I, 352쪽; MP, 642쪽.

4. 대지와 낭만주의

들뢰즈의 논의 맥락을 떠나더라도, 일단 낭만주의 음악의 본질은 '대지의 힘'이라는 말로 불릴 수 있을 것이다. 18~19세기로부터 이어지는 낭만주의의 시대는 모국어와 민족 개념에 대한 각성과 더불어 인위적으로 마련된 국경이 아닌, 민족적 터전으로서 대지에 대한 자각이 두드러진 시대였다.

그 대지는 소수민족들의 독립운동이 알려주듯 물리적인 것이기도 했지만, 보다 근본적으로 민족 개념과 마찬가지로 이념적인 것이었다. 아마도 우리는 도래해야 할 독일 땅의 정체성을 북유럽의 신화에서 찾으려는 바그너를 예로 들 수 있을 것이다. 또한 민속 음악을 채집하기 위해 조국 땅 구석구석을 헤매 다니고 그 음악으로부터 영감을 얻은 동유럽의 많은 작곡가들도 떠올릴 수 있을 것이다. 이런 경향은 고전주의적 이상의 단념과 맞물려 있다. "낭만주의의 도래와 함께 예술가들은 권리상de jure의 보편성에 대한 야심과 함께 조물주의 지위도 포기한다."(MP, 643쪽) 신적인 위치에서 보편적인 질서를 가지고 (카오스적) 소리를 사로잡아 음악을 만드는 것은 고전주의적 음악관과 더불어서만 시행해 봄 직한 일이었다. 이제 음악은 천상의 보편적인 질서와 상관없이 국지적인 '대지'의 정체성을 찾는 일이 된다.

무엇보다도 낭만주의의 대지란 '영토'와는 구별되어야 한다. 낭만주의 음악에 대한 핵심적인 설명을 담고 있는 아래 글을 보자.

> 대지와 영토는 결코 같지 않다. 대지란 영토의 가장 깊은 곳에 위치하는 강도強度의 점 또는 영토의 밖으로 던져진 초점과 같은 점으로서 이곳에 모든 힘이 결집해 백병전을 벌인다. 대지는 수많은 힘 가운데 하나가 아니며 형태를 부여받은 실체 또는 코드화한 환경으로서 일정한 위치와 역할을 차지하는 것도 아니다. 대지는 모든 힘이, 즉 대지의 온갖 힘뿐만 아니라 다른 실질의 힘들이 서로 부딪히며 백병전을 벌이는 장소가 되며, 따라서 예술가는 카오스와 대결하는 것이 아니라 지옥과 지하 세계에, 바닥이 없는 세계에 직면하게 된다.(MP, 643쪽)

고전주의는 카오스에 형식을 부여해 그것을 포획하여 '환경'을 만드는 예술이었다. 그런 형식 부여를 '코드화'codage라 일컫기도 한다. 낭만주의는 어떤 보편적 질서를 통해 카오스의 힘들을 정리하는 예술이 아니다. 그것은 형식 없이, 소리로 표현되는 힘들을 결집하는 예술이고 그 결집이 이루어지는 곳이 바로 대지이다. 이런 결집 속에서 힘들은 형식에 매개되지 않고, '강도'intensité의 크기로만 나타난다. 아마도 이런 강도상의 크기로서의 음악의 상징적인 예를 우리는 폭풍우 치는 바다, 그리고 라인강의 물결을 그려내고 있는 바그너의 「방랑하는 네덜란드인」Der fliegende Holländer(1843) 서곡과 「라인의 황금」Das Rheingold(1854) 서곡에서 찾아볼 수 있을 것이다.

아울러 우리는 들뢰즈가 말하는 강도란 늘 0이라는 점을 향한 '하강'과 필연적으로 관련 있다는 점을 잊으면 안 된다.(FB, 96쪽)[15] 힘의 강도는 힘의 하강 속에서 가시화된다. 이에 착안할 때 낭만주의 작곡가 말러Gustav Mahler에 대한 아도르노Theodor Adorno의 다음과 같은 진술은 의미심장하다. "전체적으로 말러의 음악은 하강하는 성향을 보여준다. 말러의 음악은 체념한 듯, 음악 언어의 중력에 의해 흘러 내려가는 물매에 몸을 맡긴다."[16] 이러한 진술은 낭만주의 음악이 강도상의 크기 문제라는 들뢰즈의 생각을 간접적으로 지지해 준다.

계속해서 낭만주의 음악의 성격을 살펴보자.

> 예술가는 '천지창조' 대신 이번에는 토대fondement 또는 정초fondation 행위와 자신을 동일시한다. …… 예술가는 신이 아니라 신에게 도전장을 내민 영웅이다. '창조하자'가 아니라 '정초하자', '토대를 놓자'라고 외치는 도전장을.(MP, 643쪽)

인용문의 '천지창조'는 고전주의의 대표적인 작곡가 하이든Joseph Haydn의 오라토리오 「천지창조」Die Schöpfung(1798)를 염두에 둔 표현이다. '천

---

15 서동욱, 『들뢰즈의 철학』, 민음사, 2002, 24~25쪽 참조.
16 테오도어 아도르노, 『말러: 음악적 인상학』, 이정하 옮김, 책세상, 2004, 107쪽.

바그너 「방랑하는 네덜란드인」의 한 장면(1876, 데이비드 헨리 프린스턴)

'지창조'가 상징으로서, 신적인 보편적 코드를 통해 카오스를 사로잡는 고전주의의 방식을 가리킨다면, 낭만주의는 천상과 반대편의 지하에서 음악을 만든다. 지하 세계에 있는 낭만주의 예술가에겐 더 이상, 포획해야 하는 카오스가 관건이 아니다. "낭만주의 예술가는 크게 입을 벌린 카오스에 맞서는 것이 아니라 바닥Fond의 견인력에 맞서는 것이다."(MP, 643쪽) 여기서 말하는 "바닥의 견인력"이 바로 앞서 언급한, 강도를 가능케 하는 0을 향한 하강의 힘이다. 0이라 부를 수 있는 바닥을 향해 결집한 강도적 힘들을 소리로 나타내는 것이 낭만주의의 과제이며, 힘들 위에 정해진 형식을 씌우는 것이 관건은 아니다.

낭만주의 음악의 구성을 이해하기 위하여, 한 예로서 말러의 「대지의 노래」Das Lied von der Erde(1911)를 생각해 보자.

리토르넬로는 세계의 '시작'이 아니라 대지 위에 영토적 배치물 agencement을 그린다. 그 결과 리토르넬로는 서로 찾고 화답하는 두 협화음적 성부聲部들로 구성되는 것이 아니라 지하보다 더 깊은 곳에 있는 노래에게 말을 거는 것이다. …… 예를 들어 「대지의 노래」의 말미에는 두 모티프가 공존하고 있지 않은가? 선율적인 첫 번째 모티프는 새의 배치를 환기하고 리듬적인 두 번째 모티프는 영원히 계속되는 대지의 깊은 호흡을 속삭이고 있지 않은가? 말러는 새의 노래, 꽃의 색깔, 숲의 향기만으로는 '자연'을 만들 수 없으며 디오니소스가, 위대한 판Pan 신이 필요하다고 말한다.(MP, 644쪽)

이 인용 말미에서 들뢰즈가 전하는 말러의 말은 문자 그대로는 다음과 같다. "대부분의 사람들이 '자연'에 대해 이야기하면서 단지 꽃과 새, 숲의 향기 등을 염두에 두는 것은 제가 보기에 좀 이상합니다. 위대한 디오니소스, 판 신을 아는 사람은 아무도 없는 것 같습니다."[17] 이 말만큼 '대지'의 개념에 대해 잘 알려주는 것은 없다. 질서 또는 형식은 카오스를 장악하듯 대지의 힘을 모두 지배해 영토로 만들지 못한다. 대신에 '부분적인 영토적 배치물'이 대지 위에 국지적으로 수립될 뿐이다. 대지가 위대한 '목신 판'이라면, 영토적 배치물은 그 대지에 대해 신세 지고 있는, 또는 대지의 힘에 대해 응답하며 부분적으로 생겨나는 꽃, 새, 숲의 향기 등이다. 물론 이런 영토적 배치물은 대지를 규정하는 고정된 형식이 아니다. 따라서 대지의 힘에 대해 계속 엇갈리는 방식으로 영토적 배치물은 존립한다. 낭만주의의 리토르넬로는 바로 영토적 배치물의 이 '엇갈림'(간격, décalage)에서 성립한다고 할 수 있다.(MP, 644, 660쪽 참조)[18]

우리가 보았듯 낭만주의 음악은 대지의 힘을 바탕으로 가능하다는 점에서 '대지의 예술'이라 일컬을 수 있다. 그리고 이제 살펴볼, 낭만주의 이후의 현대 음악은 이러한 대지조차 가지지 않는다.

---

17 브루노 발터, 『사랑과 죽음의 교향곡』, 김병화 옮김, 마티, 2005, 203쪽.
18 참고로 말러와, 그리고 낭만주의와 관련해 들뢰즈가 말하는 이 배치물과 대지의 '엇갈림'을 아도르노는 말러의 음악을 언급하며 유사한 맥락에서, 부분과 전체 사이의 아포리아로 표현한다. "개별적인 것과 전체적인 것은 빈(Wien) 고전주의에서처럼 조화롭게 일치되지 않는다. 그것들의 관계는 아포리아적인 관계다."(테오도어 아도르노, 『말러』, 109쪽.)

5. 형상 없는 질료와 현대 음악

현대 음악을 특징짓는 개념은 고전주의의 환경도, 낭만주의의 대지도 아닙니다. 그것은 '코스모스(코스모스의 힘)'라 일컬어진다. 현대 음악을 통해 드러나는 힘들은 이제 어떤 것인가? "포획해야만 하는 힘들은 …… 대지의 힘들이 아니라 이제는 부정형informel이며 비-물질적인immatériel 에너지적 코스모스의 힘들forces d'un Cosmos이다."(MP, 651쪽) '비물질적인 힘들'이란 물질로서의 정체성을 식별할 수 없는 힘들, 즉 형상 없는 질료가 나타내 보이는 힘들을 말한다. 아리스토텔레스 이래 형이상학에서 근본의 자리에 위치한 것이 질료 없는 순수 형상이었다면, 현대 음악에서 근본적인 것은 형상 없는 질료인 것이다. 따라서 현대 음악에는 순수 형상이 설정한 목적지와 거기를 향하는 과정상의 질서 같은 것은 없고 배회하는 질료가 있을 뿐이다.

현대 음악에서 관건이 되는 것은 질료로서 소리가 어떻게 저 코스모스의 힘을 표현할 수 있는가이다.

> 배치물은 더 이상 카오스의 힘들에 맞서지 않고, 대지의 힘과 민중(인민peuple)의 힘들 속으로 깊이 잠잠하지 않고 대신 '코스모스'의 힘들을 향해 열린다. …… 이제 이것은 '재료-힘들'의 직접적 관계로 나타난다. 재료란 분자화된 질료를 말하며, 따라서 이것은 당연히 코스모스적일 수밖에 없는 힘들을 '포획'해야만 한다. 형상 속에서 적절한 이해의 원리를 발견할 수 있는 질료는 이제 존재하지 않는다. 따라서 이제 다른 차원의 힘들을 포획할 수 있는 재료를 가다듬어내는 것이 문제가 된다. …… 포획해야만 하는 힘들은 …… 대지의 힘들이 아니라 이제는 부정형이며 비-물질적인 에너지적 코스모스의 힘이다.(MP, 650~651쪽)

더 이상 형상을 원리로 삼지 않는 질료를 사유하는 것이 현대 음악의 관건이다. 조성의 파괴 등을 통해 음악은 형상에 해당하는 원리로부터 소리를 점차 해방해 왔다. 이 질료는 형상과 결합하기 이전의 질료, 식별 가능한 크기를 지닌 사물의 내용을 이루는 것으로서의 물질과는 다른 것이기에 "분자화된 질료"라 일컬어진다. 사물이 잘게 잘린 것, 문자 그대로 '분자화'된 것이다. 무엇보다 이것은 "재료"이다. 무엇에 쓰이는 재료인가? 바로 힘을 '직접적으로' 드러내기 위한 재료이다. 형상에 매개된 것이 아니므로 재료와 힘의 관계는 직접적인 것일 수밖에 없다. 아울러 같은 맥락에서 재료가 표현하는 힘은 형성된 사물의 힘이 아니라 사물의 등장 이전의 원초적인 우주, 코스모스의 힘이다.

이런 음악의 사정은 회화를 우회로로 삼아서 보다 잘 이해할 수 있을 것이다. 『감각의 논리』와 같은 회화론에서 들뢰즈가 주요하게 의의를 부여하는 것은 '힘을 그려내는 회화'이다. "음악과 마찬가지로 회화도 ...... 힘을 포착하는 것이 문제이다."(FB, 69쪽) 밀레Jean François Millet를 예로 들어 볼 수 있을 것이다(MP, 651쪽; FB, 70쪽 참조). 교조적인 평론가들이 밀레에게 미사의 봉헌물을 감자 자루처럼 그렸다고 비난의 말을 던졌을 때, 그는 두 대상 사이의 차이보다 공통성, 즉 무게감이 중요하다고 대답했다. 왜냐하면 그가 그리려던 것은 서로 구별되는 형상들을 지닌 사물들이 아닌, 모든 사물의 배후에 있는, 무게감을 통해 나타나는 중력이라는 힘이었기 때문이다. 회화의 과제가 보이지 않는 힘을 보이도록 하는 것이라면 음악의 과제는 음을 갖지 않는 힘이 들리도록 하는 것이다.

현대 음악에서 "힘들이 필연적으로 코스모스적인 것이 되면 이와 동시에 질료도 분자적인 것이 된다. 그리고 이와 함께 무한소의 공간에서 거대한 힘이 작용하게 된다."(MP, 651쪽) 현대 회화가 사물을 그리는 것이 아니듯 현대 음악도 형상에 매개된 질료에는 관심이 없다. 그렇다면 관건이 되는 것은 사물의 형상을 지니지 않는 질료, 즉 분자적으로 쪼개진 또는 다져진 질료가 직접 힘을 표현하는 재료가 되도록 하는 것이다. 이렇게 힘을 드러내기 위해 쪼개진 질료(음)가 "분자화된 리토르넬로들"을 형성한다.(MP, 660쪽) 예를 들어 무정형의 것으로서 소리를 통해 힘을 드러내는 '바다'나 '바람' 역시 이 리토르넬로이다.(MP, 660쪽 참조)[19] 낭만주의에서 리토르넬로는 영토적 배치물과 대지의 엇갈림에서 성립하는 것이었다.

---

19 들뢰즈는 바로 이렇게 힘을 드러낸다는 관점에서 드뷔시 음악에서의 '바다'와 '바람'을 분석할 수 있다는 점을 시사한다.(MP, 651쪽 참조.)

138

이번엔 리토르넬로가 힘을 드러내기 위한 재료의 분자화에서 성립한다는 점에서, 낭만주의적 리토르넬로에서 현대 음악의 리토르넬로의 변화를 "배치물을 코스모스의 힘을 향해 여는 것. 배치물에서 힘으로"라고 표현할 수 있을 것이다.(MP, 666쪽)

분자화되는 질료에 관한 논의를 계속 이어가 보자. 어떤 정체성을 지닌 사물의 형상이 쪼개졌을 때 드러나는 분자들은 사물이나 그 사물의 정체성을 식별할 수 있을 만한 크기로 부서진 조각이 아니므로 무한소를 향해 치달을 것이고, 그러므로 힘은 무한소의 공간 속에서 표현될 것이다. "문제는 시작이 아니며 창립이나 정초도 아니다. 고름〔일관성, consistance〕 또는 다짐consolidation이 문제인 것이다. 즉 이처럼 무음無音이고 비가시적이며 사유가 불가능한 힘들을 포획하려면 어떻게 재료를 다지고, 재료에 어떻게 고름을 부여할 것인가가 문제인 것이다."(MP, 651쪽) 즉 재료를 가지고 사물의 윤곽을 만들어내는 것이 아니라, 반대로 재료가 형상 속에 들어가지 않고 분자적으로 머물도록 계속 다지는 것이 관건이다. 그렇게 해서 미분화되었으므로 의식적 사유의 대상조차 될 수 없는 재료(소리)가 힘을 직접 드러낼 수 있는 음악을 짓는 것이 관건이다. 이런 식으로 힘을 포착하는 음악의 이념을 우리는 메시앙의 경우에서 찾아볼 수 있다.

> 음악은 음의 질료를 분자화하지만 그렇게 하는 가운데 '지속'durée이나 '강도' 등 음을 갖지 않는 힘들을 포획할 수 있게 된다. …… 메시앙에 따르면 음은 이미 '지속을 감지해 취하기 위한 비굴한 표현 수단에 지나지 않는다.'(MP, 651쪽)

이렇게 음의 근본적 역할이 힘을 직접 드러내는 것이므로, 음 자체의 형상 또는 질서 차원에 존립하는 조성, 동기 등은 음악에서는 이제 '잃어버리는 것'이 된다. 조성을 잃어버리고 음을 분자화해서 힘을 드러내는 선구적 작곡가로서 바레즈Edgard Varèse를 빠트릴 수 없을 것이다. 들뢰즈는 바레즈에 대해 이렇게 말한다.

> 이 시대의 여명기에 바레즈가 걸어온 발자취가 전형적인 사례를 보여

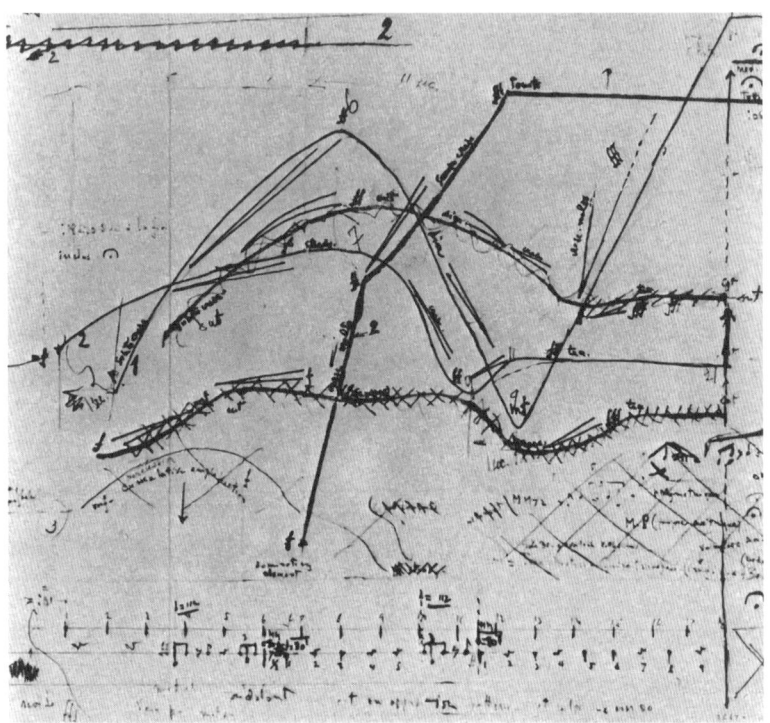

바레즈 「전자시」를 위한 다이어그램(Flopinot2012)

준다. 고름의 음악 기계, (소리를 재생하는 기계가 아니라) 음의 질료를 분자화하고 원자화하고, 이온화하고 코스모스의 에너지를 포획하는 음의 기계 machine à son.(MP, 652쪽)

바레즈는 남긴 작품 전체를 모아도 CD 2장에 다 들어갈 만큼 적은 수의 곡만을 썼지만, 대단한 전위적인 시도로 현대 음악가들이 방향을 찾는 데 중요한 영감을 주었다. 잡음처럼 들리는 전자 음향, 불규칙한 타악기, 말이나 선율을 만들지 않는 것으로서의 순수한 음성은 가히 음의 분자화를 이루어낸다고 할 수 있다. 구체적으로, 음을 전자로 미분하는 듯한 「전자시」Poème Electronique(1958), 13명의 연주자가 40개의 타악기를 다루어 음을 선율과 화성에서 독립시켜 분해하는 듯한 「이온화」Ionisation(1933) 등에서 우리는 그런 모습을 발견한다.

6. 음악사가로서의 들뢰즈와 불레즈

이렇게 들뢰즈는 고전주의와 바로크, 낭만주의 그리고 현대라는 시대적 구분을 통해 음악에 대한 사유를 펼쳐 보인다. 앞서 강조한 바 있듯이 이는 음악의 진보를 그려 보이는 일이 아니며, 각 시대의 특징들과 작품들을 통해서 음악이 가진 힘들의 층위를 구분하여 음악 예술에 접근할 수 있게 해주는 작업이다. 고전주의 시대 작품들이 보편적인 질서 아래 카오스의 힘들을 포섭하고자 했다면, 그리고 그러한 방식이 소리들에 정체성을 부여하여 구분 가능한 것으로 만들고, 그렇게 하여 완결적이고 규칙적인 형식 아래에서 체계적인 음악이 될 수 있게 하는 것이었다면, 낭만주의는 형식 없이 강도의 힘들을 대지의 바닥으로 결집하는 것이었다. 그래서 형식 아래에서 드러나는 고전주의의 '환경의 리토르넬로'와 다른, 대지에 기반한 힘들을 표현하는 '대지의 리토르넬로'가 나타난다. 현대에 이르러서는 대지로부터도 떠나는 힘들의 운동을 그려 보이는 '분자화된 리토르넬로'가 그 모습을 드러낸다. 바레즈는 타악기와 사이렌 소리, 전자음, 망치 등을 활용하여 음향 자체를 음악으로 만듦으로써 이를 잘 보여주었다. 바레즈의 전자음 사용은 차후 신시사이저의 활용으로 이어지는데, 슈토크하우젠Karlheinz Stockhausen의 신시사이저는 분자화된 리토르넬로를 그 자체로 들을 수 있게 만들어주는 기계로 평가할 수 있을 것이다. 이제 질료들을 지배하는 형식도, 힘들을 결집하는 대지도 없으며, 오직 다양한 소리들을 공존하게 하는 하나의 면plan으로서의 기계만 있는 것이다.

서두에서 언급한 바 있듯이 음악에 대한 들뢰즈의 이러한 논의는 그의 비평 개념 일반과 관계를 맺고 있다. 들뢰즈에게 비판 또는 비평이라는 개념은 기존의 인식과 가치들을 정당화할 수 있게 해주는 형식과 내용을 제공하는 것이 아니라, 오히려 그것들을 파괴하면서 새로운 인식과 가치를 창조하도록 해주는 것이다. 이것이 우리가 들뢰즈의 음악사가로서의 면모를 조명하면서 계속해서 이를 어떤 통념에 따른 음악적 진보의 역사를 그려 보이는 것으로 생각해서는 안 된다고 강조한 이유이다. 들뢰즈는 슈토크하우젠, 베리오Luciano Berio 등과 함께 그가 현대의 음악가로 호명하는 불레즈Pierre Boulez를 '음악사가'라고 부르는데, 이는 불레즈가 위대한 음악가들이 어떻게 각자의 방식으로 힘들의 관계를 창조하는가를 탐구했기 때문이다.(MP, 560쪽 참조) 지휘자로서 불레즈는 실제로도 헨델부터 그 자신과 동시대 작곡가인 버트위슬Harrison Birtwistle에 이르는, 서양 음악사의 주요 작품을 연주를 위해 탁월하게 해석한 음악사가이며, 들뢰즈는 이때 그가 포착하는 것이 좌표와 위치를 정할 수 있는 연결 밖에서 다양하게 해방되고 창조되는 힘들이라는 것을 강조한다.

들뢰즈는 불레즈의 초청으로 이루어진 1978년 3월 20일 IRCAM(프랑스 국립현대음향음악연구소)에서의 콘퍼런스에서, 연주를 위해 불레즈가 선택한 다섯 작품에 대해 이렇게 말한다. 「음악적 시간」Le temps musical에서의 인용이다.

> 이 작품들의 관계는 영향, 의존, 혹은 파생 관계가 아니며, 한 작품에서 다른 작품으로의 발전 혹은 진화 관계도 아니다. 오히려 이 작품들 사이에는 순환이나 대면을 통해서만 나타나는 잠재적 관계가 있을 것이다. …… 불레즈가 선택한 바로 그 순환 연주의 경우에 우리가 보거나 듣는 것은 박동 없는 시간이 박동 있는 시간에서 추출되는 방식이다.[20]

불레즈가 선택한 다섯 작품은 리게티György Ligeti의 「실내 협주곡」(1960~1970), 드뷔시의 「바다」(1903~1905) 제3악장 '바람과 바다의 대화', 메시앙의 「음가와 강세의 모드」(1949), 그리고 자신의 작품인 「에클라」(1965)와 카터Elliott Carter의 「거울」(1975)이다. 들뢰즈는 만일 불레즈가 버르토크Béla Bartók, 스트라빈스키Igor Stravinsky, 바레즈, 베리오의 작품들 가운데 네다섯 개를 선정했다면, 완전히 다른 관계가 나타났을 것이고, 새로운 순환이 이루어졌을 것이라고 말한다. 이는 불레즈의 선택이 교과서적인 음악사를 꾸미기 위한 일반화의 작업 같은 것이 아님을 알려준다. 다만 그렇게 선택함으로써 드러나는 것은 '박동이 없는 시간'이다. 리게티가 박동으로부터 어떻게 박동 없는 시간이 발생하는지를 들려준다면, 드뷔시와 메시앙, 그리고 불레즈 자신은 박동 없는 시간의 여러 양상을 드러

---

20 질 들뢰즈, 「음악적 시간」, 『들뢰즈 다양체』, 서창현 옮김, 갈무리, 2022, 316쪽.

내고, 카터는 박동 없는 시간으로부터 어떻게 새로운 박동이 생겨나게 되는지를 보여준다.

그렇다면 박동이 없다는 것은 무엇인가? 이는 우선 박자로부터 해방된 시간을 의미한다. 앞서 이야기한 것처럼 들뢰즈는 박자와 리듬을 구분하면서 박자는 늘 보편적인 형식을 전제한다는 점을 지적했다. 그로부터 해방된 시간은 이질적이고 다양한 '생명의 리듬'을 드러낼 수 있게 된다.

> 우리는 박자를 맞추어 걷지도 헤엄치거나 날지도 않는다. …… 예컨대 생물학자들도 24시간 주기의 생명 리듬을 연구할 때 그것들을 복합적인 공통 척도로 분절하거나 기본적 프로세스의 시퀀스로 분절하지 않는다. 오히려 그들은 소위 '분자적 진동자들의' 군, 다시 말해 짝지어진 채 리듬 혹은 횡단리듬성의 소통을 보증하는 분자들의 군을 내세운다. …… 요컨대 박동 없는 시간은, 그것들의 관계가 일원화하는 음률 형식이 아니라 분자적 군에 기초하는 이질적인 지속들로 이루어진 시간이다.[21]

진정한 생명의 리듬은 박자처럼 분절되지 않는다. 불레즈가 선택하고 있는 것은 바로 이러한 생명의 리듬을 우리에게 되돌려주는 음악들이다.

박동 없는 시간은 또한 우리가 이미 뱅퇴유의 소악절과 함께 이야기한 것처럼 음악이 풍경, 색채, 리듬적 인물이 될 수 있게 만든다. 뱅퇴유의 소악절이 불로뉴 숲과 연결되고, 바그너의 모티프가 어떤 인물에 연결되는 것이다. 이는 소리가 어떤 풍경에 의거하고, 어떤 색채와 공감각을 일으키고, 인물과 모티프가 외부적으로 연결되기 때문이 아니다. 음악이 그 내부의 풍경을 펼쳐 보이고, 그 자체로 색채가 되며, 모티프가 변형되면서 인물을 만들어내는 것이다. 프루스트가 말했던 것처럼 불레즈 역시 "바그너의 작품에서 모티프는 단지 외부 인물에만 관련되지 않고 변형된다는 것, 즉 박동 없는 유동적 시간 속에서 자율적 삶을 갖고 그 속에서 모티프 자체가 내부적 인물이 된다는 것을 잘 보여주었다."[22] 박동 없는 시간이 우

---

21 같은 글, 317쪽.
22 같은 글, 319쪽.

리에게 이질적이고 다양한 리듬을 돌려줌으로써 음악은 그 자율성 속에서 풍경, 색채, 인물이 되는 것이다.

마지막으로 박동 없는 시간은 모든 형식으로부터 해방됨으로써 "그 자체로는 소리가 나지 않고 들리지 않는 힘들과 이 힘들의 차이를 소리 나게 만들고 들리게 만드는 일을" 가능하게 만든다.[23] 음악은 더 이상 음을 단위로 가지지 않기 때문에, 시간이나 강도와 같이 소리 없는 힘들을 들리게 할 수 있게 된 것이다.

> 19세기 말 20세기 초에 일반화된 반음계주의 시도, 평균율로부터 해방된 반음계주의 시도, 음악의 선법〔음계 결정〕역량의 새로운 창조 시도가 일어났을 때, 바로 거기서 음악은 예로부터 언제나 음악을 움직여온 것들, 즉 시간, 시간의 조직화, 소리 없는 강도, 온갖 성격의 리듬 등등의 소리 없는 힘들을 점점 들리게 만들었다.(대괄호 — 옮긴이)[24]

이러한 방식으로 불레즈가 박동 없는 시간을 드러내는 작품들을 선택할 때, 불레즈는 뛰어난 음악사가로서 음악들 사이의, 기대하지 못했던 새로운 관계를 창조하고 있음을 알 수 있다. 또한 우리는 들뢰즈 역시 이러한 의미에서 한 사람의 음악사가이자 비평가임을 알 수 있을 것이다. 그 역시 불레즈가 작품들을 선택하는 것처럼, 음악들 사이의 새로운 관계를 창조하여 예외적인 음악사를 만들고 있기 때문이다. 낭만주의 음악과 함께 보았던 것처럼 음악은 환경과 같이 일정한 위치를 가지지 않는 대지의 노래를 듣게 만든다. 회화가 눈에 보이는 것을 재현하는 것이 아니듯이, 음악 역시 들리는 것을 다루는 것이 아니라 들리지 않는 힘을 들리게 하는 것이다. 불레즈가 박동 없는 시간을 통해 음악가들이 들을 수 없는 것을 들릴 수 있게 하는 힘들로 만들고 있음을 드러내었다면, 들뢰즈는 리토르넬로의 개념을 통해 영토화하고 탈영토화하는 힘들을 그려 보이고 있다고 할 수 있다. 이 역시 들을 수 없는 힘들을 들리게 만드는 음악을 사유하

---

23 같은 글. 320쪽.
24 같은 글. 320쪽.

는 방식이다. 그리고 이 사유는 음악을 단순히 철학의 대상으로 만드는 일이 아니라, 또 하나의 음악적 창조라고 해야 할 것이다.

> 바로 거기서 비음악가들이 그들의 무자격에도 불구하고 가장 쉽게 음악가들과 조우할 수 있다. 음악이 어느 정도 혁명적일 수 있고 어느 정도 순응주의적일 수도 있는, 그리고 들을 수 없는 것을 들릴 수 있게 하는 힘들을 만드는 한에서 음악은 단지 음악가들만의 것이 아니다.[25]

7. 인민과 음악의 정치

마지막으로 우리가 이제까지 다루어온 들뢰즈의 비평과 관련된 주제 가운데 중요한 것이 남아 있다. 그것은 바로 인민peuple의 문제다. 문학론에서 인민 개념과 함께 예술의 정치적 힘이 드러났던 것과 마찬가지로, 음악론 역시 이제까지 해왔던 시대 구분에 따라 인민을 사유함으로써 그것이 가진 정치적 역량을 드러낸다.

들뢰즈는 바로크나 고전주의를 설명하면서는 인민의 문제를 언급하지 않는데, 이는 질서와 형식의 지배 아래에서 감춰지거나 배제되면서 인민의 소리가 드러나지 않은 채로 있기 때문이다. 반면 낭만주의에서는 인민의 소리가 드러나며, 인민의 소리와 대지의 소리는 항상 공명한다. 그런데 이러한 낭만주의에서의 인민은 "대지에 의해 매개되어 땅속 깊은 곳에서 나타나 언제 다시 땅속으로 돌아가버릴지 모르는 민중[인민]이다."(MP, 646쪽) 그래서 낭만주의에서의 잠재적인 이 인민은 결여manque되어 있다고 일컬어진다.

들뢰즈는 이 결여되어 있는 인민을 설명하기 위해 독일 낭만주의와 라틴, 슬라브 낭만주의를 구분한다. 인민은 양자 모두가 결여하고 있다. 독일 낭만주의에선 고독하게 노래하는 신화적 영웅이 단독자로서 이 결여된 인민의 목소리를 대신한다. 라틴, 슬라브 낭만주의에선 역사적 영웅이

---

25 같은 글, 320~321쪽.

인민을 대표한다. 독일 낭만주의의 영웅이 '대지의 영웅'이라면 라틴, 슬라브 낭만주의의 영웅은 '인민의 영웅'인 것이다. 라틴, 슬라브 낭만주의에서 "대지는 결코 고독하지 않다. 흩어졌다가 다시 결집하고, 요구하고 나섰다가 분한 눈물을 삼키며, 공격에 나섰다가 다시 반격당하는 유목민들로 가득 차 있다."(MP, 646~647쪽) 독일에서 신화적 인물로 표현되는 바그너의 고독한 영웅들이 결여된 인민을 대신한다면, 이탈리아와 러시아에서 베르디Giuseppe Verdi와 무소륵스키Petrovich Musorgsky는 결집되어 가는, 그래서 아직은 결여되어 있는 인민들의 대표자를 그리는 것이다.

이렇게 인민을 대신하거나 대표하는 영웅이 등장할 때 우리는 민족주의nationalisme로 이끌릴 위험에 처하게 된다. 민족주의의 문제는 두 구분되는 낭만주의 가운데 어느 하나만이 빠지게 되는 것은 아니다. 민족주의는 양자 모두에 침투하고, 음악적 문제는 정치적 문제가 된다. 베르디에게서처럼 민족주의는 민족을 통일하는 하나의 동력으로 작동하기도 하고, 바그너에게서처럼 게르만의 순수성 아래 모든 개인들을 집어삼키는 블랙홀처럼 작동하기도 하는 것이다.

현대 음악으로 와서, 드뷔시는 그의 미완성 오페라 「종탑의 악마」Le diable dans le beffroi(1902~1911)에서 무소륵스키의 「보리스 고두노프」Boris Godunov(1874)와 바그너의 「뉘른베르크의 명가수」Die Meistersinger von Nürnberg(1868)에서의 군중foule과 다른 방식으로 인민을 표현하고자 하는데, 그가 보기에 「보리스 고두노프」에서 군중은 한 집단의 목소리가 다른 집단의 목소리로 이어지면서 동일한 선율로 부르는 제창의 형태를 띠는 반면, 「뉘른베르크의 명가수」에서는 군중이라기보다는 군대처럼 독일식으로 강력하게 조직된 집단이 대열을 이루어 행진한다.[26]

드뷔시는 양자와 달리 어떠한 일관된 목소리도 가지지 않으며 각각의 목소리가 살아 있음에도 불구하고 자유롭게 뒤섞여 혼돈 속에서 혼돈 자체를 질서로 가지는 군중을 표현하고자 했다. 단순히 병존하는 개인individuel들도 아니고, 보편성의 힘으로 환원되지도 않는 힘들을 공존시키고자 했던 것이다. 이는 보편성을 위해 개인의 인격을 전제해야만 하는

---

26 Jean Barraqué, *Debussy*, Paris: Seuil, 1962, 201~202쪽 참조.

1874년 무소륵스키 「보리스 고두노프」 공연과
1960년 바그너 「뉘른베르크의 명가수」 공연 장면(Bundesarchiv, Bild 183-76973-0002)

방식이 아니라, 더 이상 나누어지지 않는 개인들과 달리 끊임없이 나누어질 수 있는 가분체dividuel의 다양한 외침을 찾아내는 방식이다.

드뷔시를 기원에 둔 이러한 다양한 외침을 드러낸 현대 음악가는 이탈리아의 베리오이다. 베리오는 폭동과 시위의 목소리, 역사적으로 기록된 소리들, 문학 텍스트들을 뒤섞고 분자화된 음들과 공존하도록 함으로써 인민이 결코 하나의 목소리를 이루지 않는다는 것을 드러냈던 것이다. 단적으로, 베리오는 「런던의 외침」Cries of London(1973~1974) 같은 작품에서 볼 수 있듯(들뢰즈가 이 작품을 언급하는 것은 아니지만) 통일되지 않는 방식으로 현존하는 인민의 목소리를 작품 안에서 구현하려고 했다.

현대 음악이 보여주는 이러한 인민이 가지는 중요한 함축이란 무엇인가? 분자화된 음과 같이 분자화된 인민은 베리오의 음악에서처럼 다양한 외침을 드러낼 수도 있지만, 기존의 권력에 의해 점거되고 조직될 수도 있다. 현대의 매스미디어나 정당, 조합과 같은 대규모 조직은 인민을 끊임없이 재생산하는데, 이는 모방을 통해 차이와 다양성을 동일성으로 환원해 버린다. 그리고 이는 인민의 힘을 모호하게 만들어버리는 결과를 낳는다.

그러므로 현대 음악에 주어진 문제는 '시인으로 살 것인가 아니면 살인자로 살 것인가'라는 비릴리오Paul Virilio의 물음이다.(MP, 657쪽) 다시 말해 인민을 보편성의 블랙홀로 밀어 넣음으로써 통제하거나 절멸시킬 것인가, 아니면 아직 오지 않은 인민을 출현시킬 것인가의 문제인 것이다. 저 인용에서 인민의 살인자 반대편에 있는 시인은 무엇을 하는 자인가? "시인은 이러한 집단이 미래의 민중(인민)의 씨를 뿌리거나 낳을 수도 있으며 미래의 민중(인민) 속으로 이행해 코스모스를 열 수도 있으리라는 희망을 갖고 분자적 집단을 해방하는 사람을 가리킨다."(MP, 657쪽)

낭만주의에서 확인한 결여된 인민은 현대에 이르러 어느 때보다도 결여되어 있다. 예술가는 이미 있는 인민에게 호소할 수도 없고, 더 이상 낭만주의에서처럼 고독한 신화적 영웅을 그려 인민을 대신하게 할 수도 없을 뿐만 아니라, 흩어진 인민을 하나로 모을 수도 없다. 이러한 현대 인민의 상황은 팝 음악이 대표한다. 팝 음악이 양성하는 새로운 유형의 인민은 과거와 같이 라디오의 지령이 결집하는 인민이 아니며, "원자 폭탄의 협박에도 전혀 무관심한" 인민이다.(MP, 657쪽) 그러한 인민들을 향해 호소한다는 것은 대중에 영합하는 예술가가 수행할 수 있는 게 아니다. 이제 관건이 되는 것은 이러한 인민의 무관심을 다시 하나의 중심으로 모일 수 있게 하는 것이 아니라, 오히려 대지의 중심을 탈중심적으로 만듦으로써 대지 자체를 열린 대지로 만드는 일이다. 현대 음악이 '코스모스의 힘'을 그 자체로 드러내는 방식이 바로 하나의 전체로 조직되지 않는 아직 오지 않은 미래의 인민의 힘을 드러내는 작업이 된다. "그렇게 하면 코스모스 자체가 예술이 될 것이다. 인구의 절멸을 코스모스 규모의 민중(인민)으로 바꾸고 탈영토화를 코스모스 규모의 대지로 바꾸는 것."(MP, 658쪽) 이것이 현대의 인민을 위해 예술가가 수행하는 것이다.

또한 재미있게도 예술가의 이 과제는 아래 인용이 알려주듯 정부가 수행하려는 과제와 경쟁 관계에 놓여 있기도 하다.

> 현대의 모든 예술도 정부와 똑같은 문제를 과제로, 즉 정부와 똑같이 민중(인민)과 대지를 과제로 삼고 있다. 물론 예술의 수단은 안타깝게도 정부의 것과는 비교도 되지 않지만 얼마든지 경쟁력이 있는 수단임에는 변함이 없다. 파괴와 보존의 과정은 대규모로 진행되며, 무대 정면을 장악할 뿐만 아니라 분자적인 것을 복속시켜 보존 기관이나 폭탄 속으로 밀어 넣기 위해 코스모스 전체를 점거하는 데 반해, 살며시 국지적으로 진행되고, 도처에서 다짐을 구하고, 분자적인 것에서 불확정적인 코스모스로 나가는 것이 바로 창조 행위 본래의 모습이 아닐까.(MP, 658쪽)

인민에 대해 예술가는 결코 정부처럼 체계화하고 전체화하고자 하지 않는다. 이렇게 정부가 되고자 하지 않는 음악은 "음악의 최종 목적으로서 탈영토화된 리토르넬로를 만들어내고 이것을 '코스모스'로 풀어놓"으며, 이를 통해 정부의 과제에 저항하기 때문에, 정부와 경쟁 관계에 놓일 수 있을 만큼 강력한 힘을 가진다고 할 수 있을 것이다.(MP, 666쪽) 그리고 예술가의 이러한 끊임없는 시도 속에서 아직 오지 않은 인민은 정부 같은 것이 구성하는 어떤 체계 속으로 들어가지 않고, 특이성들이 공존하는 도래할 인민으로 있을 수 있다. 그리하여 예술의 음악적 고지告知를 따라갈 때 분열적인 다양성과 동일한 전체 외에는 다른 어떤 전체도 없을 것이다.

5
영화 비평

마주침의 예술:
실천으로서의 영화 비평

강선형

1. 들뢰즈의 『시네마』라는 책

1) 실천으로서의 영화 사유

들뢰즈의 『시네마』*Cinema* (1983, 1985)는 철학자들 가운데 그 누구도 시도한 바 없는, 영화에 대한 체계적인 이론서다. 영화에 대한 철학자들의 사유는 다른 예술에 비하여 많지 않기도 하지만, 들뢰즈 이전에는 영화사 전체를 아우르며 이토록 풍부한 논의를 펼친 적이 없었다. 이는 영화의 역사가 상대적으로 짧다는 점도 주요하게 작용한 결과이겠지만, 벤야민Walter Benjamin의 표현을 빌리자면 탄생할 때부터 '대량 복제를 강요'받는 근본적인 특성을 지니고 태어난 영화라는 예술의 고유성 때문일 것이다.[1] 벤야민의 영화 사유의 중요성은 태생적으로 대중적일 수밖에 없는 영화를 대중성을 떼어내고서가 아니라 그 자체로 진지한 사유의 대상으로 삼았다는 데 있을 것이다. 이러한 관점을 들뢰즈가 그대로 이어받고 있으며, 영화에 대한 사유를 펼쳐 보이기 위해 들뢰즈 스스로 많은 영화이론학자들의 방대한 연구를 참조한다.

들뢰즈의 『시네마』는 이러한 이유로 영화이론에 대한 배경 지식 없이는 온전히 이해할 수 없는 책이다. 동시에 『시네마』는 '철학서'로서도 그 중요성이 상당하다. 들뢰즈 철학의 시기 구분은 보통 『차이와 반복』까지의 '철학사' 탐구와 그 탐구를 통한 자신의 철학 정초 시기, 그리고 『안티 오이디푸스』부터 『천 개의 고원』까지 가타리와 함께 한 공동 저술 시기, 마지막으로 가타리와의 공동 작업을 끝내고 『감각의 논리』, 『시네마』 등을 집필하며 주로 예술철학적 탐구에 몰입했던 시기로 이루어진다. 『시네

---

1 발터 벤야민, 「기술복제시대의 예술작품(제3판)」, 『기술복제시대의 예술작품·사진의 작은 역사 외』, 최성만 옮김, 도서출판 길, 2007, 112쪽.

마』는 마지막 시기에 속하면서, 『차이와 반복』시기와 가타리와의 공동 작업 시기의 주요 개념들을 전방위로 활용하는 저서다. 그렇기 때문에 들뢰즈 철학에 대한 종합적인 시선을 제공해 주는 중요한 저서이기도 한 것이다. 이 장에서는 들뢰즈가 어떻게 자신의 철학적 개념들과 영화이론을 마주하게 하면서 한 사람의 영화비평가로서 영화를 사유하고 있는지를 다루고자 한다.

들뢰즈는 이론이라는 것은 그것이 다루는 대상이 그런 것처럼 스스로 형성되는 것이라고 말한다. 즉 예술에 대해 들뢰즈가 사유할 때 그 예술이 스스로 형성되는 것만큼이나 예술에 대한 이론 역시 스스로 형성된다는 것이다. 따라서 들뢰즈가 철학을 다루는 것도, 영화를 다루는 것도, 이미 있는 철학적 진리나 예술적 진리를 발견하는 과정이 아니라 그 자체로 형성되어 가는 이론으로서 접근해야 할 것이다. "영화이론은 영화에 '관한' 것이 아니라, 영화가 불러일으키는 개념들에 관한 것이다. 그리고 이 개념들은 그 자체로 또 다른 실천들에 상응하는 다른 개념들과 관계하며, 일반적으로 개념의 실천은 하나의 대상이 다른 대상에 대해 어떠한 특권도 가지지 않는 것과 마찬가지로, 다른 실천들에 비해 특권을 가지지 않는다."(IT, 365쪽) 들뢰즈는 영화와 다른 예술이 그러한 것처럼 하나의 실천으로서 자신의 이론을 제시하고 있는 것이다. "영화는 그 자체로 이미지와 기호에 대한 새로운 실천이며, 철학은 이에 대한 개념적 실천으로서의 이론을 만들어야 한다."(IT, 366쪽) 이러한 의미에서 들뢰즈가 어떻게 하나의 실천으로서 영화에 접근하고, 또 그에 대해 어떠한 특권도 가지지 않는 또 하나의 실천으로서 자신의 이론을 창조해 가는지 살펴보고자 한다.

2) 들뢰즈와 베르그손

『시네마』를 다룸에 있어서 가장 먼저 접근해야 하는 이론은 베르그손의 이미지론이다. 들뢰즈는 1983년과 1985년에 출간한 두 권의 『시네마』에서 모두 베르그손의 이론을 적극적으로 상속받고자 하기 때문이다. 들뢰즈는 『시네마』를 쓰기 이전부터 베르그손 연구를 지속적으로 해왔다. 구체적으로 베르그손에 관한 두 개의 글과 두 권의 책을 남겼는데, 1956년의 글「베르그손, 1859~1941」과「베르그손에게 있어서의 차이의 개념」,

그리고 베르그손의 중요한 문장들을 발췌한 1957년의 『베르그손: 기억과 생명』과 1966년의 『베르그손주의』다. 그렇지만 베르그손이 들뢰즈에게 끼친 영향력은 이 몇 가지 글들을 언급하는 것으로는 충분하지 않은데, 1968년 그의 주저인 『차이와 반복』에서 '반복' 개념을 전개할 때에도 중요하게 다루어지기 때문이다. 『시네마』에서도 확인하게 되겠지만, '창조'와 '시간'을 사유의 중심에 두는 들뢰즈에게 베르그손은 늘 함께 나아가고 있는 철학자이다.

들뢰즈는 두 권의 『시네마』 가운데 네 장의 절에 '베르그손에 관한 주석'이라는 부제를 붙이고 있다. 그중 두 절은 『시네마 1: 운동-이미지』 Cinéma I: L'imagemovement에, 다른 두 절은 『시네마 2: 시간-이미지』 Cinéma II: L'imagetemps에 수록되어 있다. 1권에서는 운동과 이미지, 즉 운동=이미지라는 영화 이미지의 사유를 여는 첫 출발점(1장)과 운동-이미지의 종류들로 나아가는 두 번째 출발점(4장)을 베르그손과 함께하고 있다. 2권에서는 기억에 관한 사유를 위해 베르그손의 이론을 다시 한 번 도입하고 있다(3장과 5장). 앞으로 더 자세히 설명하겠지만 베르그손에게 기억은 단지 지금은 지나가고 없는 것을 상상하는 것이 아니라 그 자체로 실재하는 것이며, 이것이 진정한 시간-이미지를 설명하게 해준다. 그래서 '운동-이미지'에서 '시간-이미지'로 이행하는 두 권의 『시네마』를 『차이와 반복』의 '시간의 종합'의 전개와 함께 읽는 관점도 시간과 영화에 대한 사유를 풍부하게 이해할 수 있게 한다.[2]

3) 영화적 환영

들뢰즈가 베르그손과 함께 영화에 대한 사유를 시작하는 이유를 알기 위해서는 베르그손이 '영화적 환영'illusion cinématographique이라 부른 것을 이해해야 한다. 베르그손은 우리의 의식이 마치 영화의 작동 방식처럼 세계를 이해하려고 할 때, 우리는 세계의 진정한 운동과 변화를 이해할 수 없

---

[2] 자세한 논의는 강선형, 「들뢰즈 철학에서 시간의 종합과 영화: 『차이와 반복』과 『시네마』를 중심으로」, 석사학위논문, 서강대학교 일반대학원, 2016; 「들뢰즈의 시간-이미지」, 『철학극장: 철학과 영화의 마주침』, 서강대학교출판부, 2021 참조.

마이브리지가 찍은 「달리는 말」(1878)

다고 말한다. 영화의 작동 방식이란 무엇인가? 이는 마이브리지Eadweard Muybridge의 사진이 잘 보여준다.

영화가 발명(1895년)되기 이전인 1878년에 마이브리지는 말이 달릴 때 네 발이 모두 땅에서 떨어지는지 알아보기 위해 사진을 찍었다. 트랙을 따라 여러 대의 카메라를 설치해 놓고 말이 지나갈 때 순차적으로 촬영을 하여 달리는 움직임을 포착한다. 이러한 순간을 포착하는 정지된 이미지들이 필름면 위에 놓이고 영사기가 하나의 이미지에서 다른 이미지로 연속적으로 이어질 수 있게 만들면, 우리의 눈앞에 운동이 드러난다. 이것이 우리가 모두 잘 알고 있는 영화의 탄생이다. 영화의 작동 방식이란 정지된 이미지들을 연결해 우리에게 운동이라는 환영을 제공하는 것이다.

각각의 사진은 군대를 부동 자세로 재현하는데, 그것들을 가지고 영화는 행진하는 군대의 운동성을 재구성한다. …… 실제로 여기에 운동이 존재하는데, 그것은 사진기 속에 있다. 그것은 영화 필름이 풀리면서 장면의 다양한 사진들이 차례로 상호 연속되어, 이 장면의 배우들이 운동성을 재정복하기 때문이다. 요컨대 그 과정은 모든 형태들에 고유한 운동들로부터 비개인적이고 추상적이며 단순한 운동, 말하자면 '운동 일반'을 추출하고, 그것을 사진기 속에 넣어 이 익명의 운동을 개인적인 자세들로 구성하여 특수한 각 운동의 개별성을 재구성하는 것으로 이루어진다. 그러한 것

이 바로 영화의 기법이다. 또한 우리의 인식 기법도 그러하다.[3]

 베르그손에게 정지된 이미지들, 즉 단면들coupes=cuts을 연결하여 우리에게 드러나는 운동은 추상화된 운동일 뿐이다. 그래서 우리 자신도 영화 기계처럼 작동하는 것으로 이해하게 되면 세계의 끊임없는 생성과 변화를 놓치게 된다. 베르그손은 이를 '내적인 영화를 작동시키는 일'이라고 표현하기도 한다. 예를 들면 이런 것이다. 우리는 '어린아이가 어른이 된다'라고 말함으로써 어린아이와 어른을 각각 A라는 상태와 B라는 상태로 놓는다. 각각의 상태는 우리가 상상적으로 정지된 지점들을 가정하는 것일 뿐이다. 어린아이 A는 어른 B로 변화했기 때문에, 어린아이 A로서의 특성은 더 이상 B에게는 남아 있지 않다는 것이다. 그런데 정말 그러한가? 우리는 A이면서 B인, 어린아이이면서 어른이고, 어른이면서 어린아이인 무수한 변화가 실재한다고 말해야 하지 않는가? 우리가 어른의 속성을 가지지 않은 어린아이, 그리고 어린아이의 속성을 가지지 않은 어른을 가정하는 것은 운동을 A지점에서 B지점으로의 이동이라는 방식으로 공간적으로만 사유하기 때문이다. 운동을 환영적인 것, 정지된 이미지들의 나열과 같이 이해할 때, 우리는 운동과 뗄 수 없이 사유해야 하는 시간을 놓치게 되는 것이다. 우리는 '어린아이가 어른이 된다'가 아니라 '어린아이에서 어른으로 가는 무한한 생성의 시간들이 있다'고 말해야 한다. 운동은 늘 항상 변화와 생성으로서의 운동인 것이다.

 그런데 들뢰즈가 말하고 싶어 하는 것은 베르그손이 말하는 정지된 이미지들이나 상태들, 공간의 몇몇 지점들로 환원될 수 없는 운동이 바로 영화의 운동이라는 것이다. 이렇게 끊임없이 변화하고 생성하는 베르그손의 이미지를 영화의 이미지로 이해하고자 했던 시도는 사르트르가 먼저 했던 것이기도 하다.[4] 사르트르는 베르그손을 인용하며 이렇게 말한다. "영화는 그 자체로 하나의 의식이다. 왜냐하면 그것은 하나의 분할할 수 없는 흐름이기 때문이다."[5] 들뢰즈 역시 영화의 운동은 정지된 이미지

3 앙리 베르그손, 『창조적 진화』, 황수영 옮김, 아카넷, 2005, 452쪽.
4 자세한 논의는 강선형, 「사르트르, 영화의 운동성」, 『철학극장: 철학과 영화의 마주침』 참조.

들이 만들어낸 환영이 아니라 끊임없이 변화하고 생성하는 운동 그 자체라고 말한다. "영화는 우리에게 운동이 덧붙여지는 하나의 이미지를 주는 것이 아니라, 직접적으로 운동-이미지를 준다. 영화가 우리에게 주는 것은 하나의 단면이지만, 동적인 단면이며, 부동적인 단면+추상적인 운동이 아니다."(IM, 11쪽) 영화는 운동과 분리될 수 없는 이미지, 운동=이미지를 주는 것이다.

4) 운동-이미지와 열린 전체

이렇게 영화의 이미지들이 '정지'가 끼어들 틈이 없는 운동을 드러내는 것이라면, 동적인 단면으로서의 이미지는 늘 변화하는 전체와 연결되어 있다. "순간이 운동의 부동적인 단면일 뿐만 아니라 운동은 지속의 동적인 단면, 즉 '전체'Tout 또는 하나의 전체의 동적인 단면이다. 이것은 운동이 더 심층적인 무언가를, 즉 지속 또는 전체 안에서의 변화를 표현한다는 것을 함축한다."(IM, 18쪽) 이는 전체는 변화하지 않으며 전체의 부분들이 필름의 이동과 같은 운동을 하는 것이 아니라, 운동이 있을 때마다 전체가 질적으로 변화한다는 것을 의미한다. 들뢰즈는 이렇게 예를 든다.

> 만일 내가 추상적으로 A와 B라는 부분이나 장소를 생각한다면, 나는 하나에서 다른 하나로 가는 운동을 이해할 수 없다. 그러나 내가 허기진 A에 있고, B에 먹을거리가 있다고 하자. 내가 B에 이르러 음식을 먹었을 때 변화한 것은 나의 상태뿐만 아니라 B와 A, 그리고 그 둘 사이에 있는 모든 것을 포함하는 전체의 상태이다.(IM, 18쪽)

이렇게 전체가 끊임없이 변화하는 것이라면, 그러한 전체에 대해서는 무엇이라고 말해야 하는가? 베르그손은 이를 '열림'Ouvert이라고 말했다. 전체가 열려 있다는 것은 부동적인 단면들을 모두 모아 필름 전체라고 부

---

5 Jean-Paul Sartre, "Apologie pour le cinéma: Défense et illustration d'un Art international", *Écrits de jeunesse*, eds. Michel Contat · Michel Rybalka, Paris: Gallimard, 1990, 390쪽.

르거나, 하나의 이미지를 채우고 있는 모든 피사체들을 모아 이미지 전체라고 부르는 것과 같은 것들에 반대한다는 것을 의미한다. 이러한 사고방식들은 단절된 관계에 있는 것들을 한곳에 모아두거나 나열해 두는 것으로 이해하는 것이기 때문에, 그 모여 있거나 나열된 상태를 '전체'가 아니라 '집합'ensemble이라고 불러야 하는 것이다. "우리는 전체를, 그리고 '전체들'을 '집합들'과 혼동해서는 안 된다. 집합은 닫혀 있으며, 닫혀 있는 모든 것은 인위적으로 닫혀 있는 것이다."(IM, 21쪽)

2. 프레임과 쇼트, 그리고 몽타주

1) 프레임과 쇼트, 프레이밍과 데쿠파주

들뢰즈는 이러한 방식으로 전체와 집합을 구분하면서 영화의 여러 용어들이 전체를 가리키는지 집합을 가리키는지 구분한다. 프레임cadre과 프레이밍cadrage이 닫힌 집합을 가리킨다면, 열린 전체를 가리키는 용어는 쇼트plan와 쇼트의 배치를 의미하는 데쿠파주découpage[6]다. 양자는 우리가 구체적인 영화를 떠올려볼 때는 유사한 것을 가리키는 것처럼 보이지만, 영화의 단면을 무엇으로 이해할 것인가의 관점을 드러내는 중요한 차이를 가리킨다. 이는 프레이밍이라는 영화의 관습적인 개념에 반대하는 탈프레이밍décadrage과 같은 개념을 보면 잘 이해할 수 있다. 프레이밍을 벗어난 탈프레이밍이라는 개념은 보니체르Pascal Bonitzer가 사용한 용어인데, 이는 「잔 다르크의 수난」La Passion de Jeanne d'Arc(1928)과 같은 영화가 가장 잘 보여준다. "우리는 이러한 예들을 드레이어Carl Theodor Dreyer의 절단하는 프레임들에서 찾을 수 있다. 「잔 다르크의 수난」에서 스크린의 테두리에 의해 절단되는coupant 얼굴의 프레임처럼 말이다."(IM, 28쪽) 중요한 정보들을 어떻게 프레이밍할 것인지를 내러티브적으로 또 실용적으로 결정

---

[6] 'découpage'는 장면의 'cutting'이라는 단순한 쇼트의 분할의 의미를 넘어 촬영에 앞서 혹은 촬영과 편집 시에 장면을 구상하는 연출 전반을 가리키는 용어이다. 그래서 '데쿠파주'는 쇼트를 분석하기 위한 이론적인 용어로 자리 잡기도 했다.

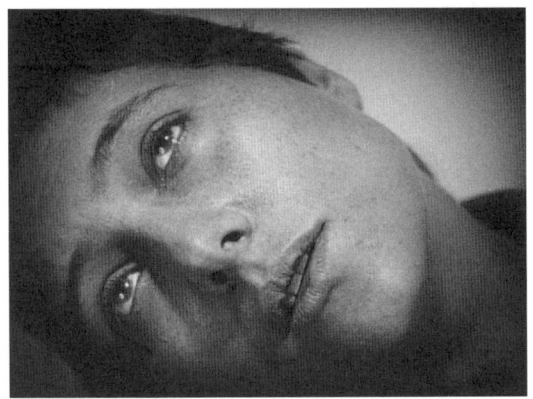

드레이어 「잔 다르크의 수난」의 탈프레이밍

하는 문제가 아니라, 프레이밍된 프레임 안에 있는 것 너머를 가리켜 보이는 것이 바로 탈프레이밍인 것이다.

「잔 다르크의 수난」의 탈프레이밍은 잔 다르크가 물리적으로 갇혀 있는 공간 너머의 세계를 가리켜 보이게 함으로써 어떤 정신적인 공간으로 우리를 데려간다. 이러한 탈프레이밍은 우리에게 프레임의 닫힌 집합이 전체가 될 수 없음을, 그 너머를 읽어내야 한다는 것을 알려준다. 그것을 표현하는 것이 동적인 단면을 의미하는 쇼트이며, 열린 전체이다.

이렇게 탈프레이밍과 함께 프레임 바깥의 문제를 사유하게 되면 우리에게 또 하나의 중요한 문제가 드러나는데, 바로 외화면hors-champ이다. 화면 바깥을 의미하는 이 개념은 단순히 화면 안에서 '보이지 않는 것'이라는 방식으로 존재의 부정만을 의미하지 않는다. "외화면은 들리지도 보이지도 않지만 완벽하게 현존하는 것을 가리킨다."(IM, 28쪽) 외화면이라는 개념을 가장 체계적으로 연구했던 버치Noël Burch는 순차적으로 보여지는 새로운 집합이라는 구체적인 공간과 외화면의 상상적 공간을 구별한다. 상상적인 것은 차후에 프레임에 등장하면서 더 이상 화면 밖 영역의 것이기를 그치고 구체적인 것이 되는 것이다. 그러나 버치가 지적하는 것은 프레임 안에서 현실화되더라도 외화면 그 자체는 상상적인 것으로 남아 있다는 점이다. 들뢰즈는 이를 잠재성virtualité으로 이해하고자 하는데, 외화면은 현실화되고 나면 사라져버리는 상상적인 것이 아니라 늘 외화면으로서 남아 있는 것이기 때문이다. 시간-이미지를 설명하면서 더 자세히 보게 되겠지만, 들뢰즈에게 잠재성이란 단지 상상적인 것이 아니라 잠재적인 것으로서 그 자체로 실재하는 것이다. 잠재성은 시간-이미지와 관련해서는 지나가버리고 사라져버리는 과거가 아니라 현재와 늘 공존하는 과거로서 이야기된다. 그리고 이는 궁극적으로 항상 누군가의 시점이 되면서 정당화되는(그것이 파리의 관점이거나 개미의 관점이라고 하더라도) 실용적인 방식이 아닌, '탈프레이밍'을 가능하게 하는 외화면의 지위와 연결될 것이다.

> 외화면은 결코 완벽하게 닫히지 않는 체계 안으로 초공간적이고trans-spatial 심적인 것을 도입하는 또 다른 기능을 더 잘 실현하게 된다. 드레이어는 이를 금욕주의적인 방법으로 만들었다. 이미지는 공간적으로 더 닫히고 이차원으로까지 환원될수록, 시간으로서의 사차원, 그리고 잔 다르크나 게르트루드의 심적 규정인 '정신'Esprit으로서의 오차원을 향해 더 '열리는' 경향이 있는 것이다.(IM, 31쪽)

2) 몽타주의 발명

들뢰즈는 이렇게 영화의 실용적이고 이론적인 용어들을 다루면서 가장 중요한 용어에 이르는데, 그것은 바로 몽타주montage다. 몽타주는 영화의 편집 자체를 의미하는 기술적인 용어이기도 하지만, 몽타주를 실행하고 사유하는 여러 다양한 경향들이 등장하면서 영화를 사유하는 데 있어서 가장 중요한 이론적 주제가 되었다. 들뢰즈는 네 가지 경향으로 몽타주를 구분하여 설명하는데, 이것은 영화사적 순서와 동일하다. 단순한 편집의 차원이라면 이 네 가지 몽타주 이전부터 몽타주의 역사를 이야기할 수 있겠지만, 들뢰즈는 몽타주를 어떤 특유의 차원으로 끌어올린 그리피스David Wark Griffith로부터 이야기를 시작한다.

> 그리피스는 운동-이미지의 합성을 하나의 조직, 유기체, 거대한 유기적 단일성으로 생각했다. 이것이 그의 발견이었다. 유기체는 무엇보다도 다양성 안에서의 단일성, 즉 남성과 여성, 부자와 빈자, 도시와 농촌, 남과 북, 내부와 외부 등 분화된différenciées 부분들의 집합이다.(IM, 47쪽)

이렇게 서로 다른 부분들을 유기적인 단일성을 가진 것으로 만드는 것이 그리피스가 몽타주를 단순한 편집에서 특유의 것으로 끌어올린 방식이다. 그리피스는 이원적인 관계에 있는 이미지들을 연결하는 평행교차 몽타주montage alterné parallèle를 자주 사용하였는데, 이 가운데 다른 장소에서 동시에 일어나는 사건들을 병치하는 교차 몽타주는 그가 처음 사용한 것은 아니다. 평행 몽타주montage parallèle는 발생하는 시간이 서로 완전히 다르더라도 병치해 보여주는 것을 말한다. 이러한 평행 몽타주는 그리피스에 의해 처음 시도되었다. 그리피스의 가장 놀라운 영화 「인톨러런스」Intolerance(1916)는 수천 년의 시간과 다양한 문명들까지 아우르는 광대한 단일성을 드러낸다.

3) 그리피스의 평행 몽타주와 에이젠시테인의 대립의 몽타주

들뢰즈가 설명하는 두 번째 경향은 러시아 몽타주다. 몽타주라는 개념이 영화사에서 이토록 중요해질 수 있었던 것은 러시아의 몽타주 때문일 것이다. 그 가운데 가장 중요한 사람은 역시 에이젠시테인Sergei Eisenstein이다. 에이젠시테인은 그리피스적인 몽타주를 비판하는데, 그리피스가 평행 몽타주를 통해 드러내는 단일성은 늘 평행선을 그리는 단일성일 뿐, 진정한 단일성일 수 없다는 것이다.

지방과 살코기가 교차하는 베이컨처럼, 여기에는 가난한 자와 부유한 자, 선한 자와 악한 자, 흑인과 백인 등이 있다. …… 이는 물론 무한히 화해할 수 있지만 평행선을 계속 따라가는 것과 같으며, 이 세상에서는 분할선이 특정한 한 점을 다른 특정한 한 점과 맞붙일 때에만 충돌이 일어난다. 그리피스는 부유한 자와 가난한 자가 독립적인 현상들로 주어지는 것이 아니라 사회적 착취라는 동일한 일반적 원인에 의한 것임을 무시한 것이다.(IM, 50쪽)

에이젠시테인은 「디킨스, 그리피스, 그리고 오늘의 영화」Dickens, Griffith, and the Film Today(1944)라는 글에서 그리피스가 늘 자유주의자였으며, 디킨스가 그리는 빅토리아 영국의 선한 노신사와 다정한 노부인처럼 감상적인 휴머니즘에서 크게 벗어나지 않는다고 말한다. 그리피스는 불의를 그릴 때에도 인간적 불의에 대한 기독교적인 고발의 수준을 넘지 않았고, 사회적 불의에 대한 저항의 목소리를 들려주지 않았다. 빈부, 선악 등 평행하는 두 선을 결코 만나고 충돌하게 하지 않은 것이다. 그래서 에이젠시테인이 선택하는 방식은 대립의 몽타주montage d'opposition다. 끝까지 평행선을 유지하는 것이 아니라 대립의 관계를 맺는 쇼트들의 연결을 시도하는 것이다.

이러한 문제의식 속에서 에이젠시테인은 영화의 이미지를 우연히 조합될 수도 있고 조합되지 않을 수도 있는 독립적인 것들이 아니라, 새로운 단일성으로 재형성되는 세포와 같은 부분들로 여긴다. 에이젠시테인이 직접 자신의 영화 「전함 포툠킨」The Battleship Potemkin(1925)을 분석하고 있는 글 「유기적인 것과 파토스적인 것」Organic unity and pathos은 쇼트들의 유기적 연결을 통해 새로운 단일성으로서의 파토스에 도달하는 과정을 설명하고 있다. 유기적인 쇼트들이 단지 유기적으로 연결될 뿐 아니라 대립과 충돌을 통해 질적인 도약을 이루는데, 「전함 포툠킨」에서 그 기점이 바로 '오데사 계단' 장면이다. 앞서 진행되는 선장의 폭압과 선원들의 저항이 인민의 분노와 각성으로 이어지는 것은 단순히 유기적으로 연결되어서가 아니라 혁명을 일으킬 정도의 질적인 도약을 통해서 가능한 것이다.

에이젠시테인은 운동-이미지에 대해 그것이 단순한 몽타주의 요소가 아니라 몽타주의 세포라고 말할 것이다. 요컨대, '대립적 몽타주'는 새롭고 더 높은 차원의 단일성을 형성하기 위해 분할되는 '일자'의 변증법적 법칙 아래에서 평행 몽타주를 대체한다.(IM, 52쪽)

4) 프랑스의 양적 몽타주와 독일의 강도적 몽타주

들뢰즈는 이러한 미국 몽타주, 러시아 몽타주에 이어 프랑스 유파의 양적 몽타주를 이야기한다. 이 양적 몽타주는 영화사에서 보통 영화에서의 '인상주의'라고 부르는, 전쟁 이전의 프랑스 영화를 가리킨다. 그들이 '인상주의'라고 불렸던 것은, 운동의 '양'에 관심을 가졌던 작가들이었기 때문이다. 그들은 그리피스의 몽타주에서 많은 영향을 받았지만, 그리피스처럼 영화를 유기적인 이미지들의 합성으로 만드는 데 관심을 가지기보다는 운동 그 자체를 표현하는 데 주력했다. 모네가 끊임없이 수련을 그렸던 것과 같이 프랑스 유파의 작가들은 어떤 움직이는 동체 그 자체가 아니라 끊임없는 운동 그 자체를 표현하고자 했다. 그래서 영화의 소재로 자동기계의 운동이 자주 등장하기도 한다. 그러나 이는 '기계'라는 물질에 초점을 맞춘 것이 아니라 기계의 '운동'에 초점을 맞춘 것이었다. 그래서 "프랑스 영화는 물, 바다 또는 강에 대한 일반적인 취향으로 훨씬 더 심층적인 비약을 이루게 된다(레르비에Marcel L'Herbier, 엡스탱Jean Epstein, 르누아르Jean Renoir, 비고Jean Vigo, 그레미용Jean Grémillon). 이것은 결코 기계적인 것을 포기한 것이 아니라 반대로 고체적 기계에서 액체적 기계로의 이행"이었다.(IM, 65쪽) 들뢰즈는 이러한 전쟁 이전 프랑스 영화의 특성을 설명하면서, 미국과 러시아 영화에서는 물이 이롭거나 파괴적인 의미를 가지는 것으로 드러났다면, "프랑스 유파는 물을 해방하고 고유한 목적성을 부여하며 유기적인 일관성이 없는 형식으로 만들었다."라고 말한다.(IM, 65쪽)

반면 비슷한 시기의 독일 표현주의 영화는 운동보다는 빛에 관심을 두었다. 들뢰즈는 이렇게 표현한다. "프랑스 유파는 독일 표현주의와 정확히 대립될 수 있다. 프랑스 유파의 '더 많은 운동'에 대해 '더 많은 빛'이 대응되는 것이다."(IM, 73쪽) 빛 역시 운동이지만, 독일 영화에서는 빛의 운동량이 아니라 빛의 강도intensité가 문제다. 독일 표현주의 영화에서 빛은 운동으로서가 아니라 어둠과 대비되면서 빛과 어둠 사이의 무한한 정도degré들을 드러내는 방식으로 있다.

줄무늬가 새겨진, 선이 그어진 세계는 비네Robert Wiene의 「칼리가리 박사의 밀실」에서 그려진 배경에 이미 나타나지만, 랑Fritz Lang의 「니벨룽겐」에서 모든 빛의 값을 갖게 된다(예를 들어 숲속의 빛이나 창을 통해 들어오는 빛줄기). 또는 '끊임없이 서로 이어지는 그라데이션의 유동적인 범위'를 구성하는 모든 정도degré의 지속적 변형인 명암법clair-obscur의 혼합된 계열이다. 베게너Paul Wegener와, 특히 무르나우Friedrich Wilhelm Murnau는 이 공식의 대가였다. 많은 거장들이 이 두 방면에서 진전을 이룬 것은 사실이다. 랑은 가장 섬세한 명암법에 도달했으며(「메트로폴리스」), 무르나우는 가장 대비가 강한 선들을 그려냈다. 예를 들어 「선라이즈」에서 물에 빠진 여자를 찾는 장면은 검은 물 위에 등불의 빛나는 줄무늬로부터 시작하여 갑자기 전체적으로 그것이 지나는 자리의 톤을 저하시키는 명암법의 변형으로 대체된다.(IM, 74~75쪽)

프랑스어로 'clair-obscur'라고 불리는 명암법은 본래 이탈리아에서 밝음을 뜻하는 '키아로'chiaro와 어둠을 뜻하는 '오스쿠로'oscuro를 합성하여 만들어진 '키아로스쿠로'chiaroscuro를 의미한다. 명암의 대비를 활용하여 삼차원성을 표현하는 이 명암법은 사진과 영화에도 적용되어 왔으며, 아이스너Lotte H. Eisner는 키아로스쿠로의 활용을 낭만주의로부터 영향을 받은 독일 영화의 상징으로 이야기한 바 있기도 하다.[7] 들뢰즈는 독일 작가들이 이렇게 빛과 어둠 사이에서 무한한 정도를 발견함으로써, '그림자색'lumen opacatum을 찾아내었다고 말한다. 그림자색은 괴테가 『색채론』에서 키르허Athanasius Kircher를 인용하며 이야기한 것이다. "색 자체가 하나의 그림자인 것이다. 그러므로 키르허가 그것을 그림자색lumen opacatum이라고 부른 것은 정말로 지당하다."[8] 색 자체로서의 그림자색은 밝음과 어

---

7 Lotte H. Eisner, L'Écran démoniaque, Paris: Encyclopédie du cinéma, 1952.
8 요한 볼프강 폰 괴테, 『색채론』, 장희창 옮김, 민음사, 2003, 68쪽.

둠 사이의 모든 정도를 가진 색들을 겹쳐놓고 있는 색이기 때문에, 하나의 단색으로 규정지을 수 없는 색인 것이다.

3. 운동-이미지의 변이들: 지각, 변용, 충동, 행동

1) 운동-이미지의 변이들

들뢰즈가 이러한 방식으로 영화의 용어들을 구분하는 것은 『시네마』 1권과 2권 모두에 적용된다. 영화의 이미지를 프레임으로 볼 것인가, 아니면 쇼트로 볼 것인가, 몽타주를 영화 전체를 단일한 것으로 만드는 것으로 볼 것인가, 아니면 단일성을 깨뜨리는 것으로 볼 것인가 등의 문제들은 영화의 이론가들이 영화를 어떻게 사유할 것인가의 문제일 뿐만 아니라, 영화의 작가가 영화를 어떻게 사유하면서 만들 것인가의 문제이기도 하다. 그래서 『시네마』는 아주 다양한 방식으로 여러 시대, 여러 유파의 작가들을 연결하고, 이론가들을 연결하며 나아간다. 우리가 다룬 용어들은 그렇게 사유를 전개해 나가는 데 바탕이 되는 개념들이다.

들뢰즈는 이러한 기술적이고 이론적인 용어들을 설명한 뒤, 본격적으로 2권에서 다룰 시간-이미지와 다른 운동-이미지들을 분류해 나간다. 이러한 분류가 앞서 말한 것처럼 다시 베르그손과 함께 이루어진다. 들뢰즈는 운동-이미지를 지각-이미지image-perception, 변용-이미지image-affection, 충동-이미지image-pulsion, 행동-이미지image-action로 구분하는데, 이 가운데 충동-이미지를 제외하고는 모두 베르그손의 지각, 변용, 행동 구분을 따른 것이다. 베르그손은 이렇게 말한다.

> 사람들이 물질적 세계라고 부르는 이 견고하게 연결된 연대적 이미지들의 체계를 놓고, 이 체계 속의 여기저기서 생명적 물질에 의해 표현되는 '실재적인 행동의 중심들'을 상상해 보자. 나는 이 각각의 중심들의 주위에, 그 위치에 종속되며, 그것과 함께 변화하는 이미지들이 배열'되어야만 한다'고 말하겠다. 따라서 나는 의식적 지각이 산출'되어야만 하고,' 게다가 이 지각이 어떻게 출현하는지를 이해하는 것도 가능하다고 말하겠다.[9]

베르그손에게 우리가 우리의 신체를 포함하여 물질적 세계라고 부르는 것은 이미지의 체계일 뿐이다. 이미지는 우리의 정신에 떠오르는 표상을 의미하는 것도, 사물의 속성을 의미하는 것도 아니다. 이미지는 우리가 계속 살펴보았듯이 실재 그 자체, 끊임없이 운동하고 변화하고 생성하고 있는 실재다. 이러한 이미지의 체계에서 우리를 포함한 생명적 물질에 의해 실재적인 행동의 중심들이 표현된다. 베르그손이 실재적 행동의 중심들이라고 부른 것은 단순한 위치가 아니라 그것과 함께 주위가 변화하는 것이다. 왜냐하면 이미지들은 끊임없이 서로 작용하고 반작용하기 때문이다. 베르그손은 이를 빛의 반사처럼 작동하는 것이라고 말한다. "우리에게는 모든 일이, 마치 우리가 〔대상의〕 표면들 위에다 그것으로부터 나온 빛, 즉 계속 퍼져나가면서 결코 드러난 적이 없었던 빛을 반사하는 것처럼 일어난다."(대괄호 — 옮긴이)[10] 그러므로 우리 역시 모두 작용하고 반작용하는 이미지들일 뿐이다. 그렇다면 이러한 하나의 이미지로서 우리가 사물을 지각한다는 것은 무엇인가? 들뢰즈는 이렇게 설명한다.

> 사물과 사물에 대한 지각은 완전히 동일한 것, 완전히 동일한 이미지이지만, 두 준거 체계 중 어느 하나와 관련되어 있다. 사물이란 즉자적으로 있는 이미지이며, 그것이 전적으로 작용 아래 있고 직접적으로 반작용하는 다른 모든 이미지들과 연관되어 있는 이미지이다. 그러나 사물의 지각은 그것을 프레임화하고 부분적인 작용만을 취하며 그에 간접적으로만 반작용하는 다른 특수한 이미지와 연관되어 있는 동일한 이미지다. 이런 식으로 정의된 지각에서는 사물과 다른 것이나 사물보다 더 많은 것은 결코 존재하지 않으며, 반대로 '덜한' 것이 있다.(IM, 93쪽)

베르그손은 우리의 표상이 현존하는 것보다 풍부하다면 그것은 불가해한 신비라고밖에는 설명할 수 없다고 지적한다. 현존하는 것으로부터 감소된 것을 표상으로 이해할 때 우리는 신비를 동원하지 않고 표상화를 덜

---

9 앙리 베르그손, 『물질과 기억』, 박종원 옮김, 아카넷, 2005, 61쪽.
10 같은 책, 69쪽.

어내고 버리는 것으로 이해할 수 있다. 바로 이것이 들뢰즈가 베르그손에 따라 이야기하는 우리의 주관성이다. 우리는 무언가를 더하거나 있는 그대로가 아니라 감산하면서 부분적이고 일방적이며 주관적으로 지각하는 것이다. "우리가 지각이라고 부르는 것이 바로 이러한 주관적이고 단일 중심적인 지각이다."(IM, 94쪽) 그리고 이것이 들뢰즈가 구분하고 있는 운동-이미지 가운데 첫 번째 이미지, 지각-이미지다.

지각-이미지와 관련하여 어떤 이야기를 하는가 설명하기에 앞서, 변용-이미지와 행동-이미지에 관해서도 마저 설명해 보도록 하자. 먼저 지각과 행동에 대해서는 이렇게 말할 수 있다.

> 그럼에도 불구하고 우리는 모든 활동이 오직 감산으로만 이루어진다고 생각하지는 말아야 할 것이다. 다른 것 또한 존재하는 것이다. 특수한 이미지 중 하나가 운동-이미지들의 우주에서 중심을 형성하고, 그 우주가 그 특수한 이미지와 연관될 때, 우주는 안쪽으로 휘어 그 중심을 둘러싸면서 유기적으로 조직된다. 우리는 세계로부터 중심으로 계속 나아가지만, 세계는 곡선을 그리며 바깥 둘레가 되고 지평을 형성한다.(IM, 94쪽)

이러한 의미에서 들뢰즈는 베르그손을 따라 '행동'이라는 것이 우리라는 실재적 행동의 중심의 '지연된 반작용'이라고 말한다. 베르그손은 지각과 행동은 의지나 자유를 이야기하는 철학자들이 말하는 것처럼 분리되어 있지 않다는 점을 지적한다. 복잡한 생명체로서 우리는 '반작용'으로서 행동을 하지만 그것이 항상 즉각적이지 않고 지연되어 있을 뿐이다. 이는 변용을 이해하면 더 잘 드러나는데, 베르그손은 변용에 대해 지각과 행동 사이에 있는 것이라고 말한다.

> 내가 지각들에 의해서 밖으로부터 알 뿐만 아니라, 변용들에 의해서 내부로부터도 안다는 의미에서 다른 모든 이미지들과 뚜렷이 구별되는 하나의 이미지가 있다. 그것은 나의 신체이다. 나는 이 정념들이 산출되는 조건들을 검토해 본다. 나는 변용들이 언제나 내가 밖으로부터 받아들이는 진동들과 내가 행사할 운동들 사이에 와서 삽입된다고 생각한다.[11]

지각이 풍부한 현존으로부터 받아들여지는 것이라면, 변용은 그 역시 하나의 이미지인 나의 신체로부터 아는 것이다. 그래서 들뢰즈 역시 이렇게 말한다. "변용은 주체와 대상의 합치 또는 오히려 주체가 '내면으로부터' 스스로를 경험하거나 느끼는 방식이다."(IM, 96쪽) 다시 베르그손으로 돌아가 그가 어떻게 지각, 행동, 변용에 대한 중요한 예시를 제공하는지 보자.

> 낯선 물체가 아메바의 위족들 중 하나에 닿을 때, 이 위족은 수축된다. 따라서 원형질 덩어리의 각 부분은 자극을 받고 동시에 자극에 반작용할 수 있다. 여기서 지각과 운동은 수축성이라는 유일한 속성 안에서 뒤섞인다. 그러나 유기체가 복잡해짐에 따라 작업은 분할되고, 기능들은 분화되며, 이렇게 구성된 해부학적 요소들은 자신들의 독립성을 잃게 된다. 우리와 같은 유기체에서 이른바 감각 섬유들은 오로지 자극을 하나의 중심 지역에 전달하는 일을 맡고 있으며, 이 중심 지역으로부터 진동은 운동적 요소들로 퍼져나갈 것이다.[12]

아메바와 같은 단세포 생물에서는 바깥으로부터의 자극과 그에 대한 반응이 동시적으로 이루어진다. 그래서 여기서 지각과 운동은 뒤섞여 있다. 그러나 인간과 같이 복잡한 생명체의 경우에는 각각의 기관들이 각각의 역할들을 나누어 가지고 있어서 자극에 대해 늘 지연되는 방식으로만 반작용이 이루어지는 것이다. 이것이 행동-이미지다. 변용-이미지는 이 지연되는 운동과 관련되어 있다.

> 이 유기체는 위험을 피하기 위해서 또는 그것의 상해들을 복구하기 위해서 움직이는 능력들을 가지고 있다 하더라도, 감각적 요소는 작업의 분할로 인해 자신의 운명이 된 상대적 부동성을 보존한다. 고통은 이렇게 생겨나는데, 그것은 상해당한 요소들이 사태를 제자리로 되돌려놓기 위한

11 같은 책, 38쪽.
12 같은 책, 99쪽.

노력, 즉 감각 신경 위에서 일어나는 일종의 운동적 경향과 다른 것이 아니다.[13]

복잡한 생명체로서 우리는 수용 기관에 맡겨진 역할에 따라 신체라는 상대적인 부동성을 제거할 수 없다. 이러한 조건을 베르그손은 고통이라고 표현하고 있는 것이다. 그리고 고통을 제거하기 위한 노력, 상처를 치유하기 위한 노력이 '감각 신경 위에서' 운동이 일어나도록 만든다. 우리의 감각 신경이 운동을 반사하는 대신 흡수할 때, 우리는 일시적으로 행동을 대체하려는 '경향', '노력'으로만 응답할 수 있다. 이 경향, 노력으로 인해 우리의 신체 안에서 운동적 경향이 일어난다. 이것이 바로 베르그손이 말한 변용의 의미이며, 들뢰즈가 변용-이미지라고 부르는 것이다.

> 우리는 생명체를 그것에 행사된 주변 대상들의 작용이 그 대상들로 (다시) 반사되는 일종의 중심으로 고려하였다. 외적 지각이란 이와 같은 반사로 이루어진다. 그러나 …… 그것은 밖으로부터 작용을 반사하는 데 그치지는 않는다. 그것은 투쟁하며, 그럼으로써 이 작용에서 어떤 것을 흡수한다. 변용의 근원은 거기 있을지 모른다.(대괄호―옮긴이)[14]

들뢰즈는 아직 실재적인 행동으로 드러나기 이전에 흡수되어 드러나는 운동적 경향으로서의 이러한 변용을 우리에게 가장 잘 보여주는 것이 우리의 얼굴이라고 말한다. "우리라는 이미지에서 이 표현의 운동을 드러내는 것이 상대적 부동성과 수용 기관들을 지닌 얼굴이라는 점은 놀라운 일이 아니다. 반면 신체의 나머지 부분에서는 표현의 운동이 대부분 감춰진 채로 남아 있다."(IM, 97쪽) 그래서 변용-이미지와 관련해서는 얼굴이라는 개념이 무척 중요해진다.

---

13 같은 책, 99~100쪽.
14 같은 책, 100~101쪽.

2) 지각-이미지: 영화의 주관성과 객관성

충동-이미지를 제외한 이러한 세 운동-이미지가 베르그손의 개념들로부터 온 이미지들이다. 들뢰즈는 각각의 이미지를 분류하고 이 이미지들을 구체적으로 설명한다. 먼저 지각-이미지는 우리의 주관성을 드러내는 이미지를 의미했다. 그런데 지각-이미지를 이해함에 있어 우리를 어려움에 처하게 만드는 것은 영화의 이미지가 항상 주관적이거나 항상 객관적이지 않다는 점이다.

우리가 보통 주관적 이미지라고 생각하는 것은 영화 속 인물에게 보여지는 것, 시점 쇼트일 것이다. 그래서 주관적 이미지는 객관적 이미지와 달리 때로는 왜곡되고 착각을 일으키기도 한다. 그런데 그러한 방식으로 왜곡되고 착각을 일으킨다는 것을 어떻게 우리는 확인하는가? "이미지의 주관적인 성격을 쉽게 확인할 수 있다면, 그것이 변경되고 복원되어 객관적이라고 여겨지는 이미지와 비교되기 때문이다."(IM, 104쪽) 그렇지만 문제는 객관적이라고 여겨지는 이미지 역시 잠정적으로만 객관적인 이미지로 여겨질 수 있다는 점이다. 예를 들어 시점 쇼트 뒤에 이어지는 풀 쇼트는 객관적이라고 여겨지지만, 풀 쇼트 역시 누군가의 시점 쇼트일 수 있는 것이다.

이렇게 영화의 이미지가 주관적일 수도 있고 객관적일 수도 있으며, 더 나아가 주관적인 이미지가 객관적인 이미지가 되기도 하고 객관적인 이미지가 주관적인 이미지가 되기도 하는 것이라면, 영화의 이미지에는 주관도 객관도 아닌 특별한 지위가 부여되어야 할 것이다. 들뢰즈는 미트리 Jean Mitry가 '반¥-주관적 이미지'image mi-subjective라고 불렀던 이미지가 이러한 이미지의 지위를 표현해 준다고 본다. 미트리가 반-주관적 이미지라 부른 것은 카메라가 인물의 곁에서 인물과 함께 움직이면서도 인물의 주관적 시점을 대신하지는 않음으로써, 그 인물의 바깥에 머무는 이미지다. 그래서 인물을 객관적으로만 보여주면서 인물의 긴장과 감정을 깊이 이해할 수 없게 만들지 않으면서도, 인물의 주관적인 감정에만 갇히지도 않는다. 이러한 점에서 이 주관적이면서도 객관적인 이미지는 종종 작가의 시점이 되기도 한다. "인물들 사이에 있으면서 정체가 알려지지 않은 누군가의 익명적 시점이다."(IM, 106쪽)

또한 이는 파솔리니Pier Paolo Pasolini가 자유간접화법discours indirect libre이라고 불렀던 것이기도 하다. 이런 식의 반-주관성이라는 것은 우리의 자연적 지각에서 찾을 수 없는 것이기 때문에, 파솔리니는 영화의 이미지를 언어적 유비를 사용하여 설명하고자 했다. 앞서 말한 것과 같이 누군가의 시점 쇼트로 표현되는 주관적 이미지를 직접화법이라고 할 수 있다면, 객관적 이미지는 간접화법과 같다고 할 수 있을 것이다. 자유간접화법은 직접화법도 간접화법도 아닌 것을 가리킨다. 예를 들면 "그녀는 자신의 에너지를 한데 모은다. **그녀는 처녀성을 잃어버리느니 차라리 고문을 견딜 것이다.**"와 같은 것이다.(IM, 106쪽) 고문을 견딜 것이라는 것이 그녀의 결심인지 작가의 결심인지 구분할 수 없도록 되어 있다. 이러한 자유간접화법이 주관적 이미지도 객관적 이미지도 아닌, 그리고 주관적 이미지에서 객관적 이미지로, 객관적 이미지에서 주관적 이미지로 끊임없이 이행하는 영화의 이미지를 잘 드러내주는 것이다. 그러므로 영화 지각의 주관성은 파솔리니에 따라 '자유간접적 주관성'subjective indirecte libre이라고 불러야 할 것이다.

3) 주관과 객관을 넘어서는 지각으로서 액체적 지각

영화의 지각-이미지는 근본적으로 이러한 '자유간접적 주관성'을 가지는 것이지만, 모든 영화에서 이러한 주관성이 드러나는 것은 아니다. 오히려 대부분의 영화에서는 주관적이거나 객관적인 이미지들이 도식적으로, 그리고 실용적으로 나타날 것이다. 이러한 방식의 주관성을 잘 드러내었던 것은 프랑스 유파의 영화다. 앞서 몽타주를 설명하며 이야기했던 것처럼 프랑스 영화는 기계에 대한 관심으로부터 물에 대한 관심으로 이행한다. 그렇게 이행할 수 있었던 것은 근본적으로 그들의 관심이 '운동 자체'에 있기 때문이었다. 들뢰즈는 르누아르, 레르비에, 엡스탱, 그레미용, 강스Abel Gance, 비고 등 프랑스의 영화작가들은 모두 물에 대한 취향을 가지고 있었다고 언급하는데, 이들 가운데 가장 좋은 예시는 비고의 「라탈랑트」L'Atalante(1934)일 것이다.

'라탈랑트'라는 바지선을 배경으로 하는 영화 「라탈랑트」는 주인공 장과 줄리엣이 사랑하고, 권태를 느끼고, 갈등을 겪다, 화해하는 과정을 그

비고 「라탈랑트」의 장면. 물속에서 줄리엣을 보는 장

린다. 이러한 단순한 이야기에서 육지와 바다 사이에 있는 바지선이라는 공간은 특별한 의미들을 생산해 낸다. 바지선 위에서의 운동은 육지에서 와는 다른 방식의 운동을 보여주는데, 육지에서의 운동이 거대한 짐을 싣고 비탈길을 비틀거리며 빠르게 내려오는 자전거처럼 이루어진다면, 바지선 위에서의 운동은 게걸음을 걷거나 기어다니는 것처럼 보이지만 바지선의 움직임, 곧 물의 운동과 하나를 이루는 것이다. 또한 육지에서와 같이 목적지에 도착하면 끝이 나는 이동 운동이 아니라, 물의 움직임과 같은 방식으로 움직이는 운동 그 자체를 보여준다. 이렇게 구분되는 물의 세계와 육지의 세계는 우리가 육지에서는 경험할 수 없는 어떤 봄 voyance 을 선사한다. "마지막으로 그것은 육지의 시야와 달리 물에서 발달하는 봄의 기능이다. 마치 지각이 육지에는 없는 능력과 상호작용, 진실을 누리는 것처럼, 사라진 사랑하는 사람이 나타나는 것은 물에서이다."(IM, 115쪽) 떠난 줄리엣을 그리워하며 장은 물속으로 뛰어드는데, 육지에서는 그토록 떠올릴 수 없던 줄리엣을 물속에서는 생생하게 되살려내는 경험을 한다. 육지의 지각이 늘 눈앞에 있는 것만을 볼 수 있게 한다면, 바다의 지각은 우리가 볼 수 없을 것을 진정으로 볼 수 있게 하는 것이다.

장과 줄리엣은 결국 다시 만나 서로 사랑하고 있음을 확인하게 되는데, 이를 가능하게 하는 것은 바지선에 함께 살고 있는 쥘 아저씨다. 쥘 아저씨는 죽은 친구의 손이나 고장난 축음기 같은 것들을 끊임없이 수집해 두는 사람인데, 이 수집은 사라져버린 것, 과거의 것을 단지 '지금은 없는' 것으로, 추억할 것으로 만드는 것이 아니라 현재에 함께 살아 숨 쉬는 것으로 만드는 것이다. 이는 쥘 아저씨가 물의 세계의 방식으로 살아가고 있다는 것을 의미하고, 장과 줄리엣이 다시 만날 수 있었던 것도 쥘 아저씨 덕분이다. 들뢰즈는 이러한 예시와 함께 다음과 같이 말한다.

> 결국 프랑스 영화가 물에서 찾아낸 것은 인간 이상의 지각, 더 이상 고체적인 것에 맞게 재단되지 않는 지각, 더 이상 고체적인 것을 대상, 조건, 환경으로 삼지 않는 지각, 즉 지각의 또 다른 상태에 대한 약속 또는 지시였다. '키노-아이'ciné-œil에 고유한 더 섬세하고 폭넓은 지각, 분자적 지각. (IM, 115~116쪽)

주관과 객관이라는 구분을 넘어서는 지각으로서 카메라의 지각은 이렇게 새로운 이미지로 표현되는 것이다.

4) 변용-이미지와 임의적 공간

변용-이미지와 관련해서 가장 중요한 것은 얼굴 클로즈업이다. 앞서 말한 바 있듯이 들뢰즈는 '감각 신경 위에서의 운동적 경향'이 얼굴이라는 면 위에서의 미세한 운동들을 가리킨다고 본다. 신체의 다른 면들에서는 작고 국지적인 운동들이 감춰지지만, 얼굴은 그 자체의 운동성을 희생하면서 운동 경향을 표현하게 되는 것이다. 그래서 들뢰즈는 "변용-이미지는 클로즈업이며, 클로즈업은 얼굴이다."라고 말한다.(IM, 125쪽) 그렇지만 들뢰즈가 클로즈업을 반드시 생명체의 얼굴에만 국한하는 것은 아니다. 예를 들어 시계추 인서트와 같은 것도 하나의 얼굴 클로즈업이다. 왜냐하면 그것은 얼굴이라는 신경판과 같이 수용판 위에서 일어나는 미세한 운동을 표현하고 있기 때문이다. 그러므로 "얼굴'의' 클로즈업이라는 것은 존재하지 않는 것이며, 얼굴은 그 자체로 클로즈업(큰 평면)gros plan 이며, 클로즈업은 그 자체로 얼굴이다."(IM, 126쪽)

이러한 방식으로 이해된 클로즈업은 신체 전체에 속하는 얼굴이나 시계 전체에 속하는 시계추, 공간 전체에 속하는 한 사물 등을 확대하는 것을 의미하지 않는다. "클로즈업은 결코 대상을 그것이 속할, 또는 그 대상이 부분으로 되어 있는 집합으로부터 떼어놓지 않으며, 그와는 전혀 달리 클로즈업이 '모든 시공간의 좌표들로부터 대상을 추출하는 것이다.'"(IM, 136쪽) 즉 클로즈업은 순수한 정서affect를 이끌어내기 위해 이미지를 시공간적 좌표에서 떼어내, 그 또는 그것이 속한 공간을 방금까지 그가 있었던 특정한 공간이 아니라 임의적 공간espace quelconque으로 만든 것이다. 들뢰즈는 클로즈업에 대한 이러한 관점을 발라즈Béla Balázs로부터 참조하고 있다.

> 고립된 얼굴의 표현은 그 자체로 이해될 수 있는 전체이며, 우리는 사유에 의해서도, 공간과 시간에 속하는 것에 관해서도, 그에 덧붙일 것이 없다. 우리가 군중 속에서 방금 본 얼굴이 그 주변 환경으로부터 유리될 때, 우리는 마치 갑자기 그와 마주보고 있는 것처럼 된다. 또는 우리가 이전에 큰 방에서 본 적이 있는 얼굴이라도 우리는 클로즈업 된 얼굴을 볼 때 더 이상 그 방을 떠올리지 않을 것이다. 왜냐하면 얼굴의 표현과 그 표현의 의미에는 공간과의 아무런 연관이나 접합점이 없기 때문이다. 고립된 얼굴과 마주할 때, 우리는 공간을 인식하지 못한다. 공간에 대한 우리의 감각은 사라진다. 우리에게 어떤 다른 질서의 차원이 열리는 것이다.(IM, 136쪽에서 재인용)

이렇게 클로즈업을 통해 얼굴을 좌표화된 공간으로부터 떼어놓는 것은 「잔 다르크의 수난」이 가장 잘 보여준다. 우리는 이미 탈프레이밍과 외화면을 이야기하면서 이를 다루었지만, 이 영화는 절단하는 클로즈업들로 이루어져 그녀가 있는 실재 공간인 감옥을 순수한 정서의 공간으로 만든다.

때로는 비명을 지르는 입술이나 이빨이 빠진 비웃음이 얼굴의 덩어리로 잘리기도 한다. 또 때로는 프레임이 얼굴을 수평, 수직, 또는 비스듬히 대각선으로 절단하기도 한다. 그래서 운동은 마치 너무 실재적이거나 논리적인 연접을 끊기 위해 필요한 것처럼 도중에 절단되고, 연결raccord은 체계적으로 거짓이 된다. 또한 잔의 얼굴은 종종 이미지 아랫부분으로 밀려나기 때문에, 클로즈업이 하얀 배경의 한 조각, 빈 구역, 그녀가 영감을 길

어내는 하늘의 공간을 수반한다.(IM, 151쪽)

이렇게 절단하는 클로즈업을 사용할 뿐만 아니라 드레이어는 공간 자체를 심도가 없거나 원근감이 없는 기하학적인 공간으로 만듦으로써, "'대기' 원근법을 없애고, 3차원을 무너뜨리면서, 2차원의 공간을 정서와, 4차원, 5차원, 즉 '시간'과 '정신'과 직접적으로 관계 맺게 함으로써, 본래 시간적이거나 심지어 정신적인 원근법의 승리를 만들어낸다."(IM, 152쪽)

5) 색채-이미지와 순수한 정서

들뢰즈가 정서 자체를 드러내는 변용-이미지에 대해서 클로즈업만을 이야기하는 것은 아니다. 클로즈업이 변용-이미지일 수 있는 것은 그것이 임의적인 공간을 구축하고 순수한 정서만을 남겨두기 때문이다. 들뢰즈는 임의적 공간을 구축하는 변용-이미지의 많은 예들을 드는데, 그 가운데 가장 흥미롭기도 하고 우리를 『시네마 II: 시간-이미지』로 이행할 수 있게 해주는 것은 색채-이미지image-couleur에 대한 논의다. 들뢰즈는 영화 이미지의 색채는 어떤 사물에 속한 단순한 속성이 아니라 색채 그 자체로서 가치를 가지는 것이라고 본다. 이는 고다르Jean-Luc Godard의 공식인 '이것은 피가 아니라 붉은색이다.'가 표현하는 것이다. 고다르는 자신의 영화 「주말」Week End(1967)에 대해 이렇게 말함으로써 붉은색이 피로서만 가치를 가지는 것이 아니라 붉은 색채 자체가 가치를 가지는 것임을 선언한다. 이는 색채가 어떤 상징으로서 정서를 산출하는 것이 아니라 색채 자체가 정서라는 것을 의미하는 것이다. 이를 가장 잘 이해할 수 있게 해주는 것은 안토니오니Michelangelo Antonioni다. 들뢰즈는 보니체르를 인용한다.

「정사」 이후, 안토니오니의 위대한 탐구는 텅 빈 쇼트, 아무도 살지 않는 쇼트에 대한 것이었다. 영화의 제목에서 알 수 있듯이 「일식」L'Eclisse의 끝부분에서는 주인공 커플이 지나온 모든 쇼트들이 텅 빈 채로 다시 보여지고 수정된다. …… 안토니오니는 사막을 찾는다. 「붉은 사막」, 「자브리스키 포인트」, 「여행자」 …… (작품들은) 무의미한 길들의 뒤얽힘 속에서 비구상적인 한계에 이르는 빈 화면을 전진하는 트래블링 쇼트로 끝난다.

안토니오니 「일식」의 마지막 장면

...... 안토니오니 영화의 목적은 얼굴의 일식, 인물들의 사라짐으로 끝나는 모험을 통해 비구상적인 것에 이르는 것이다.(IM, 168쪽에서 재인용)

안토니오니의 영화에서 이미지를 채우고 있는 것은 인물들이나 사물들, 내러티브적 요소들이 아니라 텅 빈 공간뿐이다. 그곳이 주인공의 집인지, 주인공들이 헤어진 거리인지, 그곳이 어떤 도시, 어떤 국가인지는 중요하지 않으며, 텅 빈 공간을 채우고 있는 색채가 그 자체로서 정서를 표현하는 역할을 하는 것이다. 들뢰즈는 이러한 방식의 공간이 중요해지게 된 것은 전쟁 이후라고 말한다. "그것은 파괴되었거나 재건 중인 도시, 황

무지, 판자촌을 통해, 심지어 전쟁이 미치지 않은 곳에서도 '분화되지 않은' 도시 구조와 방치된 광활한 장소들, 부두, 창고, 철근과 고철 더미를 통해 드러났다."(IM, 169쪽) 영화를 둘러싼 이러한 외부적 환경의 변화와 더불어 영화는 내적으로도 임의적 공간들을 드러내게 된다. "이 공간들에서 무서움, 초연함, 그러나 또한 냉담함, 극한의 속도와 끝없는 기다림이라는 현대적 정서들이 발전했다."(IM, 169쪽) 그리고 이것이 운동-이미지가 시간-이미지로 이행하게 되는 이유이기도 하다. 우리는 행동-이미지의 위기와 함께 곧 이야기를 할 수 있을 것이다.

6) 충동-이미지와 근원적 세계

행동-이미지를 설명하기에 앞서 우리는 베르그손과 함께 이야기되는 지각, 변용, 행동 외에 남겨둔 충동-이미지를 다루어야 한다. 충동-이미지는 행동-이미지와 함께 이해해야 하는데, 지연된 반작용으로서의 행동이 늘 구체화된 감정과 행동양식으로 나타난다면, 충동-이미지는 그 아래에서 들끓고 있는 충동과 관련되어 있기 때문이다. 곧 다루겠지만 행동-이미지는 항상 규정되어 있는 환경milieu과 관련되어 있다. 지리, 역사, 사회적으로 규정되어 있는 환경에서 구체적인 상황, 행동, 감정들이 그려지는 것이다. 반면 충동-이미지는 규정된 환경 아래 심층적인 층위에서만 나타나는 것으로, 이러한 충동-이미지의 환경을 들뢰즈는 '근원적 세계'monde originaire라고 부른다. 충동-이미지가 행동-이미지와 함께 이해되어야 하는 이유는 여기에 있다. 심층적인 층위에 근원적 세계가 있기에 그로부터 행동-이미지의 규정된 환경도 파생될 수 있기 때문이다.

들뢰즈는 이러한 충동의 근원적 세계를 드러내는 사조를 '자연주의'naturalisme라고 부른다. 졸라Émile Zola로 대표되는 문학에서의 자연주의와 같이, 사실주의réalisme와 대립하는 사조로서 자연주의가 아니라 보다 근원적인 세계의 상위의 원천으로 돌아가는 자연주의는 폰 슈트로하임 Erich von Stroheim과 부뉴엘Luis Buñuel, 그리고 로지Joseph Losey 등으로 계보가 그려진다. 먼저 슈트로하임의 영화 가운데 가장 유명하기도 하고 중요한 영화는 「탐욕」Greed(1924)이다. 러닝타임이 8시간에 가까운 영화로 제작된 「탐욕」은 MGM에 의해 2시간이 채 되지 않는 분량으로 줄어들면서 많은 필름이 유실되어 슈트로하임이 원했던 형태로는 남아 있지 않은 비운의 영화임에도 불구하고, 인간의 주체할 수 없는 허기와 돈에 대한 집착에 가까운 욕망을 끝까지 밀어붙인 위대한 걸작이다. 「탐욕」의 인물들은 모두 끝내 사랑과 희망, 삶의 소중함으로 돌아오기보다는 통제할 수 없는 욕망과 함께 파국에 이른다. 우리가 관리하고 통제할 수 있는 구체적인 감정이 아니라, 정체를 알 수 없고, 바로 그 때문에 결코 지배할 수 없는 욕망의 분출을 그려내는 이러한 영화가 충동-이미지를 구현하고 있는 것이다.

부뉴엘과 로지의 영화는 표면상으로는 슈트로하임의 영화와 성격이 다른 것처럼 보이지만, 들뢰즈는 이 계보를 통해 부뉴엘의 작품에서 드러나는 '기독교적 충동'이 바로 이러한 근원적 세계에 속하는 것임을 보여준다. "부뉴엘은 허기와 성욕만큼이나 강하고 그것들과 함께 합성되는 영혼의 고유한 충동들을 발견했다."(IM, 183쪽) 부뉴엘의 「절멸의 천사」El Angel Exterminador(1962)는 어느 누구도 가두지 않았는데도 바깥으로 나오는 법을 잊어버려 응접실에 갇혀 있는 부르주아들을 그리고, 그들이 또다시 교회에 갇히며 영화가 끝난다. 이는 부뉴엘의 항구적인 주제 가운데 하나인 부르주아와 기독교에 대한 비판이지만, 들뢰즈는 이것이 역으로 우리에게 제도로서의 기독교를 반성할 수 있는 가능성을 남겨둔다고 이야기하기도 한다. "제도로서의 기독교에 대한 폭력적인 비판은 오히려 인간으로서의 그리스도에게 기회를 남겨놓게 될 것이다. 부뉴엘의 작품에서 기독교적 충동과의 내적 논쟁을 본 사람들은 틀린 것이 아니다. 즉 도착자pervers에 의해, 그리고 특히 그리스도에 의해 현세보다는 그 너머가 그려지고, 구원의 질문으로 표현되는 질문이 울려 퍼지게 되는 것이다."(IM, 183쪽)

로지 역시 슈트로하임이나 부뉴엘과는 또 다른 방식으로 충동-이미지를 구현하는 작가다. 로지의 영화에서 가장 중요한 충동 중 하나는 노예근성인데, 이 노예근성은 하인에게나 주인에게나 모두 있는 것이다. 로지의 「하인」The Servant(1963)에서는 주인과 하인의 관계가 기묘하게 역전되고, 주인은 종국에는 모든 것을 알면서도 그와의 관계에서 빠져나올 수 없게 되어버린다. 로지는 이렇게 말한다.

나에게 이 영화는 노예근성, 우리 사회의 노예근성, 주인의 노예근성, 하인의 노예근성, 그리고 서로 다른 계급과 상황을 대표하는 모든 유형의 사람들의 태도 안에 있는 노예근성에 대한 영화일 뿐이다. …… 이는 공포의 사회이며, 공포에 대한 반응은 대부분의 경우 저항이나 투쟁이 아니라 노예근성이고, 노예근성은 정신의 상태이다.(IM, 192쪽에서 재인용)

이러한 노예근성뿐만 아니라 로지의 영화에는 내적 충동으로서의 폭력성이 자주 등장하는데, 이 충동은 너무 강해 자신을 타락시키고 죽음에 이르게 하는 폭력성이 된다. 들뢰즈가 『천 개의 고원』에서도 언급한 바 있는 「고독한 추적」Monsieur Klein(1976)은 나치 점령 하에 자신과 동명의 유대인이 있다는 이유로 유대인으로 오인받은 주인공이 그 유대인을 쫓으며 점차 유대인이 되어가는 이야기다. 이때 중요한 것은 그가 어떤 법과 정의의 부당함에 대해 의식적으로 문제의식을 가지는 것이 아니라, 그 안에 있는 폭력성으로 인해 동명의 유대인에 대한 집착을 벗어날 수 없게 된다는 점이다. 주인공은 결국 자신을 구명할 출생 서류를 찾아 온 친구를 뒤로하고 동명의 유대인을 만나기 위해 수용소로 뛰어 들어간다. 들뢰즈는 비유대인이 유대인이 되는 이 기묘한 생성devenir에 주목한다. 이러한 충동-이미지의 영화들은 아직 어떤 현실적이고 구체적인 행동으로 드러나기 이전에 그 아래에서 병적 징후를 드러내는 영화들이다. 들뢰즈는 로지가 「돈 조반니」Don Giovanni(1979)에서 사용한 그람시Antonio Gramsci의 『옥중수고』를 다시 인용한다. "위기는 바로, 낡은 것은 죽어가는 반면 새것은 태어날 수 없다는 사실에 있다. 이 공백 기간에 매우 다양한 병적인 징후가 나타나는 것이다."[15]

7) 행동-이미지: 큰 형식과 작은 형식

이렇게 현실화된 환경 아래에 있는 근원적 세계의 충동까지 다루고 나면 운동-이미지 가운데에는 행동-이미지라는 한 이미지만 남는다. 행동-이미지는 임의적 공간을 구축하는 것도 아니고, 근원적 세계를 드러내는

---

15 안토니오 그람시, 『그람시의 옥중수고 1』, 이상훈 옮김, 거름, 1999, 327쪽.

것도 아니라, 지리적·역사적·사회적으로 현실화된 규정된 환경을 구현하는 것이다. 그래서 행동-이미지는 우리가 다룬 이미지들 가운데 가장 익숙하고 친숙한 이미지다. 할리우드에서, 그리고 전 세계에서 현재까지도 만들어지고 있는 모든 이미지들은 대체로 행동-이미지에 속한 영화라고 할 수 있다. 들뢰즈는 행동-이미지에서 거의 미국 영화의 역사를 다룬다고 할 수 있는데, 미국의 「북극의 나누크」Nanook of the North(1922)와 같은 다큐멘터리부터 비더King Vidor로 대표되는 사회심리 영화, 서부극, 역사 영화까지의 공통적인 형식을 발견해 나가기 때문이다. 이 장르들이 공통적으로 가지고 있는 형식은 인물이 극복해야 하는 상황(S)과 극복하기 위한 주인공의 노력(A), 그리고 그의 노력에 의해 변화되거나 변화되지 않는 상황(S′ 또는 S)이다. 이를 버치의 용어를 빌려 '큰 형식'grande forme, S-A-S 또는 S-A-S′라고 부른다.

이러한 큰 형식만 있는 것은 아니다. 상황이 먼저 주어지고 상황을 극복하기 위해 인물이 행동을 취하는 것이 아니라, 인물이 상황을 촉발하는 행동(A)을 먼저 하고, 그로부터 상황(s)이 드러난 뒤, 그리고 다시 변형된 행동(A′)이 드러나는 경우도 있기 때문이다. 들뢰즈는 이를 큰 형식과 구분하여 '작은 형식'petite forme이라고 부른다. 이렇게 두 형식을 구분하면서 들뢰즈가 초점을 맞추고 있는 것은 작은 형식의 영화에서는 구체적인 상황 이전에 행동이 드러나기 때문에 행동이 다의적일 수 있다는 점이다. 예를 들면, 칼을 들고 있는 행동이 먼저 주어지고 시체가 놓인 상황이 주어진다면, 이는 살인이 일어난 것인가, 아니면 살해된 시신에서 칼을 뺀 것인가? 그래서 들뢰즈는 작은 형식의 영화들이 큰 형식의 영화들을 뒤바꿔 놓았다고 보는데, 다큐멘터리도 현실을 다의적으로 읽어낼 수 있는 방식으로 바뀌고, 단서들이 모호하게 주어지는 탐정 영화와 같은 것들이 발전하며, 서부극도 선과 악을 구분할 수 없는, 백인과 인디언 사이의 차이를 구분할 수 없는 방식으로 나아가는 것이다.

들뢰즈는 이러한 행동-이미지에 대해 매우 다양한 예들을 들고, 또 큰 형식이나 작은 형식에만 갇히지 않고 양자 사이를 이행移行하고 변형하는 영화들에 대해서도 많은 예를 들지만, 우리는 새로운 이미지를 도입하여 다른 모든 이미지들을 완성한 작가를 이야기해 볼 필요가 있다. 바로 히치콕Alfred Hitchcock이다. "영화에 정신적 이미지image mentale를 도입하고 다른 모든 이미지들을 완결하고 완성하는 것 또한 히치콕의 과업이었다."(IM, 269~270쪽) 히치콕 영화의 모든 장면들은 처음부터 끝까지 해석 없이는 이루어지지 않는다. 그래서 들뢰즈는 이를 '정신적 이미지'라 부르고, 이 이미지는 지각-이미지, 변용-이미지, 행동-이미지를 해석 없이는 성립되지 않는 이미지로 만든다. 즉 해석이 침투함으로써 이미지들은 해석에 의해 변형되기 때문에, "관객을 영화film 속에 포함시키고 다시 그것을 정신적 이미지 속에 포함시킴으로써 히치콕은 시네마cinéma를 완성한다."고 말할 수 있는 것이다.(IM, 276쪽)

이미지에 관객을 포함시킨다는 것을 이해할 수 있게 해주는 가장 좋은 예는 히치콕의 독특한 성취인 서스펜스일 것이다. 히치콕은 단순히 깜짝 놀라게 하는 서프라이즈와 서스펜스를 구분하면서 테이블 밑에 설치된 폭탄의 예를 든 바 있다. 인물들이 탁자에 앉아서 이야기를 하는 중에 갑자기 폭탄이 터진다면 관객도 인물들과 동일하게 놀랄 것이다. 이것이 서프라이즈다. 그런데 폭탄이 탁자 밑에 설치되는 것을 인물들이 탁자에 앉기 전에 관객들이 먼저 보게 되면, 폭탄이 터지지 않아도 인물들이 태연히 탁자에 앉아 이야기를 나눌 때 끊임없이 언제 폭탄이 터질지 모르는 긴장감을 느끼게 된다. 이렇게 관객들이 알고 있는 정보와 인물이 알고 있는 정보가 어긋나면서 생기는 긴장감이 바로 서스펜스다. 이 정보의 간극이 영화 전체에 긴장을 불어넣기 때문에 서스펜스를 불러일으키는 영화는 관객 없이는 성립할 수 없는 영화라고 할 수 있다. 예를 들어 「현기증」Vertigo(1958)에는 고소공포증에 걸린 전직 형사가 등장한다. 이 형사는 친구의 부탁을 받아 그의 아내를 미행하는데, 그 과정에서 그녀를 사랑하게 된다. 하지만 그녀는 결국 죽고, 주인공이 상실의 고통 속에서 유령처럼 살아가던 어느 날 죽은 그녀와 똑같이 생긴 여자를 만나게 된다. 그리고 관객들에게 정보가 주어지는데, 사실 이 모든 것은 친구가 꾸민 일이었고, 죽은 줄 알았던 그녀는 친구의 아내를 연기한 것일 뿐이었다는 것이다. 이 때문에 주인공이 관객들은 이미 알고 있는 모든 사실을 알아채기 전까지 서스펜스가 발생한다. 아무것도 모르는 주인공이 하는 행동들에서 우리는 모든 전말을 알고 있으면서도 무슨 일이 일어날지 몰라 긴장감을 느끼게 된

히치콕의 「현기증」에서 여인이 죽은 여인과 같은 옷차림과 머리 모양을 하고 나타나는 장면

다. 주인공은 눈앞에 나타난 이 여인에게 죽은 여인과 똑같은 옷을 입고 똑같은 머리 모양을 하도록 만드는데, 그녀가 죽은 여인과 똑같은 모습으로 나타날 때 우리는 긴장하지 않을 수 없는 것이다. 주인공과 달리 우리는 그 둘이 동일한 한 사람이라는 것을 알고 있기 때문이다. 이렇게 관객의 해석으로부터만 부여될 수 있는 긴장감이 이미지에 개입해야지만 성립하는 것이 정신적 이미지인 것이다.

4. 행동-이미지의 위기와 시간-이미지

1) 행동-이미지의 위기

들뢰즈는 1권의 마지막 부분에서 히치콕의 이러한 독특한 정신적 이미지를 이야기하면서, 더불어 행동-이미지가 위기를 맞이하게 되었다는 이야기와 함께 2권의 주제인 '시간-이미지'를 예고한다. 히치콕이 운동-이미지 너머에 있는 정신과 사유를 발견하기는 했지만, 그것을 운동-이미지를 보완할 수 있는 이미지로 만들었다면, 행동-이미지의 위기 속에서 새로운 영화로 나아갔던 시간-이미지의 작가들은 그것을 파괴함으로써 새로운 창조를 실현하려고 했던 작가들이다. 행동-이미지가 위기에 처하게 된 것은 전후의 사회적, 경제적, 정치적, 도덕적 상황과 맞물려 있다. 들뢰즈는 이 상황들에 대해 다음과 같이 나열한다. "전쟁과 그 후 계속된 것들, 모든 측면에서의 '아메리칸 드림'의 명멸, 소수자들의 새로운 의식, 외부 세계와 사람들의 머리에서 동시에 증대되고 과잉에 이르는 이미지들, 문학이 실험하는 이야기의 새로운 양식이 영화에 미친 영향, 할리우드와 그 오래된 장르들의 위기……."(IM, 278쪽) 이러한 사회적 상황과 더불어 행동-이미지는 위기에 처하게 되는데, 물론 이것이 행동-이미지의 영화가 더 이상 만들어지지 않았다는 말은 아니다. 우리는 여전히 상업적으로 성공을 거둔 많은 행동-이미지의 영화와 더불어 살아가고 있다. 그러나 영화가 빚어내었던 환상이 무너져 내리고 있다는 것만은 자명하다. 그래서 그러한 환상을 반성하고 새로운 이미지들이 부상하게 되는데, 이것은 할리우드 내에서가 아니라 그 바깥에서 태어나게 된다. 따라서 들뢰즈가 『시네마』 2권에서 다루고 있는 것은 할리우드에 대항하여 등장하는 새로운 이미지들이다.

영화사적으로 시간-이미지의 가장 처음에 놓이는 것은 전후 이탈리아에서 등장한 네오리얼리즘néo réalisme이며, 누벨바그nouvelle vague, 뉴 저먼 시네마nouveau cinéma allemand, 제3세계 영화cinéma du tiers-monde가 새로운 이미지들의 창조를 이어받는다. 이들 영화의 특징은 이미지를 전체화하는 종합적인 상황을 가리키는 것으로 만들지 않는다는 것이다. 할리우드 영화가 항상 인물들을 하나로 모으는 상황으로서 S에 중점을 두었다면, 이들 영화에서는 상황이 통일되지 않은 채로 여러 인물들에게로 분산되어 있다. 인물들의 행동으로서 A 역시 상황과 관련되어 그것에 영향을 받거나 주는 방식으로 이루어지지 않으며, 그들의 운동은 그저 산책, 방랑, 왕복의 운동이 된다. 이러한 방식을 통해 총체성을 거부하고, 클리셰들을 비판적으로 반성하고, 새로운 이미지들을 구현하게 되는 것이다.

2) 마주침의 예술

운동-이미지의 특징이 단일하고 유기적인 흐름을 통해 전체화하는 것이라면, 새로운 이미지로서 시간-이미지는 그러한 유기적 단일성을 깨트림으로써 유기적 운동을 통해서만 드러나는 시간이 아니라 시간 그 자체를 직접적으로 드러낼 수 있게 되는 이미지다. 단일한 운동이 만들어내는 흐름에서 벗어남으로써 이미지가 그 자체로 고유한 시간을 얻게 되는 것이다. 들뢰즈는 이러한 시간-이미지를 자바티니Cesare Zavattini에 따라 '마주침의 예술'art de rencontre이라고 명명한다. 내러티브에 부합하는 경제적인 행동들이 아니라 내러티브와 통합되지 않고 파편화되어 있는, 그래서 이해할 수 없고 내러티브적으로 정당화되는 반응을 할 수도 없는 어떤 '순수한 시각적 상황'situation optique pure를 마주하는 예술이기 때문이다. 행동-이미지의 영화가 그랬던 것처럼 행동action과 연결되는 상황이 아니기 때문에 그 상황을 알 수 없고, 그래서 상황을 바꾸거나 상황으로 인해 변화되는 행동이 주어지지도 않는 것이다.

그러므로 이러한 이미지를 마주한다고 할 때, 우리는 다시 처음에 이야기했던 프레임과 쇼트의 구분을 떠올려볼 수 있다. 영화를 프레임으로 분석한다면 우리는 이를 데이터로 받아들이는 것이라고 할 수 있다. 어떤 경우에는 매우 많은 수의 데이터가 주어지고 어떤 경우에는 매우 한정된 수의 데이터만이 주어진다. 들뢰즈는 『시네마 I: 운동-이미지』에서부터 우리가 적정하게 파악할 수 있는 데이터의 수가 실용적으로 주어지는 경우가 아니라, 포화되거나 희박하게 주어지는 경우들을 언급해 왔다. 전자는 스크린이 커지고 심도가 깊어지면서 많은 수의 데이터가 주어지는 경우인데, 예를 들면 전경에서 벌어지는 일이 사건의 연쇄에 있어서 더 부차적이고 원경에서 벌어지는 일이 더 중요한 경우가 있기도 하다. 반대로 후자의 경우는 하나의 대상에 모든 강조점이 놓여서 정보가 희박해지는 상태가 되는 것이다. 예를 들면 히치콕의 「의혹」Suspicion(1941)에서 주인공이 우유 잔을 들고 계단을 올라오는 장면은 그 우유에 과연 무엇이 들었을 것인지 관객들로 하여금 해석하게 만든다. 이 장면을 위해 히치콕은 우유 잔 안에 전구를 넣어 촬영하여 우유 잔이 빛나도록 만들었다. 이 장면에서 다른 정보들은 어둠 속에서 제거되고 관객들이 그 잔에 집중할 수밖에 없도록 했던 것이다. 뿐만 아니라 안토니오니와 오즈 야스지로Ozu Yasujirō의 경우도 예로 들 수 있다. 그들은 늘 텅 빈 풍경과 텅 빈 집 안을 프레임에 담음으로써 '비어 있음' 그 자체를 전달한다.

이런 식으로 포화되거나 희박해지는 정보들은 우리를 사유하지 않을

히치콕 「의혹」에서 주인공이 우유 잔을 들고 오는 장면

수 없게 만든다. "우리가 하나의 이미지에서 매우 적은 것만을 볼 수 있다면, 그것은 우리가 이미지를 읽는 법을 잘 알지 못하기 때문이며, 포화만큼이나 희박화를 잘 평가하지 못하기 때문이다."(IM, 24쪽) 우리가 영화의 이미지를 프레임으로 파악하고 그 안에 담긴 정보만을 본다면 우리는 이미지를 단지 '보고 있는' 것이다. 들뢰즈는 1권에서부터 이미지를 '보는 것'과 '읽는 것'을 구분해 왔는데, 2권에 와서야 그 진정한 의미가 드러난다. 실용적이고 명료한 이미지가 아니라 모호한 이미지가 주어질 때 우리는 그것을 읽어내지 않을 수 없고, 이는 곧 우리를 진정으로 사유하게 만드는 것이다. 예를 들면 시간-이미지의 주요한 예시 가운데 하나인 로셀리니Roberto Rossellini의 「유럽 51년」Europa '51(1952)에서는 부르주아였던 주인공이 빈민가의 삶에 투신하게 되는 변화가 그려지는데, 이 변화는 그녀가 무언가를 인식하고 논리적으로 추론한 결과로 주어지지 않으며, 그녀가 가진 이를테면 코뮤니스트로서의 이념이 행위로 실천된 것으로 주어지지도 않는다. 그녀는 남편에게, 재판관에게, 어머니에게, 그리고 자기 자신에게조차도 납득할 만한 이유를 제시하지 않기 때문이다. 들뢰즈는

이에 대해 "그녀는 본다는 것을 배웠다"고 말한다.(IT, 9쪽) 그녀는 단지 보는 것이 아니라 본다는 것이 무엇인지를 배웠기 때문에 변화되었던 것이다. 그녀는 빈민가에서의 삶을 '보는 법'을 배웠고, 빈민들이 살아가고 노동하는 풍경을 '보는 법'을 배운 것이다.

들뢰즈는 이를 '견자'voyant가 되었다고 말하는데, 이 표현은 랭보Arthur Rimbaud의 「견자의 편지들」Lettres du voyant로부터 온 것이다. "나는 견자여야 한다고, 견자가 되어야 한다고 말합니다. 시인은 모든 감각의 오래되고 광대하며 추론된 무질서dérèglement에 의해서 자신을 의식적으로 견자로 만듭니다."[16] 우리가 본다는 것을 배운다는 것은 지성의 힘 아래에서 오류 없이 정상적인 감각을 얻게 되었다는 것을 의미하지 않는다. 랭보가 말하듯이 감각들의 무질서가 오히려 우리를 진정한 사유로 이끄는 것이다. 「유럽 51년」의 주인공은 무질서한 감각들을 통해서 사유하지 않을 수 없는 견자가 되며, 그와 함께 이미지들은 '가독적인 이미지'image lisible가 된다.[17] 그리고 이는 우리가 더 이상 흘러가 버리는 이미지들을 흘러가는 대로 둘 수 없게 된다는 것을 의미한다. 우리는 그것들을 붙잡아 우리가 읽어야 하는 것, 사유의 대상으로 만드는 것이다. 이렇게 영화의 이미지는 단순히 우리가 알아볼 수 있는 것들로 환원되지 않는다. 시간-이미지의 영화는 우리에게 그것을 늘 일깨우고 끊임없이 사유하게 만드는 영화들이다.

3) 베르그손과 시간-이미지

앞서 이야기한 것처럼 시간-이미지에 대한 논의 역시 운동-이미지에 대한 논의에서와 마찬가지로 베르그손의 이론과 함께 전개된다. 베르그손은 『물질과 기억』에서 비연장적 의식과 물질적 공간에서 이루어지는 연장적 운동을 이원적인 질서로 사유하는 것에 반대한다. 양자가 이원적인 질서를 가지는 것이라면 우리는 하나의 질서로부터 다른 질서로의 이행

---

16 Arthur Rimbaud, *Oeuvres complètes*, ed. Pierre Brunel, Paris: LGF, 2004, 243쪽.
17 가독적 이미지라는 개념은 들뢰즈가 벤야민으로부터 이어받은 것이다. 벤야민의 가독적 이미지에 대해서는, 강선형, 「우리 시대의 예술작품, 영화」, 『철학극장: 철학과 영화의 마주침』 참조.

을 설명해야 하는데, 이는 이 이행을 설명할 수 있는 유일한 기관인 뇌에 기적의 힘을 부여하지 않고는 불가능한 일이다. "유심론은 물질을 정신의 표상들로 만들기 위해, 그리고 유물론은 물질에서 단지 연장의 우연적 외관만을 보기 위해" 각각의 길을 택했다면, 베르그손은 양자를 모두 비판하고 모든 것이 하나의 실재라는 것을 보이는 것이다.[18] 그래서 기억에 대한 논의는 정신 역시 하나의 실재라는 것을 증명하기 위한 중요한 논의다. 들뢰즈는 바로 이러한 기억에 대한 논의를 바탕으로 시간-이미지를 펼쳐 보인다. 들뢰즈는 물질과 정신에 대한 베르그손의 두 논의를 『시네마』 1권과 2권에서 차례로 이어받고 있는 것이다.

들뢰즈는 베르그손이 구분하고 있는 두 가지 재인reconnaissance을 통해 시간-이미지로 나아간다. 첫 번째 재인은 우리가 아는 사람을 다시 만났을 때 알아보는 것, 낯설던 길에 익숙해지는 것과 같은 자동적인 재인이다. 이는 현재 주어진 지각에 이전에 그것과 인접하여 주어졌던 이미지들을 연합하여 연상할 수 있게 되는 것이다. 이것이 운동-이미지에 해당하는 것인데, 우리는 운동-이미지의 영화에서 사물로부터 우리에게 흥미로운 것이나 인물의 반응으로 이어질 수 있는 것만을 취해 연합하고 연결하기 때문이다. 반면 베르그손이 '주의 깊은'attentive 재인이라고 부른 것은 자동적으로 일어나는 게 아니라 직접적으로 과거를 향해야 하고 늘 그로부터 다시 출발해야 하는 것이다. 베르그손은 이러한 주의 깊은 재인 없이 자동적인 재인만으로는 우리의 기억을 설명할 수 없다고 말한다. "왜냐하면 만일 재인이 이런 식으로 이루어진다면, 재인은 과거의 이미지들이 사라졌을 때는 소멸될 것이고, 이 이미지들이 보존되어 있을 때는 항상 일어나야만 할 것"[19]이기 때문이다. 예를 들어 자신이 거주했던 마을을 생생하게 그려낼 수 있는 어떤 환자가 실제로 그 마을에 들어서자 모든 것을 알아보지 못한 경우도 있으며, 자신이 태어난 도시나 자신의 가족을 알아볼 수 없는 환자가 그가 있는 곳이 도시라는 것, 그리고 눈앞에 있는 사람들이 여자와 어린아이들이라는 것은 아는 경우도 있는 것이다.

---

18 앙리 베르그손, 『물질과 기억』, 127쪽.
19 같은 책, 161쪽.

로셀리니의 「유럽 51년」에 나오는 공장 이미지

들뢰즈는 영화의 시간-이미지를 이러한 주의 깊은 재인에 대응시킨다. 시간-이미지는 연합의 방식으로 연결할 수 없이 아무런 중요성이 부여되지 않는 방식으로, 인물에게는 어떻게 반응해야 할지 모르게 만드는 방식으로 주어지는 이미지를 가리킨다. 그렇게 주어지는 이미지에 대해서는 베르그손이 말한 것처럼 연상이 아니라 기억과 관계 맺을 수밖에 없다는 것이다. 앞서 예로 들었던 로셀리니의 「유럽 51년」에서 주인공은 빈민가의 여인을 대신하여 공장에 일하러 가게 되는데, 이때 이제까지 한번도 경험한 적 없었던 굉음이 울리는 거대한 공장의 이미지는 주인공을 연상으로는 가 닿을 수 없는 어떤 정신적인 이미지에 이르게 만든다.

주인공은 공장을 경험한 후, 자신을 빈민가로 데려간 코뮤니스트 친구에게 '나는 유폐자들을 본 것 같았다.'고 말하는데, 이로부터 주인공은 혁명의 당위성을 추론하거나 정의에 대한 고민을 하는 것이 아니라, 이것이 이제까지의 자신의 모든 삶이 실수로 점철되어 있었다는 것을 깨닫는 보다 깊은 정신적 문제임을 배운다. 앞서 말한 것처럼 진정한 사유를 시작하게, '보는 것을 배우게' 되는 것이다. 들뢰즈는 이러한 방식으로 시간으로부터 오는 이미지와 사유로부터 오는 이미지를 동일한 층위에 놓는다. 연상이나 관념의 연합을 거부하고 직접적으로 과거를 향하는 것은 현재를 새롭게 창조하는 기억의 작용이기 때문이다.

5. 시간-이미지와 영화의 역량

1) 시간-이미지들: 결정체-이미지와 현실적 이미지들의 공존

운동-이미지가 그랬던 것처럼 시간-이미지에도 여러 종류들이 있다. 들뢰즈는 진정한 시간-이미지를 설명하기에 앞서 회상-이미지image-souvenir나 꿈-이미지image-rêve와 진정한 시간-이미지를 어떻게 구별할 수 있을 것인지 다룬다. 회상-이미지는 말 그대로 영화의 플래시백과 같은 것이다. 회상-이미지를 통해서 과거로 향함으로써 우리는 주의 깊은 재인을 할 수 있다. 그런데 들뢰즈는 "주의 깊은 재인은 성공할 때보다 실패할 때 우리에게 훨씬 더 많은 것을 가르쳐준다."고 말한다.(IT, 75쪽) 우리가 과거로 향하지만 그것을 우리의 현재와 관계된 것으로 현실화하지 못할 때, 어디선가 본 것 같은 사람, 꿈속에서 봤던 것만 같은 장면과 같이 미지의 것으로부터 우리는 더 많이 배우게 되는 것이다. 그래서 회상-이미지보다는 꿈-이미지가 더 광의적이고 유동적인 이미지들로서 생성되는 이미지라고 말할 수 있다. 하지만 회상-이미지나 꿈-이미지는 아무리 멀리 간다고 하더라도 항상 현실과의 관계 속에서 현실을 설명하기 위해 멀리 나아간다는 점은 분명하다. 반면 들뢰즈가 직접적인 시간-이미지로서 이들과 구별하고 있는 결정체-이미지image-cristal는, 두 이미지처럼 현실과의 관계 속에 있기는 하지만, 현실에 침투하고 현실과 구분되지 않는 이미지를 가리킨다.

실재적인 것과 상상적인 것의 혼동은 단순한 사실상의 오류로서, 이들의 식별 가능성에 영향을 미치지 않는다. 즉 혼동은 단지 누군가의 '머릿속에서' 행해질 뿐인 것이다. 반면 식별 불가능성이란 객관적 환영을 구성한다.(IT, 94쪽)

웰스 「시민 케인」에서의 거울 이미지

　이러한 이미지는 단지 상상적인 이미지가 아니라 잠재적인 이미지, 잠재적인 것으로서 실재하는 이미지다. 베르그손이 기억에 대한 논의에서 설명하듯이 우리가 자동적인 재인에 머무는 것이 아니라 주의 깊은 재인을 통해 과거를 향할 수 있으려면, 과거는 우리가 흔히 생각하듯이 지나가 버림으로써 사라지는 것이 아니라 실재하는 것이어야 한다. 이것이 바로 잠재적으로 실재하는 이미지다. 이러한 잠재적인 이미지가 현실적인 이미지와 단지 혼동되는 것이 아니라, 현실적인 이미지와 뒤섞여 우리를 식별 불가능한 지점으로 데려가는 것이 결정체-이미지다.
　이러한 이미지는 거울 이미지로 표현된다. 웰스Orson Welles의 「시민 케인」Citizen Kane(1941)에서는 부인이 떠난 후 남은 일생 동안 칩거에 들어가는 케인이 마지막에 마주한 두 거울 사이를 지날 때 거울 안에서 그가 증식되는 이미지가 등장한다.
　우리는 복도에서 걸어가고 있는 케인이 과연 누구인지, 소년기의 케인인지, 청년기의 케인인지, 장년기의 케인인지 알 수 없다. 이러한 거울 이미지는 웰스가 자주 사용하는 것인데, 「상하이에서 온 여인」The Lady from

웰스 「상하이에서 온 여인」에서의 거울 이미지

Shanghai(1947)의 거울 미로가 펼쳐진 서커스 공간에서 서로가 총을 겨누는 장면에서는 누가 누구에게 총을 쏘고, 누구의 총알이 누구에게 맞는지 알 수 없게 표현된다.

이러한 거울 이미지는 단지 장면 속에서만 구현되는 것이 아니라 영화가 영화 스스로를 비춰 볼 때에도 해당된다. 베르토프Dziga Vertov의 「카메라를 든 사나이」Man with a Movie Camera(1929)와 키튼Buster Keaton의 「셜록 주니어」Sherlock Jr.(1924)를 시작으로 영화 속 영화가 등장했지만, 영화가 직접적으로 자신을 반성하게 된 것은 행동-이미지의 위기 때문이다.

행동-이미지의 위기 속에서 영화는 자기 자신의 죽음에 대한 우울한 헤겔적 반성을 통과해야 했다는 것은 피할 수 없는 일이었다. 더 이상 들려줄 이야기를 가지고 있지 않았던 영화는 자기 자신을 영화의 대상으로 삼았고, 자기 자신의 이야기밖에는 할 것이 없었다.(IM, 103쪽)

하지만 이것이 영화의 진정한 죽음을 의미하는 것은 아니었다. 영화는 소설이나 회화와 같은 다른 예술들이 그랬던 것처럼 자기 자신을 비춤으로써, 오히려 영화에 특별한 깊이를 부여하고 영화를 진정한 예술로 만들 수 있었던 것이다. 어떻게 그러한가? 영화는 영화 자신을 비춤으로써 '영화란 무엇인가'라는 질문을 드러내게 되고, 이는 무엇보다도 영화와 자본의 관계를 드러내게 된다. 이 글의 초두에서 이야기한 것처럼 영화는 그야말로 대량 복제와 보급을 강요받는 예술이었고, 이는 영화를 늘 자본과 떼어서는 이야기할 수 없게 만든다. 그러나 행동-이미지의 위기 속에서 영화가 스스로를 거울처럼 비추어 봄으로써 우리는 자본을 단지 영화의 배후 조건으로서 사유하는 것이 아니라 진정으로 반성할 수 있게 되고, 그에 반하는 이미지를 구현할 수도 있게 된다. 시간-이미지의 영화는 바로 그러한 영화의 자기 반영성으로부터 나온 것이다. 시간-이미지의 영화는 항상 유기적인 단일성을 파괴함으로써 영화를 모호하고 이해할 수 없는 것으로 만들고, 이는 자본이 영화를 이끌어가는 방향과 반대일 수밖에 없는 것이다. 그리고 바로 이러한 시간-이미지를 통해 더 이상 새롭게 들려줄 이야기가 없던 영화는 죽음이 아니라 반대로 구원을 얻게 된다.

이렇게 잠재적인 이미지를 현실적인 이미지와 구분 불가능한 것으로 드러내는 것이 직접적인 시간-이미지로서 결정체-이미지라면, 또 하나의 직접적인 이미지가 있는데, 잠재적인 이미지들을 공존시키는 것이 아니라 현실적인 이미지 자체를 증식시키는 이미지다. 이러한 이미지는 어떻게 가능한가? 이는 잠재적인 이미지들을 공존시키는 것보다 더 어려운 문제다. 왜냐하면 현재라는 시간이 여럿이며, 서로 다른 방식으로 다양하게, 동시적으로 공존할 수 있다는 것은 생각하기 어렵기 때문이다. 그러나 바로 이것이 또 하나의 직접적인 시간-이미지다.

바로 동일한 시간에 누군가는 더 이상 열쇠를 가지고 있지 않거나(다시 말하면 열쇠를 가진 적이 있었고), 여전히 가지고 있거나(다시 말하면 잃어버리지 않았고), 그리고 열쇠를 발견한다(다시 말하면 열쇠를 가지게 될 것이고 동시에 열쇠를 가지고 있지 않았다.).(IT, 132쪽)

이러한 시간-이미지를 가장 잘 드러내는 것은 로브그리예Alain Robbe-Grillet의 작품들이다. 「지난해 마리앙바드에서」L'année dernière a Marienbad(1961)에는 한 해 전 마리앙바드에서 여자를 만나 서로 사랑을 했다고 말하는 남자와 그것을 기억하지 못한다고 말하는 여자, 그리고 그녀의 남편이 등장한다. 서로 사랑을 했던 것인지, 그녀는 정말로 기억을 하지 못하는 것인지, 아니면 거짓말을 하는 것인지 우리는 끝까지 알 수 없다. 영화는 지나가버린 과거의 현재를 사는 남자와, 경험한 적 없는 시간과 함께 현재를 사는 여자, 그리고 모든 것을 설명할 수 없는 채로 현재를 사는 남편이 공존하는 방식으로 현재들을 동시적으로 공존시키고 있는 것이다. 「지난해 마리앙바드에서」뿐만 아니라, 「불멸의 여인」'immortelle(1963), 「유럽 횡단 급행열차」Trans-Europ-Express(1966), 「거짓말하는 남자」L'Homme qui ment(1968)도 모두 양립 불가능한 이미지들을 서로 뒤섞으며 공존시킴으로써 현재들의 동시성을 구현한다. 「불멸의 여인」에서는 한 여인을 찾아다니는 남자의 이야기가 그려지는데, 회상인지, 환상인지, 실재인지 구분할 수 없는 이미지들 속에서 그녀의 이름은 레일라, 랄레, 엘리안, 루실로 계속해서 바뀌어 불린다. 그리고 어느 누구도 그녀이거나 그녀가 아니다. 「유럽 횡단 급행열차」에서는 열차에 탄 세 사람이 영화를 위해 함께 이야기를 구성하면서 그것이 이미지로 펼쳐지는데, 그런 구조로 인하여 직조되어 가던 이야기들은 서로를 지우고 대체한다. 「거짓말하는 남자」는 그 제목처럼 끊임없이 거짓말을 하는 남자가 주인공이다. 나치 시대를 배경으로 레지스탕스 활동에 대해 그리는데, 처음부터 총을 맞아 죽은 주인공이 여성을 매료하기 위해서 하는 이러저러한 증언들은 동시에 참일 수는 없는 증언들이다. 모든 것은 진실이거나 모든 것은 진실이 아닌 것이다.

또 다른 직접적인 시간-이미지는 로브그리예와 함께 「지난해 마리앙바드에서」를 만들었던 레네Alain Resnais의 영화에서 잘 드러난다. 레네의 영화들에서 인물들은 분명 현재에 있지만 과거 속에 잠겨 있다. 「사랑해 사랑해」Je t'aime, je t'aime(1968)에서는 자신의 과거로 인해 자살을 시도한 남자가 타임머신을 통해 과거로 돌아가게 되고, 「히로시마 내 사랑」Hiroshima mon amour(1959)에서는 느베르에서의 과거에 잠겨 히로시마라는 현재를 살아가는 여자가 등장하며, 「뮤리엘」Muriel(1963)에서는 알제리 전쟁의 상흔과 죄책감을 안고 살아가는 인물들이 그려진다. 그런데 이들이 현재보다 더욱 생생하게 살아가는 과거는 늘 진실과 거짓이 혼재되어 있는 채로 있다. 어떤 과거가 진실인지 결정할 수 없는 방식으로 주어지는 것이다. 「사랑해 사랑해」의 남자는 불완전한 타임머신을 타고 끊임없이 과거로 돌아가지만 과거는 파편적으로밖에 주어지지 않아 정말로 그가 사랑하는 여인을 죽게 만든 건지, 죽도록 내버려둔 건지, 아니면 그마저도 아닌지 알 수 없다. 「히로시마 내 사랑」의 여자는 느베르에서의 자신의 상처를 히로시마에서 다시 보기 때문에 '나는 모든 것을 보았다'고 말하는데, 느베르와 히로시마는 완전히 다른 지대에 속한 과거들로서 공존하고 있을 뿐이다. 「뮤리엘」의 인물들 역시 서로를 부인하고 고발하는 과거의 지대들을 공존시킨다. 레네의 영화에서 드러나는 것은 과거가 더 이상 한 인물이나 가족, 집단에 귀속되는 것이 아니라 다양한 인물들이 공유하는 기억이라는 점이다. 그것은 '세계의 기억'mémoire du monde이다. 이러한 기억에서 우리는 어떤 하나의 과거의 지대만이 진실되다고 결코 말할 수 없게 된다.

2) 진실과 거짓

들뢰즈는 이러한 방식의 시간-이미지들을 이야기하면서 궁극적으로 시간-이미지가 도전하는 것은 진실과 거짓의 문제라는 것을 보인다. 과거 또는 잠재적인 이미지와 현재 또는 현실적인 이미지를 뒤섞고 어떤 것이 진짜인지 가려내는 일을 거부하는 것, 그리고 모든 현재들을 증식시켜 모든 것을 거짓으로 만들거나 모든 것을 진실로 만드는 것, 마지막으로 결정할 수 없는 과거의 지대들을 드러내는 것이 시간-이미지라면, 이는 참과 거짓에 대해 저항하고 문제를 제기하는 이미지인 것이다.

이는 '각자의 진실이 있다'는, 내용과 관련된 가변성이 결코 아니다.

이것은 함께 가능하지 않은 현재들의 동시성, 혹은 비-필연적으로 참인 과거들의 공존성의 문제를 제기한다는 점에서 참의 형식을 대체하고 박탈하는 거짓의 역량puissance du faux이다. …… 우리는 거짓의 역량이란 또한 직접적인 시간-이미지에서 관계들의 집합을 결정하는 가장 일반적인 원리임을 알게 된다.(IT, 171~172쪽)

들뢰즈가 니체로부터 이어받은 거짓의 역량이라는 개념은 예술이 모두 허구이기 때문에 가질 수 있는 역량을 가리키는 것이 아니라, 관습적으로, 역사적으로, 법칙적으로 정해져 있는 참과 거짓, 선과 악의 판단 체계를 와해하는 예술과 사유가 가진 힘을 말한다. 그러한 의미에서 거짓의 역량이 없다면 과거를 현재와 공존하게 하고, 현재들, 그리고 과거들을 공존하게 하는 것은 불가능할 것이다. 시간-이미지가 드러내는 것은 단순히 주관적인 관점에 따라 다르게 받아들여진다는 것을 의미하는 것이 아니라, 객관적으로 그것이 정해져 있다는 사실 자체가 와해될 수 있다는 것이기 때문이다.

이러한 점에서 또 다른 차원의 시간-이미지를 말할 수 있는데, 바로 내러티브 안에서의 진실과 거짓의 판단 체계를 와해하는 문제가 아니라 그러한 이야기를 만들어내는 작가의 차원에서도 이를 와해하는 문제가 남아 있기 때문이다. 우리는 이미 이 문제를 지각-이미지와 함께 다루었는데, 바로 자유간접화법이다.

> 요컨대 파솔리니가 현대 영화를 내적 독백의 일관성이 깨어지고, 그 자리에 다양성, 비정형성, 자유간접화법의 타자성이 들어서는 하나의 지각 변동으로 특징지을 때, 그는 현대 영화에 대한 깊은 직관을 가지고 있었던 것이다.(IT, 239쪽)

인물과 작가를 구분할 수 없게 만들었던 자유간접화법은 우리를 주관과 객관의 구분을 넘어서는 지각으로 나아가게 해주었는데, 이것이 카메라 배후의 작가의 진실성의 문제와 관련되게 되면 참과 거짓의 판단 체계를 와해할 수 있는 역량을 얻게 되는 것이다. 자유간접화법은 내러티브 내의 인물이 그 자신의 타자로서 내러티브 바깥의 작가가 되고, 작가 또한 더 이상 내러티브를 지배하지 못하는 타자가 된다는 것을 의미한다. 그렇게 되면 영화는 타자들의 목소리만이 공존하는 것이 되고, 다수의 목소리가 타자로 남아 있다는 바로 그 사실로 인해 하나의 협화음을 이루는 것이 아니라 서로 어긋나면서 불연속적이고 무조적인 것이 된다. 바흐친Mikhail Bakhtin은 자유간접화법의 작가에 대해 다음과 같이 표현한 바 있다.

> 산문작가는 말들에 낯선 지향들과 음조들을 갖고 말들을 정화하지 않으며, 말 속에 맹아적으로 존재하는 사회적인 담화 다양성을 말살하지 않으며 말들과 언어의 형식들 뒤에 숨어 있는 작어적인 모습들과 담화 방식들(잠재적인 이야기꾼 형상들)을 멀리하는 것이 아니라 자신의 작품이 지닌 궁극적인 의미 중심, 자신의 고유한 지향적인 중심으로부터 여러 갈래로 떨어져 있는 곳에 이 모든 말들과 형식들을 배열한다. …… 다른 언어 계기들은 작가의 궁극적인 의미 단계에서 완전히 떨어져 나와 그의 지향들을 보다 선명하게 파괴한다. 그리하여 결국 남는 것은 작가의 지향들로부터 자유로운 것뿐이다.[20]

작가는 작품 바깥의 현실의 진실이라는 차원으로부터도 완전히 떨어져 나와, 자유를 얻은 목소리들과 함께 그 자신 역시 하나의 타자의 목소리로 있게 되는 것이다. 영화에서 이러한 자유간접화법을 가장 잘 보여주는 것은 고다르일 것이다. 고다르는 영화에 끊임없이 연속성을 깨트리는 불연속적 시간을 도입하면서 그 시간들을 불협화음과 무조 속에서 공존하게 만들 수 있는 작가였다. 그는 그 자신의 영화와 함께 타자가 되었던 것이다. 이러한 공존하는 다수의 목소리들과 함께 우리는 진실과 거짓 사이에서 길을 잃는다.

이렇게 참과 거짓의 판단 체계가 와해된다면, 이는 우리의 사유하는 힘을 칸트처럼 그 범위와 한계를 지정하는 것을 넘어서 무능력한 것으로 만드는 것이 아닌가? 들뢰즈는 에이젠시테인이 품었던 희망이 얼마나 낯설

---

20 미하일 바흐찐, 『바흐찐의 소설미학』, 이득재 옮김, 열린책들, 1988, 141쪽.

게 들리는지 탄식하면서, "집단예술과 새로운 사유로서의 영화에 걸었던 모든 희망을 마치 박물관에 보관해 놓은 선언처럼 간직하고 있다."고 말한다.(IT, 213쪽) 질적 도약을 통해 새롭게 사유할 수 있다는 기대 같은 것들은 더 이상 낯설지 않은 무수한 폭력의 재현들 속에서 빛을 잃은 오래된 유물이 되어버린 것이다. 그러나 들뢰즈는 그러한 기대가 시간-이미지의 영화들 속에서 여전히 빛나고 있다고 본다. 그런데 그 방식은 사유할 수 있는 역량이 아니라 사유의 무능한 역량, 무능한 사유의 역량이다. "영화가 주장하는 것은 사유의 역량이 아니라 사유의 '무능'impouvoir이며, 사유는 결코 이와 다른 어떤 문제도 가지고 있지 않다."(IT, 216쪽) 들뢰즈는 이 사유의 무능력이 영화에 대해 끊임없이 가해졌던 비난이었음을 지적한다. 벤야민 역시 인용했던 것처럼 뒤아멜Georges Duhamel은 "나는 더 이상 내가 사유하고자 한 것을 사유할 수 없다. 움직이는 이미지들이 내 사유에 대신 자리 잡게 된 것이다."라고 말했던 것이다.(IT, 216쪽) 벤야민이 영화에 대한 이러한 비판에 맞서 정신분산Zerstreuung을 그 자체로 옹호했던 것과 마찬가지로 들뢰즈는 사유의 무능을 옹호한다.

사유의 무능에 대한 이러한 옹호는 들뢰즈의 항구적인 문제의식이다. 어떤 것을 알아보고 재인식récognition하는 것은 올바른 재인식과 잘못된 재인식으로서의 오류를 전제하고서만 일어나는 것이다. 우리는 앞서 재인reconnaissance에 대해서도 들뢰즈가 아무리 주의 깊은 재인이라고 하더라도 '실패'할 때에만 의미가 있다고 이야기한 것을 보았다. 이는 재인의 실패가 오히려 참과 거짓, 진리와 오류의 판단 체계를 허물고 어떤 전제도 없이 사유를 시작할 수 있게 해주기 때문이다. 그래서 들뢰즈는 보편적인 전제들을 모두 해체함으로써 시작될 수 있는 '어리석음'bêtise을 옹호해 왔다.

> 가장 탁월한 문학은 어리석음의 문제에 붙들려 있었으며, 우주적이고 백과사전적이고 인식형이상학적인 그 모든 차원을 부여하면서 어리석음의 문제를 철학의 문턱들로까지 끌고 갈 줄 알았다(플로베르, 보들레르, 블루아). 철학은 이 문제를 자신의 고유한 수단들을 통해, 그리고 반드시 겸손한 태도로 다시 취하는 것으로 족할 것이고, 이때는 이 어리석음이 결코 타

인의 것이 아니라 오히려 고유하게 초월론적인 어떤 물음의 대상임을 염두에 두어야 할 것이다.(DR, 338쪽)

이렇게 예술은 우리에게 어리석음이 경험을 조건 짓는 근본적인 초월론적 차원의 것임을 알려주는 것이다. 영화에서도 이러한 사유의 경험은 시간-이미지에 이르러 진정한 경험이 된다. 왜냐하면 앞서 이야기한 것처럼 우리는 시간-이미지를 통해 '본다는 것'을 비로소 '배울 수' 있기 때문이다. 사유 안에서 사유할 수 없는 어떤 것을 마주할 때 우리는 진정으로 사유하게 되는 것이다. "사유가 이 세계에서 참을 수 없는 것을 포착하는 것은 더 나은 세계 또는 더 참된 세계라는 명목에서가 아니라, 반대로 사유가 더 이상 세계를 사유할 수 없을 만큼, 사유 자신을 사유할 수 없을 만큼 세계가 참을 수 없는 것이기 때문이다."(IT, 221쪽) 이때 참을 수 없는 것이란 더 참된 세계를 꿈꾸게 하는 불의가 아니라, 일상적인 진부함과 상투성이다. 행동-이미지의 위기는 바로 그러한 진부함으로부터 왔던 것이다.

3) 인민의 문제

들뢰즈에게 참과 거짓의 판단 체계를 해체하는 문제는 재인식을 통해 기존의 가치들을 재승인하고 통용시키는 문제와 관련되어 있다.

> 이 사유의 이미지에 대해 비난해야 할 점은 바로 정확히 자신의 가정된 권리를 특정 사실들, 게다가 그토록 무의미힌 사실들의 외삽이나 확대 적용을 통해 근거 지었고, 일상적인 진부함 자체, 본연의 재인식을 통해 근거 지었다는 데 있다. 이는 마치 사유는 좀 더 기이하거나 좀 더 위험스러운 모험들에서는 자신의 모델을 찾지 말아야 한다는 것과 같다. …… 사유는 국가를 '재발견'하고 '교회'를 재발견하며 시대의 모든 가치들을 재발견한다.(DR, 304~306쪽)

예술과 사유에 있어서 진부함이나 상투성을 거부하고 파괴하는 일은 기존의 통용되는 가치들에 질문을 던짐으로써 정치적인 역량을 갖게 되는 것이다. 벤야민이 나치의 '정치의 예술화'와 대비되는 '예술의 정치화'

를 이야기함으로써 예술의 정치적 역량을 이야기했던 것과 마찬가지로 들뢰즈 역시 예술이 가진 힘을 정치적 역량으로 만들고 있다.

그런데 들뢰즈가 말하는 정치적 역량은 인민peuple을 단일화하는 방식으로 이루어지는 것이 아니라 오히려 단일화되지 않는 인민이 가지는 정치적 역량이다. 영화가 단일화된 인민의 예술이 될 수 있을 것이라는 믿음은 "영화의 대상이 주체가 되는 대중이 아니라 예속화되는 대중이었던 히틀러의 출현〔벤야민이 이야기한 '정치의 예술화'〕, 인민의 만장일치를 정당의 전제적 단일성으로 대체한 스탈린주의, 더 이상 자신을 과거 인민의 용광로나, 도래할 인민의 배아로서 믿을 수 없게 된 미국 인민의 해체"와 같은 요인들로 인해 이미 무너졌다.(IT, 282쪽) 반면 들뢰즈에게 인민은 늘 아직 도래하지 않은 자들로서 역량을 가지는 것이다. 음악론을 다루며 우리가 이미 살핀 바 있듯이 들뢰즈는 낭만주의에서 인민이 늘 결여되어 있는 인민으로만 드러났다는 점을 지적했다. 그리고 현대 음악에서는 그러한 인민을 단일화하지 않으면서 다양한 외침들을 공존시킬 수 있었다. 그럼으로써 음악은 '정부가 되고자 하지 않으면서' 도래할 인민을 출현시켰다. 이처럼 인민이 늘 아직 도래하지 않은 자들로 있다는 것은 이들이 단일성이라는 목표나 이상 없이 끊임없이 창조되는 자들이라는 것을 의미한다. 영화 역시 이미 있는 인민에게 말을 거는 것이 아니라, 끊임없이 새로운 인민을 창조해야 한다. 이는 인민이 다수로서 권력을 부여받고, 늘 우선적으로 판단의 척도가 되는 그룹이 된다는 것을 의미하지 않는다. 끊임없이 창조되는 인민은 소수로서 총체화를 거부하고 단일한 척도로 재어지는 것에 저항하며 다수가 만들어낸 전형에 종속되지 않는다는 것을 의미한다. 그러한 인민을 위한 영화만이 진정한 정치적 역량을 드러낼 수 있는 것이다. 문학론에서 살펴본 것처럼 마이너 쓰임새는 메이저 쓰임새에 저항함으로써 정치성을 얻게 되는 것이다. "마이너 쓰임새에 의해 구멍 나지 않을 제국적 언어는 없다."[21]

이렇게 영화가 정치적인 역량을 가지게 되는 것은 어떠한 인민이 현존

---

21 Gilles Deleuze & Carmelo Bene, *Superpositions*, Paris: Éd. de Minuit, 1979, 101쪽.

하고 있고 그것을 드러냄으로써가 아니라, 어떻게 진정한 인민이 아직 없는가를 드러냄으로써다. 예술에 대한 고전적인 태도들 가운데 하나는 정치적인 것과 사적인 것 사이의 경계를 유지하는 것이다. 정치적인 것은 공적인 삶과만 관계되는 것이며, 자신의 사적인 삶을 대의를 위해 희생하거나 사익을 포기함으로써만 정치적이 될 수 있다. 그러나 모든 삶은 정치적이다. 어느 날 느닷없이 무죄 선고를 위해 싸워야 하는 카프카 소설처럼 말이다. 그러므로 영화가 진정으로 정치적인 역량을 가지게 되는 것은 어떤 특정한 이념을 드러내고 그것을 위해 싸움으로써가 아니라 그 자신의 사적인 삶이 정치와 결코 분리되지 않는다는 것을 드러냄으로써인 것이다. 그리고 그렇게 영화가 우리의 삶과 정치를 위해 싸울 때 '아직 없는 인민'을 위한 영화가 되고, 이는 단일화되는 다수 집단이라는 것은 더 이상 성립할 수 없으며, 파편화된 소수로서 인민이 늘 생성되어 가는 중에 있다는 것을 드러내게 된다. 이러한 의미에서 인민의 창조는 끊임없이 이루어진다. 시간-이미지의 영화와 함께 우리는 이와 같이 끊임없이 창조되는 소수의 역량을 발견할 수 있다.

4) 예술로서 영화의 역량

이렇게 우리는 시간-이미지에 이르러 영화의 진정한 역량을 발견한다. 운동-이미지의 영화에서도 물론 탈프레이밍과 외화면이 드러내는 잠재성 등 영화의 이미지가 가진 고유한 역량을 발견할 수 있지만, 시간-이미지의 영화는 유기적 단일성에 지향함으로써 궁극적으로는 참과 거짓, 선과 악 등 관습적인 판단 체계를 와해하는 지점으로 우리를 데려가기 때문이다. 다시 말하면 시간-이미지의 영화와 함께 우리는 「유럽 51년」의 주인공처럼 진정으로 '보는 것을 배우는' 견자가 되는 것이다. 단지 자동적으로 재인식하는 것이 아니라, 더 나아가 기억으로 거슬러 올라가는 주의 깊은 재인을 하는 것도 아니라, 재인식의 체계 자체에 의문을 품고 그에 대해 질문하는 것이 바로 시간-이미지의 영화가 가진 역량이다. 들뢰즈에게 재인식은 국가적 가치, 종교적 가치, 관습적 가치들을 재발견하고 재승인하는 문제와 늘 연결되어 있다. 물음을 던지고 그에 저항할 수 있는 역량은 또 다른 가치를 고착화하고 전통으로 만드는 것이 아니라, 끊임없는 창조를 통해 그 어떤 진리와 가치가 고정되지 않게 만드는 것이다. 예술로서 영화는 이러한 거짓의 역량으로서만 그 자신의 고유한 역량을 드러낸다고 할 수 있다.

들뢰즈는 『시네마』 2권의 결론에서 운동-이미지가 위기를 맞이했던 것과 같이 시간-이미지를 텔레비전이나 비디오의 이미지가 대체하고 있는 1980년대의 상황을 언급한다. 그는 텔레비전, 비디오, 디지털 이미지들이 영화를 변형시키고 영화의 자리에 대신 들어앉으면서 영화의 죽음이 선고되었다고 진단한다. 이러한 이미지들에 대해 들뢰즈는 새롭게 고찰하지는 않지만, 영화적 이미지와의 차이점들을 짚어낸다. 차이점들 가운데 중요한 하나는 디지털 이미지가 외화면을 가지지 않는다는 것이다. 우리는 앞서 외화면이라는 개념이 단순히 상상적인 것이 아니라 잠재성의 영역을 가리켜 보인다는 것을 이야기했다. 디지털 이미지는 화면 바깥의 세계를 남겨두지 않고, 자기 자신의 독립적인 세계를 가지며, 그 세계 안에서 이미지들이 끊임없이 재조직화된다. 디지털 이미지는 자신의 바깥 세계를 반영하고 비추는 창이나 그림 같은 것이 아니라 그 자신을 비추고 늘 그 자신으로 돌아오는 이미지인 것이다. 왜냐하면 디지털 이미지는 어디까지나 정보들이 배치되는 표면이기 때문이다.

들뢰즈가 이러한 차이점을 지적하는 것은 영화의 죽음을 애도하고 새로운 이미지를 비판하기 위해서가 아니다. 오히려 새롭게 태동하는 이 이미지 역시 하나의 창조일 수 있음을 강조하기 위해서인데, 그렇게 되기 위해서는 새로운 이미지 역시 거짓의 역량이라는 독창적인 예술 의지를 위해서 사용되어야만 한다. 예술가는 항상 새로운 수단을 원함과 동시에 이 새로운 수단이 모든 예술 의지를 무화해 버리게 되는 것은 아닐지 염려해야 하는 존재들이다. 상업적이고, 일차원적이며, 특정한 이데올로기를 주입하는 이미지에 머물게 된다면 새로운 이미지도 결국 예술 의지를 무화해 버릴 것이다. 들뢰즈가 2권의 결론에 이르러 예비적으로 고찰하고 있는 이러한 디지털 이미지에 대한 논의는 1980년대를 조명하고 있음에도 불구하고, 영화의 정의를 뒤바꾸는 기술이 발전하고 있는 현시대의 상황을 사유하게 해주는 통찰을 제공한다. 주문 제작 공장과 같이 단어의 조합만을 통해 이미지를 생산할 수 있는 생성형 AI 기술을 마주한 우리 시대에 진정한 이미지란 무엇인가를 탐구하게 해주는 것이다.

예술과 사유는 창조가 아니라면 하나의 재인식에 불과하다. 들뢰즈가 영화에 대한 자신의 사유를 하나의 형성되어 가는 이론으로서의 실천이라고 강조하는 것도 바로 이러한 이유에서다. 형성되어 가는 이론이라는 것은 이론이 어떤 정답이나 고정된 가치 없이 새로운 가치들을 발견하고 창조해 가는 과정이라는 것을 의미한다. 이러한 점에서 우리는 한 사람의 비평가로서의 들뢰즈를 발견할 수 있다. 기존의 가치들을 재인식하고 그것을 옹호하거나 새로운 가치를 세우고 그것을 항구적인 진리 또는 가치로 내세우는 것이 아니라, 늘 형성되고 창조되고 있는 것으로 이론을 정의하기 때문이다. 이러한 의미에서 우리는 비판을 통해 기존의 가치들에 저항하고 새로운 가치들을 끊임없이 해방하는 길을 열어 보이는 창조적 실천을 행하는 영화 비평가로서의 들뢰즈를 마주할 수 있는 것이다.

6
보론

미셸 푸코의
예술 비평:
푸코 사유에서 예술과 비평의 위상

박민철

1. 비판 활동들 사이의 연결

푸코는 평생 동안 자신을 변화시키기 위해 사유해 왔다. "저는 평생 열심히 일했습니다. 제 문제는 저 자신의 변화이기 때문에, 제가 하는 일의 학문적 지위에는 별로 관심이 없습니다."[1] 푸코는 지금과 다르게 말하고, 다르게 행위하고, 다르게 존재하기 위해 사유했고, 오늘날 당연하다고 여겨지는 지식·의무·자기 관계를 역사 속에서 추적하면서 그 우연성을 폭로했다. 이러한 비판 작업을 수행하는 과정에서 푸코는 자신이 이전에 고수하던 견해와 다른 이야기를 하는 데 주저하지 않았다. 자신의 말이 바뀌었다고 지적하는 사람에게, 푸코는 다음과 같이 답할 것이다. "제가 오랜 세월 동안 그렇게 일한 게, 같은 것을 말하고 변하지 않기 위해서라고 생각하시나요?"[2]

실제로 푸코는 1960년대에는 지식을, 1970년대에는 권력을, 1980년대에는 주체화를 탐구하고, 각각의 시기에 예술에 상이한 위상을 부여했다. 1960년대, 인식론의 영역에서 연구를 진행하던 푸코는 "바깥의 경험을 우리의 사유 속에" 놓아주는 특별한 통로로서 문학에 주목했고,[3] 지금과는 다른 말하기와 보기의 가능성을 확보하기 위해 예술을 적극적으로 참조하고 분석했다. 그러나 1970년대에 권력을 연구하면서 문학의 역량은 평가절하되고, 이후 푸코의 저서에서 예술에 관한 언급은 점차 사라지게

---

1 Michel Foucault, "Michel Foucault: An Interview by Stephen Riggins", *Essential works of Foucault, 1954~1984*, v.1, New York: New Press, 1994, 131쪽.
2 같은 글, 131쪽.
3 미셸 푸코, 「바깥의 사유」(심재상 옮김), 『미셸 푸코의 문학비평』, 김현 엮음, 문학과지성사, 1989, 191쪽.

된다. 작고한 해에 푸코는 다시 예술에 대해 언급하지만 이때 예술은 작품과 연관되기보다는 자기 자신을 하나의 예술작품으로 만들어가는 '실존의 미학'esthétique de l'existence이라는 틀 안에서 단편적으로 다루어질 뿐이다.

예술에 대한 푸코의 입장 변화는 푸코가 언제나 다른 무엇과의 관계 속에서, 자신을 변화시키기 위해 수행한 비판 작업과의 관계 속에서 예술을 이해해 왔다는 사실을 알려준다. 예술은 각각 지식, 권력, 주체화와의 관계 속에서 사유되었고, 특징과 기능을 부여받았으며, 위상이 결정되었다. 따라서 예술에 대한 푸코의 분석에 접근하려 할 때, 우리는 그것이 언제나 그의 비판 작업과 연결되어 있다는 사실을 염두에 두어야 한다. 푸코의 예술 비평은 비판과 동시에 다루어져야 하는 것이다.

실제로 푸코는 상이한 대상에 대한 비판들을 서로 연결할 수 있다고 생각했다. 1978년 프랑스 철학회 강연에서 푸코는 비판을 어떤 특정한 영역에 국한되지 않는 하나의 태도로 규정한다. 비판은 언제나 비판에 선행하는 특정한 대상에 대해 '~에 대한 비판'이라는 형태로 이루어지며, 대상을 제거하거나 다른 대상으로 대체하는 것이 아니라 대상에 대해 문제를 제기하는 방식으로 실행된다. 따라서 비판은 "그것이 다른 어떤 것과 맺는 관계 속에서만 존재"한다.[4] 이어서 푸코는 비판이 관계해 온 다양한 대상들을 "철학, 과학, 정치, 도덕, 법 권리, 문학 등"으로 제시한다.[5] 그런데 푸코가 강의를 위해 준비한 원고에 따르면 각각의 대상에 대한 비판들은 '대상에 대한 문제 제기'라는 느슨한 방식으로 연결되는 데 그치지 않으며, 보다 긴밀한 관계를 지닌다. "분산되어 있지만, 다양한 〔비판〕 활동을 서로 절합할 수 있도록 하는 관계, 연결, 이동의 작용이 존재한다."[6] 따라서 우리는 '비판 활동들의 연결'이라는 기획 속에서 푸코의 비평과 비판 사이의 관계를 이해할 수 있다.

'비판 활동들의 연결'이라는 푸코의 기획은 단지 돌발적이고 일회적

---

4   미셸 푸코, 『비판이란 무엇인가?/자기수양』, 심세광 외 옮김, 동녘, 2017(초판 2016), 40쪽.
5   같은 책, 41쪽.
6   같은 책, 41쪽. 번역 수정.

인 제안에 머무르지 않는다. 그는 이미 1964년 12월, 벨기에 브뤼셀에서 진행한 강연에서 비평과 비판 사이의 연결을 시도한 바 있다. '문학과 언어'littérature et langage라는 주제로 이루어진 두 차례의 강연에서 푸코는 문학이란 무엇인지, 그리고 문학에 대한 비평이란 무엇인지를 설명하면서 문학 비평을 철학의 영역에서 이루어지는 자신의 비판 작업과 연결한다. 문학과 비평을 직접적으로 규정하려 시도하는 이 강연을 중심으로 예술과 철학에 대한 푸코의 작업들을 검토하면서 우리는 푸코에게 비평이란 무엇인지, 그리고 푸코의 작업 속에서 비평과 비판은 어떻게 연결되는지를 살펴볼 것이다.

2. 문학이란 무엇인가

푸코의 비평 개념에 대해 살펴보기 전에, 우리는 이 글에서 예술에 대한 '비평'과 철학에 대한 '비판'으로 구분해서 사용하고 있는 두 단어가 모두 'critique'이라는 한 단어의 번역어라는 점을 염두에 두어야 한다. 우리는 일상적으로 'critique'이 예술을 대상으로 할 때 비평이라는 단어를 사용하고, 푸코의 'critique'을 다루고 있는 이 글 역시 'critique'이 관계하는 대상에 따라 비판과 비평이라는 단어를 구분해서 사용하고 있다. 이러한 구분은 번역 과정에서 'critique'의 대상에 따라 덧붙여진 것이지만, 비평의 대상이 되는 예술이 초기 푸코의 사유에서 어떤 사료로도 환원되지 않는 고유한 담론의 지위를 차지한다는 점에서 실효성을 가진다. 따라서 우리는 서로 다른 대상에 대해 이루어지고 서로 다른 효과를 발휘하는 비평과 비판이 어떻게 구분되고 또 연결될 수 있는지를 확인하기 위해 먼저 비평이 대상으로 삼고 있는 문학에 대해 살펴보아야 한다.

문학에 대한 강연을 시작하면서, 푸코는 자신의 논의가 사람들을 문학에 대한 기존의 관념으로부터 벗어나게 만들기를 바란다고 말한다. 푸코가 보기에 문학은 우리가 일상적으로 사용하는 단어들을 사용해서 언어로 말할 수 없는 어떤 것을 나타내는 것이 아니다. 푸코에게 문학은 그것이 표현하는 내용이나 대상의 특수성에 의해 규정되지 않는다. 문학은 이야기할 수 있고 이야기될 수 있는 '우화'fable로 이루어진다. 문학이 '어떤 것'을 말하는 동시에 어떤 것을 '말하는' 이중의 행위를 수행한다면, 기존의 관념은 문학을 '말할 수 없는 것'을 '일상적인 언어로 말하는' 작업으로 이해해 왔다. 반면 푸코에게 문학을 문학으로 만드는 요소는 어떤 것을 '말하는' 비일상적 언어 쪽에서 발견된다. "〔문학에서〕 우화는 부재, 살해, 양분 작용dédoublement, 시뮬라크르인 언어를 통해 말해집니다."(LL, 112쪽, 번역 수정)

푸코에 따르면 이러한 문학의 언어는 '문학이란 무엇인가?'라는 질문과 함께 19세기에 새롭게 출현한다. 18세기에도 작품은 시뮬라크르인 언어를 사용해서 우화에 대해 말했지만, 이 언어는 '완전하고 절대적인 언어'의 시뮬라크르였고, 부재나 살해로서의 언어가 아니라 완전한 언어를 되풀이하며 그것에 가 닿으려 하는 언어였다. 푸코는 디드로Denis Diderot의 『운명론자 자크와 그의 주인』Jacques le fataliste et son maître (1796)을 예로 든다. 『운명론자 자크와 그의 주인』은 출발지도 도착지도 알려지지 않은 여정을 이어나가는 자크와 그의 주인의 이야기를 그린 소설이다. 이들의 여정은 주인이 자크에게 요청한 사랑 이야기와 함께 시작되지만, 자크의 사랑 이야기는 여행 과정에서 일어난 뜻밖의 사건이나 다른 등장인물의 이야기로 인해 끊임없이 중단된다. 그런데 다양한 층위의 이야기들을 서로 끼워 맞추어 하나의 소설을 완성하는 과정에서 디드로는 자신의 이야기가 소설이 아님을 계속해서 강조한다. "이건 절대 소설이 아니다. 그대에게 이미 말한 적 있지만 다시 한 번 반복한다."[7]

그러나 소설과의 거리두기 속에서 『운명론자 자크와 그의 주인』이 차지하는 자리는 진실이 아니다. 디드로는 『운명론자 자크와 그의 주인』의 이야기가 실제로 일어났다고 주장하지 않는다. 디드로는 "내가 쓰는 것을 진실로 간주하는 자는 허구나 우화로 간주하는 자보다는 오류를 덜 범하는 셈"이라고 말하면서 자신의 이야기를 진실로 간주하는 자 역시 상대적으로는 적지만 역시 오류를 범하고 있음을 암시한다.[8] 실제로 소설의 초

---

[7] 드니 디드로, 『운명론자 자크와 그의 주인』, 김희영 옮김, 민음사, 2013, 61쪽.
[8] 같은 책, 24쪽.

두부터 디드로는 독자를 상대로 다음과 같이 선언한다. "내 마음대로 자크와 주인을 헤어지게 하고 그들을 온갖 위험에 처하게 하여, 그대로 하여금 자크의 사랑 이야기를 일 년, 이 년 혹은 삼 년 후에나 듣게끔 기다리게 하는 것도 오로지 내 손에 달렸다."[9]

푸코에 따르면 『운명론자 자크와 그의 주인』에서 소설과 문학에 대한 거리두기는 소설에 대한 자신의 우위를 주장하는 방식이 아니라, 자신의 열등함을 고백하는 방식으로 이루어진다.

> 운명론자 자크는 자신의 주인에게 이렇게 말합니다. "제가 소설가라면, 저의 말은 지금보다 훨씬 아름답겠지요. 만약 제가 주인님께 드리는 말을 다 아름답게 꾸미고 싶었다면, 주인님은 지금 이것이 훌륭한 문학이구나 하시겠지요. 그러나 저는 문학을 못 합니다. 저는 그저 이렇게 이야기할 수밖에…."(LL, 129쪽)

강연에서 푸코는 『운명론자 자크와 그의 주인』으로부터 이 문장을 인용하는 것처럼 말하고 있지만, 소설에서 자크는 자신의 입으로 이런 말을 내뱉지 않는다. 이 문장은 푸코가 만들어낸 허구적 발언이다. 그러나 소설에서 자크가 자신의 행동을 끊임없이 '저기 높은 곳에 쓰인 것' 혹은 '모든 것이 쓰여 있는 커다란 두루마리'와 연결할 뿐만 아니라, 이것들과의 관계 속에서 자신의 이야기를 구축하고, 시작하고, 끝맺는다는 사실은 분명하다. 여기 낮은 곳에서 말해지는 자크의 이야기와 그 이야기를 받아쓰고 있는 디드로의 작품은 저기 높은 곳에 존재하는 완벽한 언어로 이루어져 있지 않기 때문에 훌륭한 문학이 되지 못한다. 자크와 디드로는 『운명론자 자크와 그의 주인』이 쓰인 대로, '그저 이렇게 이야기'할 수밖에 없었고, 작품은 진정한 문학이 아닌 문학의 시뮬라크르에 머무르게 된다.

> 디드로는 자신의 고유한 문학에 관련하여, 말하자면 자기 자신을 스스로 분리하고 있을 뿐입니다. 매 순간 보여주어야 하는 것은 사실 이 모든

[9] 같은 책, 9~10쪽.

것이 문학이 아니라는 점이며, 유일하게 견고하고 직접적이고 일차적인 하나의 언어가 존재하고, 이야기들 자체는 그 위에 우연히 그리고 즐거움을 위해 구축되어 있다는 점입니다.(LL, 132쪽, 번역 수정)

디드로의 시대에 작품은 하나의 원초적 언어, 신의 언어이자 자연의 언어이며 진리의 언어인 하나의 언어를 발견하고 복원하고자 하는 노력 속에서 존재했다. 디드로는 자신의 언어를 그로부터 분리하면서 매 순간 이 유일한 언어의 존재를 보여주고자 했고, 불완전한 시뮬라크르인 작품의 원형에 해당하는 완벽한 문학의 존재를 드러내고자 했다.

뒤에서 살펴보겠지만, 디드로의 시대에 작품의 기반이 되었던 절대적 언어는 19세기 들어 침묵하기 시작한다. 절대적 언어의 침묵과 동시에 이 언어에 의해 쓰인 절대적 문학 역시 사라지고, 문학은 더 이상 절대적 문학의 시뮬라크르로서 존재할 수 없다. 이제 문학은 원형의 소실로 인해 빛바랜 작품들 사이에서 '문학이란 무엇인가?'라는 질문을 스스로에게 던지게 된다. 말라르메Stéphane Mallarmé가 세상의 모든 것이 거기에 이르기 위해 존재한다고 표현한 '책'le Livre을 쓰고자 했다는 사실은 19세기에 절대적 언어와 문학이 사라졌음을 반증한다. 말라르메는 '문학이란 무엇인가?'라는 질문에 대해 이제는 존재하지 않는 한 권의 책을 자신의 '책'으로 대체하겠다는, 실패할 수밖에 없는 기획을 제출한 것이다. 결국 '문학이란 무엇인가?'라는 질문은 "일종의 빈터, 문학이 그 안에 거주하는 그리고 아마도 자신의 모든 존재를 수확하게 될 하나의 빈터"가 된다.(LL, 106~107쪽) 그리고 이 빈터로부터 새로운 문학이, 푸코가 19세기 이후에 국한해 엄밀한 의미로 사용하는 '문학'이 탄생한다.

그러나 문학이 빈터 안에 거주하고 그 안에서 자신의 모든 존재를 작품이라는 형태로 수확한다 해도, '문학이란 무엇인가'라는 질문에 의해 열린 공간은 언제나 빈터로 남아 있다. 문학적 언어의 지위를 보장해 주었던 절대적 언어가 사라진 뒤, 작품은 '문학이란 무엇인가?'라는 질문과 '문학적 언어란 무엇인가?'라는 질문에 동시에 답해야 한다. 하지만 절대적인 언어로 저기 높은 곳에 쓰여 있는 절대적 문학이 사라진 이상 어떤 작품도 이 질문에 대해 필연적인 하나의 답을 제시할 수 없다. 이제 작품은 이 질문들이 열어놓은 부재의 공간 속에서 다른 모든 작품들을 부정하며, 심지어 다른 모든 작품들을 부정하면서 쓰이고 있는 자기 자신마저도 살해할 뿐이다.

　문학의 공간이 언제나 빈터로 남아 있을 수밖에 없는 이유는 작품이 언어와의 관계에서 차지하는 이중적인 지위에서 다시 한 번 확인된다. 푸코는 언어와 작품, 문학 사이의 관계를 다음과 같이 정의한다. 언어는 발화되어 축적된 파롤들의 집합이자 서로의 말을 이해할 수 있게 만들어주는 랑그의 체계이다. 작품은 파롤과 랑그로 규정된 언어의 내부에 자신의 고유한 공간을 구성하고 있는 기묘한 사물이다. 끝으로 문학은 "언어에서 작품으로, 작품에서 언어로의 관계가 통과하는 삼각형의 정점"으로, 언어와 작품 사이에서 작품의 생성과 작품으로 인한 언어의 변형에 능동적 역할을 하는 꼭짓점이다.(LL, 109쪽, 번역 수정) 이때 작품은 문학과의 관계 속에서 언어에 대해 '고유한 공간'을 형성하지만, 그것이 기호로 쓰인 이상 언어의 내부에 존재한다. 푸코는 프루스트의 『잃어버린 시간을 찾아서』(1913)를 예로 든다. 이 작품을 시작하는 문장인 "오랫동안 나는 일찍 잠자리에 들었다."는 "어떤 의미에서 문학으로 들어가는 하나의 입구이지만, 또한 이 문장에 사용된 단어들 중 그 어떤 것도 문학에 속하는 것이 아니라는 점 역시 분명"하다.(LL, 114쪽) 작품은 오직 첫 번째 단어가 쓰이기 전에만, 빈터로 남겨진 백지의 상태로서만 문학일 수 있다. "어떤 단어도 본질적으로 혹은 본성에 의해 문학에 속하는 것은 아니기 때문"에 첫 번째 단어가 쓰인 순간부터 작품은 문학에 대해 절대적으로 실망스러운 것이 되어버린다.(LL, 113쪽)

　그러나 상술한 것처럼 "오랫동안 나는 일찍 잠자리에 들었다."라는 문장에 쓰인 단어 중 그 어떤 것도 문학에 속하지 않음에도 불구하고, 이 문장은 문학으로 들어가는 하나의 입구로 존재한다. 그 이유는 "이 문장이 완벽한 백지 위에 쓰인 그냥 어떤 언어의 분출, …… 곧 문학임에 틀림없을 하나의 영원한 부재의 문턱으로 우리를 이끄는 단어들이기 때문"이다.(LL, 114쪽, 번역 수정) 이튿날 강연에서 푸코는 다시 이 문장으로 돌아와서 자신이 "오랫동안 나는 일찍 잠자리에 들었다."고 말할 때와 프루스트의 작품의 첫 문장을 읽을 때, 두 문장은 발음상으로는 동일하지만 근본적인 차이를 지닌다고 말한다. "차이는 이 문장(프루스트의 문장)이 말해지는 순간, (모든 가시적 외양의 아래에서) 어렴풋이 어떤 위험이 감수되었다는 데 있다. 결국 이렇게 시작하는 말은 아마도 언어학적 코드에 복종하지 않을 수 있다는 위험 말이다."(LL, 149쪽 각주 18, 번역 수정) 프루스트가 쓴 문장은 '문학이란 무엇인가?'란 질문이 열어놓은 빈터와 백지의 흰빛에 대해 전적으로 실망스러운 것이지만, 동시에 언어학적 코드에 복종하지 않을 수 있다는 위험을 내포하고 있다. 프루스트의 문장이 백지로부터 쓰였다는 사실로부터 발생하는 이 위험은 우리를 한 장의 백지로, 영원한 부재의 문턱으로 이끌어 간다.

　언어뿐만 아니라 형식에 있어서도 『잃어버린 시간을 찾아서』는 문학에 대해 실망스러운 것으로, 그렇지만 동시에 그로부터 문학의 존재를 확인하게 되는 하나의 작품으로 존재한다. "프루스트는 정확히 어떻게 자신이 이 작품에 이르게 되었는가를 서술했으며, 책의 마지막 줄에서 시작해야 했던 이 작품은 실제로는 자신의 고유한 신체를 결코 부여받은 적이 없기 때문입니다."(LL, 125쪽, 번역 수정) 실제로 『잃어버린 시간을 찾아서』는 마르셀이 자신의 진정한 삶을 드러내고 실현할 수 있는 한 권의 책을 쓰겠다고 결심한 순간에서, 진정한 의미에서의 작품이 시작되어야 하는 지점에서 완결되어 버린다. 따라서 프루스트의 작업은 하나의 문학 작품을 쓰고자 하는 기획에 머물게 되며, 그가 쓰고자 한 작품은 결코 그 자체로 우리에게 주어지지 않는다. 작품이 시작되어야 하는 순간에 끝나버렸기에, 우리는 프루스트가 잃어버렸고 우리 역시 잃어버린 이 시간을 찾아서 『잃어버린 시간을 찾아서』라는 작품 아닌 작품의 내부를 표류하게 된다. 이렇게 프루스트의 작품은 쓰일 수 없는 '작품'에 대한 하나의 작품, '문학'에 대한 하나의 시뮬라크르가 된다.

　결국 '문학이란 무엇인가?'라는 질문이 시작된 이래로, 문학은 그로부터 작품이 자신의 고유한 공간을 형성하게 만드는 백지로서 작품의 시작점에 존재하고, 글쓰기를 통해 백지로서의 문학을 위반하며 완성된 작품은 결코 문학 자체가 될 수는 없지만 문학의 구체적 모델로 기능하는 문학의 시뮬라크르가 된다. 그러나 '문학이란 무엇인가?'라는 질문으로부터 시작되는 19세기 이후의 문학은 『운명론자 자크와 그의 주인』과는 다른 형태의 시뮬라크르, 원형에 대한 시뮬라크르가 아니라 원형 없는 시뮬라크르로 존재한다.『운명론자 자크와 그의 주인』에서도 본래 이 작품이 이야기했어야 할 자크의 사랑 이야기는 끊임없이 방해받고 연기되어 끝내 작품에 등장하지 않지만, 하나의 원초적 언어와의 관계 속에서 쓰인 이 작품에서 사랑 이야기의 부재는 원형의 부재로부터가 아니라 저 높은 곳에 쓰인 문장에 의해 결정된다. "그렇다면 자크의 사랑은? 그 이야기를 끝내지 못할 거라고 저기 높은 곳에 쓰여 있다고 자크는 수백 번이나 말하지 않았는가."[10] 반면 빈터와 백지로부터 시작하는『잃어버린 시간을 찾아서』에서, 원형의 자리는 시작되어야 할 지점에서 끝나버리는 작품의 형식에 의해 제거된다. 그리고 원형 없는 시뮬라크르인 개별적인 작품들 속에서 우리는 "문학의 부재인 동시에 문학의 내재성인 무엇인가, 곧 문학이 절대적으로 거기에 있다는 사실"을 발견하게 될 것이다.(LL, 132~133쪽)

3. 비평이란 무엇인가

문학과 언어에 대한 두 번째 강연에서 푸코는 작품과 문학에 대해 말하는 자신의 언어, 그러나 작품도 문학도 아닌 자신의 언어가 어떤 지평과 토대를 가지고 있는지 묻는다. 이후 푸코가「비판이란 무엇인가」에서 '문학에 대한 비판 활동'이라는 이름으로 분류하고, 우리가 일상적으로 '비평'이라는 이름으로 부르는 이 언어는 무엇인가?

  푸코는 먼저 근대적 문학 비평의 창시자로 꼽히는 생트뵈브를 참조하면서 비평이라는 이름으로 불려왔던 기존의 활동이 어떤 역할을 수행했는지 묻는다. 생트뵈브식의 비평은 작품의 배후에서 작품을 창조한 작가에 주목하고, 작품에 접근하는 실증적이고 과학적인 방식을 작가의 심리로부터 확립하려 한다.『잃어버린 시간을 찾아서』를 쓰기 전, 프루스트는 생트뵈브의 방법론을 다음과 같이 요약한다.

10 같은 책, 417쪽.

이(생트뵈브의) 방법론은 작가와 작품을 분리하지 않는 것, 책이 '순수 기하학 개론'이 아닌 한, 그 책의 저자를 판단하기 위해서는 저자의 작품과 가장 동떨어져 보이는 질문들에 먼저 답하는 일을 간과할 수 없다고 보는 것(그는 어떻게 생활했는가 등), 그리고 작가에 대한 가능한 모든 정보를 모으고, 그의 서신을 대조하고, 그를 알고 지냈던 사람들에게 질문하는 것, 그들이 아직 살아 있다면 이야기를 나누고, 죽었다면 그들이 작가에 대해 쓴 글을 읽는 것이다.[11]

생트뵈브는 작품의 창조자라는 특권적 지위를 작가에게 부여하는데, 이 특권은 작가에 관한 자료들을 수집하며 창조자와의 관계 속에서 작품을 독해하는 생트뵈브 자신의 비평으로 되돌아온다. 이때 비평은 작가와 작품에 대한 독해 속에서 작가와 일반 대중을 매개해 주는 "독해의 일차적, 절대적, 특권적 형식"으로 규정된다.(LL, 144쪽)

반면 푸코는 생트뵈브와 구분되는 오늘날의 비평은 저자와 작품에 대한 독해가 아니라 하나의 글쓰기로 실행된다고 설명한다. "이는 다른 글쓰기에 대해서는 의심의 여지 없이 이차적인 하나의 글쓰기, 그러나 그럼에도 불구하고 다른 모든 글쓰기와 함께 점과 선을 잇는 하나의 얽힘, 하나의 그물망, 하나의 망을 형성하는 하나의 글쓰기입니다."(LL, 144쪽) 비평은 '작품을 생산하는 글쓰기'에 대한 글쓰기라는 점에서 이차적인 글쓰기이지만, 푸코는 작품 위에 덧붙는 언어라는 지위를 비평에 부여하는 데 만족하지 않는다. 비평 작업 역시 하나의 글쓰기라는 점에서 비평은 작품과 동일한 층위에 위치하고, 작품 옆에서 작품과 함께 하나의 망을 형성하고자 한다. 즉 오늘날의 비평은 "2차 언어인 동시에 하나의 1차 언어인 지점"에 도달해야 한다.(LL, 145쪽, 번역 수정)

2차 언어이자 1차 언어로서의 비평을 사유하기 위해 푸코는 먼저 메타언어라는 관념을 검토한다. 메타언어는 한 언어의 형태나 법칙, 코드를 정의한다는 점에서 2차 언어이지만, 그것이 규정하고 있는 언어와 동일한

---

11 Marcel Proust, *Contre Sainte-Beuve*, eds. Pierre Clarac·Yves Sandre, Paris: Gallimard, 1971, 221쪽.

언어라는 점에서는 1차 언어이다. 예컨대 한국어 문법책은 한국어의 품사나 문법 구조에 대해 서술한다는 점에서 2차 언어이지만, 자신이 규정하고 있는 1차 언어인 한국어로 쓰인다. 이처럼 메타언어는 2차 언어인 동시에 1차 언어인 지점에 도달하고, 비평에 작품과 동일한 층위에 위치할 수 있는 가능성을 제공한다.

그러나 비평의 대상이 일상적인 언어가 아닌 문학과 작품이라는 사실은 메타언어가 제공하는 가능성에 비평이 자리 잡을 수 없도록 만든다. 본성상 문학에 속하지 않는 단어와 문장들이 문학으로 들어가는 하나의 입구로 존재할 수 있는 이유는 언어학적 코드에 복종하지 않을 수 있다는 위험이 이 단어와 문장들에 스며들어 있기 때문이었고, 이 위험이 문학의 빈터로 우리를 인도하기 때문이었다. 반면 메타언어는 "우리가 랑그를 위해 확립된 코드로부터 출발하여 실제로 발화된 모든 파롤의 이론을 만들어낼 수 있다는 주장을 함축"한다.(LL, 150쪽) 모든 단어와 문장들이 복종하는 언어학적 코드가 존재한다는 전제하에 성립되는 메타언어는 언어학적 코드를 지워버리면서 열리는 빈터와 백지로서의 문학을 다룰 수 없으며, 비평의 언어가 될 수 없다.

푸코는 비평을 2차 언어이자 동시에 1차 언어로 만들어줄 수 있는 가능성을 "절대적으로 되풀이 가능한répétable 유일한 존재"라는 언어의 고유한 속성으로부터 확보하려 한다.(LL, 150쪽) 물론 되풀이répétition는 자연 속에서도 발견된다. 우리는 산책길에 마주친 가로수들을 은행나무의 되풀이로, 두 마리의 개를 푸들의 되풀이로 인식한다. 그러나 푸코에 따르면 이러한 자연 속에서의 되풀이는 "담론적 방식으로 분석 가능한 하나의 부분적 동일성"에 불과하다.(LL, 150쪽) 나아가 '은행나무'나 '푸들'과 같은 자연 속에서의 되풀이가 담론의 층위에서 발견되는 부분적 동일성에 기반한다는 사실은 언어야말로 "그 안에서 되풀이와 같은 어떤 것이 가능하게 되는, 존재의 유일한 장소"임을 알려준다.(LL, 151쪽) 예컨대 프랑스어는 26개의 알파벳을 되풀이하면서 그들이 사용하는 모든 단어를 구성하고, 이 단어들은 다시 되풀이되어 무한한 문장들을 만들어낸다. 또한 우리는 동일한 문장을 되풀이할 수도 있고, 주석을 달 때처럼 하나의 문장을 다른 단어를 사용해 되풀이할 수도 있으며, 문법적 구조를 분석하는 메타

언어처럼 의미 작용을 중단시키면서 언어를 되풀이할 수도 있다.

그런데 푸코가 보기에 문학적 글쓰기는 언어의 구성적 속성인 이 되풀이를 능동적으로 "작품의 중심 자체에" 설정해 왔다.(LL, 152쪽) 우리는 "작품이 자기 자신의 내부에서 스스로를 그려나가고 또 스스로를 언어에 의한 언어의 되풀이로서 간주하게 되는 선분"을 발견할 수 있다.(LL, 155쪽, 번역 수정) 앞서 살펴본 것처럼 『잃어버린 시간을 찾아서』는 작품의 끝에서 시작되어야 할 진정한 작품을 자신 안에서 되풀이하면서 하나의 시뮬라크르로서 자신을 제공하고, 언어학적 코드가 일소된 백지로부터 언어를 되풀이하면서 작품의 고유한 공간을 구축한다. 작품은 빈터와 백지로서 존재하는 문학에 대한 위반이자 동시에 그러한 위반을 통해 문학의 빈터와 백지를 가리켜 보이는 문학의 시뮬라크르이며, 이때 비평은 "그 안에서 언어의 동일성이 서로 분할되는 차이와 거리에 관한 분석", 기존 언어와의 차이 속에서 언어를 되풀이하며 작품이 형성하는 공간에 대한 분석, 단어와 문장들로 문학의 빈터를 감추는 동시에 드러내는 작품의 되풀이에 대한 분석이 된다.(LL, 154쪽, 번역 수정) 다시 말해, 비평은 작품이 "스스로를 문학의 시뮬라크르로서 제공하는 공간"을 분석함으로써 작품의 중심에서 되풀이되고 있는 것을 되풀이할 수 있고, 작품에 대한 2차 언어인 동시에 작품이 되풀이하고 있는 것을 되풀이하는 1차 언어로 존재할 수 있다.(LL, 147쪽)

이러한 비평의 이중적 위상은 1963년 출간된 푸코의 『레몽 루셀』 *Raymond Roussel*에서 뚜렷하게 드러난다. 『레몽 루셀』은 대상의 조건이나 유래를 역사 속에서 탐구하는 푸코의 다른 작업과 분명하게 구분되며, 한 명의 작가에게 온전하게 바쳐진 푸코의 유일한 단행본이다. 책의 출간 직후, 들뢰즈는 이 책을 "시적인 힘과 철학적인 힘이 강한 놀라운 논평"이라고 평가하지만,[12] 말년의 푸코는 이 책을 개인적인 작업으로 규정하면서 그것이 잊혔다는 사실에 기쁨을 표한다. "아무도 이 책에 주의를 기울이지 않았고, 그 점에 대단히 만족합니다."[13] 그러나 비평이라는 관점에서

---

12 Gilles Deleuze, "Raymond Roussel ou l'horreur du vide", *L'Île déserte et autres textes*, Paris: Éd. de Minuit, 2002, 102쪽.

볼 때 『레몽 루셀』은 단순히 푸코 개인의 흥미에서 비롯된 이질적인 저작이 아니다. 1967년에 푸코는 다음과 같이 말한다. "저는 루셀의 언어 기능이 이제는 어떻게 현대 문학 언어의 일반적 기능 내부에 자리 잡을 수 있는지 보고 싶었습니다."[14] 『레몽 루셀』은 오늘날의 문학을 비평하는 푸코 자신의 작업이며, 이 책을 통해 우리는 오늘날 문학 언어와 비평이 맺는 관계를 확인할 수 있다.

1877년에 태어난 루셀은 평생에 걸쳐 소설뿐 아니라 희곡이나 시 등 다양한 장르의 작품을 집필했지만, 별다른 주목을 받지 못한 채 1933년에 사망한다. 그러나 루셀은 "나는 내 책들 덕분에 어쩌면 사후에라도 약간의 영광을 맛볼 수 있으리라는 희망"을 품고,[15] 자신이 몇몇 작품을 쓸 때 사용한 방법을 기록으로 남겼다. "나는 늘 내 책 가운데 몇 권(『아프리카의 인상』, 『로쿠스 솔루스』, 『이마의 별』, 『무수히 많은 태양』)을 어떤 방식으로 썼는지 설명하고 싶었다."[16] 이 글은 루셀의 사후인 1935년에 『나는 내 책 몇 권을 어떻게 썼는가』라는 제목으로 출판되었으며, 푸코는 이 짧은 텍스트를 출발점으로 삼아 루셀의 작품과 언어를 분석해 나간다.

『나는 내 책 몇 권을 어떻게 썼는가』에서 루셀은 철자가 거의 동일한 두 개의 단어(유사동음이의어)를 선택한 뒤, 각각에 동음이의어들을 결합하여 두 개의 문장을 만들어낸다.

>'billard'와 'pillard'의 경우 내가 얻어낸 두 문장은 이것이다.
>① Les lettres du blanc sur les bandes du vieux billard...
>　오래된 당구대 쿠션에 초크로 쓴 글씨들
>② Les lettres du blanc sur les bandes du vieux pillard...
>　늙은 약탈자가 이끄는 무리들에 관한 백인의 편지들[17]

13　Michel Foucault, "Archéologie d'une passion", *Dits et écrits IV(1980~1988)*, Paris: Gallimard, 1994, 608쪽.
14　Michel Foucault, "Qui êtes-vous, professeur Foucault?", *Dits et écrits I (1954~1969)*, Paris: Gallimard, 1994, 605쪽.
15　레몽 루셀, 「나는 내 책 몇 권을 어떻게 썼는가」, 『아프리카의 인상』, 송진석 옮김, 문학동네, 2019, 383쪽.
16　같은 글, 357쪽.

마지막 단어의 첫 자음인 'b'와 'p'를 제외한다면, 두 문장은 동일한 구조와 알파벳 배열로 이루어져 있다. 그러나 이 하나의 자음 차이가 billard(당구대)와 pillard(약탈자)라는 전혀 다른 단어들을 만들어내며, 이로 인해 두 문장은 전혀 다른 의미들로 분기한다. 각각의 단어들은 이분화되어 'lettres'는 '글씨들'과 '편지들'로, 'blanc'은 '초크'와 '백인'으로, 'bandes'는 '당구대의 쿠션'과 '전사 부족들(무리들)'로 갈라진다. 이렇게 거의 동일한 두 문장은 단어들의 연쇄 속에서 점점 멀어져가고, 완전히 다른 의미를 지니게 된다. 루셀의 소설은 바로 이 두 문장을 연결하는 방식으로 쓰인다. 그는 자신의 방법을 다음과 같이 설명한다. "두 문장을 만들고 난 뒤에는 첫 번째 문장으로 시작해서 두 번째 문장으로 끝나는 단편소설을 써야 했다."[18]

루셀은 거의 동일한 두 문장 사이에서 벌어지는 언어의 간극을 드러내는 동시에, 그 간극을 자신의 문장들로 이어 붙인다. 푸코에 따르면 루셀의 이러한 글쓰기는 "우연의 모든 미세하고 단편적인 놀이를 스스로 통달한 글쓰기, 그것이 은밀하게 스며들 수도 있었을 모든 틈을 메운 글쓰기, 모든 누락을 제거하고 우회로를 지우며, 우리가 말할 때 순환하는 비존재를 몰아내는 글쓰기"다.(RR, 53쪽) 루셀은 첫 번째 문장에서 두 번째 문장으로 이어지는 과정을 통해 하나의 작품을 완성하며, 그 작품은 언어가 만들어내는 우연과 간극을 제거하고 봉합한다. 이처럼 『나는 내 책 몇 권을 어떻게 썼는가』는 스스로 이분화하는 언어를 붙들어 매는 루셀의 노고를 드러내며, 동시에 그의 작품의 비밀을 풀어내는 열쇠처럼 기능한다.

그러나 루셀이 준비해 둔 열쇠는 단지 작품의 비밀을 해명하는 데 그치지 않는다. 푸코는 오히려 루셀의 마지막 텍스트가 더 근본적인 비밀로, 끝없는 불확실성의 공간으로 우리를 인도한다고 말한다. "그 책은 '해법'을 제시함으로써, 루셀의 단어 하나하나를 가능한 함정, 즉 실재적 함정으로 바꾸어놓는다. 왜냐하면 이중의 바닥이 존재할 가능성만으로도 듣는 이에게는 쉴 틈 없는 불확실성의 공간이 열리기 때문이다."(RR, 17쪽) 루

---

17 같은 글, 357쪽.
18 같은 글, 358쪽.

셀은 언어의 틈새를 메우며 하나의 작품을 완성했지만, 첫 문장에서 두 번째 문장으로 향하는 여정을 채우는 문장과 낱말들은 다시금 흔들리고 이중화된다. 하나의 단어는 끊임없이 자신 안의 여러 의미들을 불러내고, 그 의미들은 끊임없이 분기한다. '루셀의 방법'이라는 열쇠를 손에 쥐었음에도, 그의 텍스트를 읽는 독자는 불확실성의 심연으로 더 깊이 빠져든다. 이제 독자는 "비밀에 의해 속는다기보다는, 비밀이 존재한다는 의식에 의해 속는 것이다."(RR, 10쪽)

루셀 스스로 자기 작품의 비밀을 밝혔음에도, 우리는 왜 더 근본적인 비밀로 빠져들게 되는가? 그것은 루셀이 최후에 드러낸 이 비밀이 언어 자체에 내재한 것이며, 우리가 그것을 피할 수도 제거할 수도 없기 때문이다.

> 문제는 자신이 지시하는 사물보다 수가 적은 단어들의 부족함이다. …… 같은 단어가 다른 두 사물을 말할 수 있다는 사실, 그리고 되풀이된 같은 문장이 다른 의미를 지닐 수 있다는 사실은 한계인 동시에 원칙이다. …… 그것은 언어의 구성적 결핍이고, 빈곤이며, 빛이 끝없이 솟아나는 축소할 수 없는 거리다. 바로 이 본질적인 간격에서, 언어는 필연적으로 자신을 되풀이하게 되고, 사물들은 부조리하게 교차한다.(RR, 207~209쪽)

각각의 사물에 고유하게 대응하는 단어들로 구성된 언어는 오히려 언어로서 작동하지 못한다. 하나의 단어가 여러 사물을 지시할 수 있다는 사실은 언어의 구조적 한계이자 작동의 조건이다. 이 결핍 때문에 단어는 서로 다른 형상들이 마주치는 장소가 되고, 이 형상들에 의해 단어는 분화하며 자기 자신으로부터 멀어진다. 루셀이 건넨 열쇠는 자신의 작품이 이러한 언어의 간극을 메우고 있다는 사실을 드러냄으로써 역설적으로 그 간극의 존재 자체를 인식하게 만들고, 언어에 새겨진 이 근본적인 결핍과 불안 속에서 그의 작품을 읽게 만든다.

루셀이 첫 번째 문장과 두 번째 문장 사이의 간극을 채우는 방식 역시 언어의 원칙이자 한계에 기반한다. 루셀은 『아프리카의 인상』*Impressions d'Afrique*에서 사용한 방법 중 하나를 다음과 같이 설명한다. "'blanc'이란 단어에 덧붙일 단어를 찾다가, 나는 초크 바닥에 종이를 붙이는 데 쓰는 '풀'colle을 생각해 냈다. (중학생들의 은어에서) 외출 금지령이라든가 방과 후 교실에 남는 벌을 뜻하기도 하는 'colle'은 탈루가 '백인'blanc(카르미카엘)에게 부과하는 세 시간 동안의 벌이 떠오르게 했다."[19] 여기서 blanc(초크)은 사물 사이의 인접성을 따라 colle(풀)로 옮아가고, 'colle'은 자신이 지시하는 또 다른 의미 — colle(벌) — 로 이중화된다. 그리고 이 colle(벌)에 두 번째 의미의 blanc(백인)이 다시 결합하면서, 소설 속 한 장면이 구성된다. 루셀은 이러한 방식을 통해 이야기 속 사건뿐만 아니라, '암소의 허파로 된 레일'이나 '음악이 흘러나오는 견장' 같은 기묘한 사물들까지도 만들어낸다. "루셀은 무엇을 합니까? 그는 예상치 못하게 들은, 노래에서 얻거나 벽에서 읽은 완전히 일상적인 문장들을 붙잡습니다. 그리고 그는 이 요소들로 현실과는 도저히 연결될 수 없는 가장 부조리하고 가장 있음 직하지 않은 것들을 구성해 냅니다."[20] 푸코에 따르면 루셀은 "현실을 다른 세계로 이중화하려는 것이 아니라, 언어의 자발적인 재이중화redoublement 속에서 예상하지 못한 공간을 발견하고 그것을 지금껏 말해진 적 없는 것들로 덮으려 한다."(RR, 25쪽)

루셀은 언어의 간극을 드러내는 동시에 그것을 메우고, 언어로 어떤 대상을 재현하기보다는 언어 자체를 되풀이한다. 그렇게 단어에서 단어로 미끄러지는, 원형 없는 시뮬라크르의 공간이 형성된다. 『나는 내 책 몇 권을 어떻게 썼는가』는 그의 작품에 숨겨진 비밀을 밝히는 동시에, 우리가 어찌할 수 없는 언어의 비밀이 존재함을 드러낸다. "루셀의 마지막 책은 그의 마지막 기계일 것이다. 그가 예전에 서술하고 움직이게 했던 모든 것들을 그 메커니즘 속에서 이해하고 되풀이함으로써, 그것들을 탄생시킨 메커니즘을 보여주는 기계."(RR, 87쪽) 푸코의 이러한 평가는 이듬해 그가 규정한 '오늘날 비평'의 역할과 위상에 정확하게 부합한다. 1964년 푸코는 오늘날의 비평을 "그 안에서 언어의 동일성이 서로 분할되는 차이와 거리에 관한 분석"(LL, 154쪽, 번역 수정)으로 규정하면서, 비평은 작품

---

19 같은 글, 359쪽.
20 Michel Foucault, "Archéologie d'une passion", 603쪽.

에 대해 이야기하는 2차 언어이자 작품이 되풀이하고 있는 것을 동일하게 되풀이하는 1차 언어로 존재한다고 말했다. 루셀의 마지막 텍스트는 루셀 자신이 만들어낸 기계들의 메커니즘을 드러내는 글이자, 그의 다른 모든 작품들과 마찬가지로 문장과 단어들이 분화하는 언어의 공간을 드러내는 하나의 기계이다.

나아가 우리는 푸코의 『레몽 루셀』에도 『나는 내 책 몇 권을 어떻게 썼는가』와 동일한 위상을 부여할 수 있다. 푸코는 루셀의 작품이 생성되는 공간과, 그 공간에서 루셀이 되풀이하는 메커니즘을 분석한다. 그리고 이 분석을 통해, 그는 단어의 부족함과 언어의 되풀이라는 근본적인 비밀을 드러낸다. 푸코는 루셀의 마지막 텍스트처럼, 이러한 비밀을 되풀이하면서 우리 역시 언어의 이 비밀에 사로잡히게 만든다. 이 비밀은 단지 독서의 차원에 머무르지 않을 것이다. 그것은 언어 활동 전체를 동요시키고, 결핍과 되풀이라는 언어의 조건 위에서 끊임없이 펼쳐지는 시뮬라크르의 공간 속으로 우리를 이끈다.

4. 푸코의 회화 비평: 비재현적 회화의 출현

1960년대 푸코는 문학에 특별한 관심을 기울이며, '작품이 제공하는 원형 없는 시뮬라크르의 공간 분석'이라는 임무를 비평에 부여했다. 그런데 이러한 비평의 임무는 문학에 국한되지 않으며, 회화의 영역에서도 동일하게 수행된다. 이를 확인할 수 있는 사례가 바로 마네Édouard Manet에 관한 푸코의 1971년 강연이다. 「마네의 회화」La peinture de Manet라는 제목으로 푸코 사후에 출간된 이 강연은 회화나 비평을 직접 정의하고 있지는 않지만, 마네의 작품에 대한 푸코의 분석은 회화에 접근하는 그의 방식을 분명하게 보여준다.[21]

---

21 「마네의 회화」에 대한 보다 자세하고 심층적인 분석은 허경, 「현대 회화의 물질적 조건을 선취한 화가」, 『미술은 철학의 눈이다』, 서동욱 엮음, 문학과지성사, 2014, 353~396쪽 참조. 이 글에서 허경은 「마네의 회화」에서 푸코가 다루고 있는 모든 그림을 정리하고 있을 뿐만 아니라, 푸코의 미술론에서 마네가 차지하는 위상('현대 회화의 물질적 조건을 선취한

이 강연에서 푸코는 서구 회화에 대한 마네의 기여를 "그림에 재현된 바 안에서 서구 회화의 전통이 그때까지 숨기고 피해 가려 했던 캔버스의 속성·특질·한계가 다시 튀어나오게 한 것"으로 평가한다.(PM, 25쪽) 초기 르네상스 이후, 서구 회화는 사선이나 나선을 부각하고 원근법을 이용해 그림이 재현하는 3차원의 공간을 그림 내부로 옮겨놓으면서 작품이 그려지는 사각형의 평면을 숨겨왔다. 또한 광원이나 빛을 작품 내부에 재현하고 이 조명에 따라 작품의 공간을 구성하면서 캔버스가 외부 조명에 의해 비추어진다는 사실을 은폐했다. 끝으로 감상자가 위치해야 하는 자리를 지정해 놓음으로써 캔버스 앞에 펼쳐진 공간에서 감상자가 움직일 수 있다는 사실을 감춰왔다. 마네는 그림이 현실의 빛에 의해 조명되고 감상자가 그 앞에서 이동할 수 있는 사각형의 평면 위에 그려진다는 사실을 능동적으로 활용하면서 캔버스의 물질적 속성을 자기 작품의 중심에 위치시킨다.
  「막시밀리안의 처형」L'Exécution de Maximilien(1868)에서 마네는 그림이 캔버스라는 사각형의 평면 위에 그려진다는 사실을 부각하기 위해 사선이나 나선 대신 수직선과 수평선을 강조하고 원근법을 제거한다. 이 그림의 전면부에서 수직으로 서 있는 군인들과 그들이 수평을 유지하며 겨누고 있는 장총은 캔버스의 사각형을 구성하는 두 축을 연상시키고 되풀이한다. 원근법을 통해 이 그림에 세 번째 차원을 더해주어야 할 원경은 캔버스 자체를 연상시키는 사각형의 커다란 벽으로 차단되고, 그림 속 인물들에게는 원근법이 작동하지 않는 아주 좁은 공간만이 허락된다. 군인들의 총구가 거의 수형자의 가슴에 닿을 정도로 좁기 때문에, 마네는 수형자와 집행자 사이의 거리를 원근법을 이용해 재현할 수 없다. 이때 마네는 너무나 조밀하게 모여 있기 때문에 원근법으로는 포착할 수 없는 이 거리를 인물의 크기를 서로 다르게 그리는 르네상스 이전의 회화 기법을 이용해 표현한다. 수형자의 육체는 원근법이라는 시각적인 재현의 질서에 의해, 수형자와 집행자 사이의 3차원상의 공간적 거리를 재현하기 위해 집행자보다 작게 그려지는 것이 아니다. "인물들을 작게 그리는 것은 지각

화가')을 분석하고, 미술을 다루고 있는 푸코의 텍스트들을 일목요연하게 정리하고 있다.

마네 「막시밀리안의 처형」

적 인정이 아니라 이쪽 사람들과 저쪽 사람들, 즉 희생자와 사형 집행 분대 간에 거리가 있어야 한다는 일종의 전적인 인지적 인정을 지시합니다."(PM, 34쪽) 이처럼 「막시밀리안의 처형」은 캔버스의 네모난 평면을 끊임없이 환기시키고, 이 한계 속에서 기존 회화와 구분되는 자신의 고유한 공간을 구성해 낸다.

기존 회화의 조명 방식과 마네 자신의 방식이 하나의 작품 속에서 병치되고 있다는 점에서 「풀밭 위의 점심식사」Le déjeuner sur l'herbe(1863)는 조명에 대한 마네의 혁신을 가장 분명하게 보여주는 작품이다. 그림은 짙은 초록색 풀밭을 따라 중앙에서 둘로 분할되는데, 그림의 상단부에서 빛은 왼쪽 위로부터 시작되어 몸을 굽히고 있는 여인의 등과 팔, 오른쪽 얼굴을 비추고, 그녀의 왼쪽 얼굴에 그림자를 드리운 후 캔버스 우측의 노란 두 덤불에 가 닿는다. 나뭇잎과 여인의 얼굴에서 표현되는 음영을 통해 그림 속에서 하나의 깊이를 만들어내는 이 빛은 작품 내부에 속하며, 작품 내부의 빛을 따라감으로써 우리는 캔버스에 표현되지는 않았지만 태양일 것이 분명한 광원에 도달할 수 있다. 반면 그림의 하단부에 위치한 세 인

마네 「풀밭 위의 점심식사」

물은 이와는 전혀 다른 조명을 받고 있다. 이 세 사람을 비추는 빛은 캔버스의 정면에서 그들을 향해 수직으로 쏟아지고 있으며, 세 사람에게 최소한의 음영만을 허락하는 이 빛 속에서 그들의 입체감은 희미해진다. 이 광원은 화폭을 아무리 연장한다 하더라도 캔버스에 표현되지 않는다는 점에서 작품 외부의 빛이며, 우리는 「올랭피아」(1863)나 「피리 부는 소년」(1866)에서도 동일한 방식으로 사용되는 이 빛의 광원을 캔버스가 걸린 현실 공간 속의 조명으로부터 혹은 나신의 여인을 바라보는 우리의 시선으로부터 발견할 수 있다. 푸코는 화폭의 정중앙에서 밝게 빛나는 손이 엄지로는 고전적인 내부 광원의 위치를, 검지로는 외부 광원의 위치를 가리키고 있다는 점을 환기시키면서, 「풀밭 위의 점심식사」가 두 조명 체계의 병치 속에서 하나의 이질적 공간을 생성하고 있다는 점을 강조한다.

마지막으로 마네가 감상자의 자리에 대해 일으킨 변혁은 「폴리베르제르 바」Un bar aux Folies-Bergère(1881~1882)로부터 확인된다. 푸코가 이상한 그림이라고 평가한 「폴리베르제르 바」는 긴 테이블과 그 건너편에 서 있

마네 「폴리베르제르 바」

는 여인, 그녀의 등 뒤에서 벽을 가득 메우고 있는 커다란 거울, 그리고 그 거울이 비추고 있는 하나의 공간으로 구성되어 있다. 이 그림을 보며 이상한 느낌을 받는 이유는 자신의 앞에 펼쳐진 공간을 재현하고 있을 이 커다란 거울이 우리에게 왜곡된 모습을 보여주고 있기 때문이다. 거울에서 여인의 뒷모습은 그림의 우측에, 그녀의 왼쪽 귀와 얼굴선과 함께 비춰진다. 화가 혹은 감상자가 이러한 형태를 거울로부터 포착하기 위해서는 여인의 정면이 아닌 여인의 오른편에서, 여인과 거울에 비친 상을 비스듬히 바라보아야만 한다. 그러나 우리가 거울의 앞에 서 있는 여인을 정면으로 바라보고 있다는 사실은 거울이 우리에게 지정하는 감상자의 자리를 부정하고, 감상자에게 여인의 정면에 서 있을 것을 주문한다. 이처럼 「폴리베르제르 바」는 감상자의 자리를 두 곳에 동시에 마련하고, 이 두 자리는 서로가 서로를 부정하면서 이상적인 감상자의 자리를 소멸시킨다.

    우리는 이 강연에서 푸코가 마네의 작품들로부터 발견하고 있는 세 가지 변혁을 다음과 같이 정리할 수 있다. 마네는 '회화란 무엇인가?'라는 질문을 던지면서 회화를 구성하는 요소들인 캔버스와 조명, 감상자의 시선 등을 작품의 중심에 능동적으로 설정하고 되풀이했다. "그림 앞에서 움직이는 감상자, 정면에서, 수직적으로, 수평적으로 항구적으로 중첩되며 비치는 실제적인 빛, 입체감의 제거, 바로 이렇게 실제적이고 물질적이며 물리적인 것 내에서 캔버스가 출현하고 있고 또 이 캔버스는 재현 내에서 이런 속성들과 작용하고 있습니다."(PM, 71쪽) 따라서 「마네의 회화」에서 푸코가 시도하는 비평 작업은 문학의 영역에서 자신이 제시했던 비평의 방법과 동일한 방식으로, 마네가 자신의 작품 속에 만들어낸 이 고유한 공간에 대한 분석으로 실행된다.

물론 "마네에게 모든 것은 재현적이기 때문에" 마네가 만들어낸 공간은 여전히 재현적인 방식으로 작동하지만, 자신의 재현 작용 내에 재현의 수단이 되는 캔버스의 물질적 속성들을 끊임없이 끼워 넣고 돌출하게 만들었다는 점에서 마네의 회화는 비재현적 회화가 출현하기 위한 근본적인 조건이 된다.(PM, 71쪽) 이 조건 위에서 탄생한 비재현적 회화 중, 푸코는 마그리트René Magritte에게 각별한 관심을 기울인다.

마그리트는 자기 작품의 중심에 원형과 시뮬라크르라는 재현의 관계를 위치시키고, 이 관계를 이용한 놀이를 만들어냄으로써 재현 자체를 문제 삼는다. 그 제목부터 의미심장한 「재현」Représentation(1962)이라는 작품은 얕은 담장 너머로, 풀밭 위에서 공놀이 하는 사람들을 재현하고 있다. 이 담장 위에는 기둥과 보, 그리고 보 위의 장식물로 이루어진 구조물이 자리 잡고 있는데, 이 기둥과 보는 그림의 좌측 하단에 전체 캔버스 크기의 9분의 1 정도의 작은 프레임을 형성한다. 그런데 기둥과 보로 이루어진 이 프레임 속에서는 이 프레임 바깥의 풍경이, 풀밭 위에서 공놀이하는 사람들의 모습이 다시 재현된다. 아니, 어쩌면 기둥과 보 사이에서 보여지는 작은 풍경이 확대되어 그 바깥에서 다시 재현되고 있는지도 모른다. 푸코는 마그리트를 따라 원형을 가지는 유사ressemblance와 서로 비슷한 것들이 시작도 끝도 없이 되풀이되면서 확산되는 상사similitude를 구분하면서 이 그림을 다음과 같이 설명한다.

더 왼쪽으로 서로 여전히 비슷하면서도 점점 더 작아지는 일련의 또

마그리트 「재현」Représentation(1962)
ⓒ René Magritte / ADAGP, Paris−SACK, Seoul, 2025

다른 '재현들'이 있다고 가정해야만 할까? 아마 그럴 수도 있을 것이다. 그러나 그럴 필요까지는 없다. 똑같은 화폭 위에, 이와 같이 상사 관계에 의해 옆으로 연결된 두 개의 이미지가 있다는 것만으로도, 하나의 모델을 외부의 준거틀로 설정하는 것 ― 유사성의 길을 통하는 ― 은 곧장 불안해지고, 불확실하고 유동적인 것이 되고 만다. 무엇이 무엇을 '재현'한단 말인가?[22]

무엇이 원형이고 무엇이 복제인지를 묻는 질문은 그림의 바깥에 계속해서 더 작은 재현들이 존재할지도 모른다는 사실로 인해 폐기된다. 동시에 이 이미지들은 원형과의 관계로부터 풀려나 "그 어떤 것도 단언하거나 재현하지 않으며, 그림의 평면 안에서 달리고 증식하고 퍼지고 서로 응답하는 전이의 놀이" 속에 자리 잡고, 「재현」은 원형 없는 이미지들을 되풀이하면서 상사의 길을 달려 나간다.[23] 그리고 원형과 함께 시작도 끝도 사

---

22 미셸 푸코, 『이것은 파이프가 아니다』, 김현 옮김, 고려대학교출판부, 2010, 62쪽.
23 같은 책, 71쪽. 번역 수정.

라진 이 길에서 우리가 발견하는 것은 화폭을 넘어 왼편으로 계속해서 되풀이되며 조금씩, 그렇지만 끊임없이 달라지는 원형 없는 시뮬라크르들이다. 그리고 이 시뮬라크르들이 펼쳐지고 순환하는 공간이야말로 마그리트의 작품이 열어놓은 공간이며 비평이 분석해야 하는 공간이다. 이렇게 회화의 영역에서도 비평의 대상은 '원형 없는 시뮬라크르의 공간'이 된다.

5. 비평과 비판의 첫 번째 연결: 『말과 사물』

1964년, 비평에 관한 강의에서 푸코는 자신의 기획이 "아직은 일련의 프로그램 혹은 소묘로서만 남아 있는" 것들이라는 점을 인정하면서도, 문학에 대한 자신의 분석이 어떻게 철학적 성찰과 연결되는지를 설명하려고 시도한다.(LL, 170쪽) 이 프로그램에서 푸코는 작품의 공간을 세 가지 층위에서 분석한다. 첫 번째로 비평은 빈터와 백지 위에서 이루어지는 단어들의 되풀이와 이 되풀이가 형성하는 작품의 고유한 공간을 분석할 수 있다. 두 번째로 비평은 작품의 고유한 공간으로부터 '문학의 빈터'와 '백지'라는 작품 일반의 공간성을 "작품의 형상들이 탄생하고 순환하는 심층 공간"으로 포착할 수 있다.(LL, 174쪽) 세 번째로 문학적 분석은 작품 외부 공간을, 작품의 고유한 공간이 그 속에 위치하는 언어 일반의 공간을 분석할 수 있다. 문학이 삼각형의 세 번째 꼭짓점이자 정점으로 언어와 작품 사이에 존재하기 때문에 문학적 분석은 언어 일반의 공간에 무심할 수 없으며, 언어 일반과의 대비 속에서 작품의 고유성은 다시 한 번 확인될 것이다.

푸코는 언어 일반의 공간에 대한 사례로 "15세기 말 이후 대략 17세기 초까지 이어졌던 천구天球, sphère의 공간"을 제시한다.(LL, 171쪽) 천구의 공간은 그 안에서 "가장 넓은 의미로 이해된 재현, 이미지, 외관, 진리, 유비"가 주어지는 근본적인 공간이었으며(LL, 172쪽), 이 시기에 우주와 지구 그리고 인간은 천구의 공간 속에서 서로를 반영하는 것으로 이해되었다. 이처럼 인식의 조건이 되는 근본적인 공간에 대한 탐구로 이어진다는 점에서 문학적 분석은 "'거의' 철학적이라 할 하나의 성찰 위로 흘러들어

가게"된다.(LL, 156쪽) 1964년의 강연에서 푸코는 언어 일반의 공간을 자세하게 탐구하지 않지만, 이 공간이 인식의 조건이 되는 근본적 공간을 가리킨다는 사실, 15세기 말에 생겨난 이 공간이 17세기 중반에 소멸한다고 주장한다는 사실은 인식의 역사적 가능 조건을 탐구하는 푸코의 주저인 『말과 사물』(1966)을 비평 작업의 연장선상에서 독해할 수 있는 가능성을 제공한다. 이 가능성을 따라 우리는 푸코가 예술에 대한 비평을 어떻게 철학에 대한 비판에 합류시키는지, 비판이 자신에게로 흘러들어 온 비평과 어떤 관계를 맺는지를 『말과 사물』로부터 확인할 수 있다.

『말과 사물』은 보르헤스Jorge Luis Borges의 단편소설 「존 윌킨스의 분석적 언어」El idioma analítico de John Wilkins (1942)에 등장하는 중국 백과사전을 인용하면서 시작한다. 보르헤스는 자신이 만든 이 가상의 백과사전에서 동물을 "a) 황제에게 예속된 동물들, b) 박제된 동물들, c) 훈련된 동물들, d) 돼지들, e) 인어人魚들, f) 전설의 동물들, g) 떠돌이 개들, h) 이 분류 항목에 포함된 동물들, i) 미친 듯이 날뛰는 동물들" 등으로 분류한다.[24] 푸코는 상상적 동물과 실재하는 동물이 나란히 열거되고, 심지어는 '지금의 분류에 포함된 것'이 다시 하나의 항목으로 등장하는 이 백과사전의 항목들을 배치하고 사유할 수 있는 공간이 자신에게 없다는 것을 느끼고는 "우리의 시대와 우리의 지리가 각인되어 있는 사유의 친숙성을 깡그리 뒤흔들어 놓는 웃음"을 터뜨린다.(MC, 7쪽) 보르헤스의 텍스트는 대상을 인식하고 이해하게 만들어주는 어떤 질서의 공간이 존재한다는 것을 알려준다. 푸코는 이 공간에서 통용되는 질서에 '에피스테메'épistémè라는 이름을 붙이고, 16세기 초부터 20세기 중반까지의 서양 문화로부터 에피스테메를 발견하기 위한 탐구를 시작한다. 탐구 결과 푸코는 세 개의 에피스테메와 그 사이에 존재하는 두 개의 깊은 단절을 발견한다. 대략 16세기 초부터 17세기 중반까지의 르네상스 시기에는 유사성ressemblance이, 17세기 중반부터 18세기 말까지 고전주의 시대에는 재현représentation이, 19세기부터 푸코 당대까지는 인간l'homme 혹은 역사histoire라는 질서가 인식이

---

24 호르헤 루이스 보르헤스, 「존 윌킨스의 분석적 언어」, 『만리장성과 책들』, 정경원 옮김, 열린책들, 2008, 190쪽.

이루어지는 근본적 공간을 지배해 왔다. 에피스테메에 대한 탐구는 근대를 기준으로 했을 때 비교문법·경제학·생물학이라는 세 가지 분과학문을 중심으로 이루어지지만,[25] 문학 작품과 회화 작품에 대한 비평 역시 에피스테메와의 관계 속에서 다양한 방식으로 참조되고 활용된다.

세르반테스Miguel de Cervantes의 『돈키호테』Don Quixote(1605)는 르네상스 시기의 종언과 고전주의 시대의 도래를 앞질러 보여주는 하나의 기호로 『말과 사물』에서 다루어진다. 르네상스 시기에 사물은 유사성에 의해 인식되었다. "대지는 하늘을 반영했고 별에는 얼굴이 비치었으며 풀의 줄기에는 인간에게 유용할 비밀이 숨어 있었다."(MC, 45쪽) 인식은 사물들 사이의 유사성을 파악하는 방식으로 이루어졌고, 지식의 관건은 유사성을 식별하게 해주는 표징signature을 발견하고 해독하는 것이 된다. 이런 관점에서 돈키호테는 유사성이라는 질서의 공간 속에서 인식하고 사유하고 행위하는 르네상스인으로서, "상궤를 벗어난 사람이 아니라 오히려 유사성의 모든 표지 앞에 멈춰 서는 세심한 순례자"이다.(MC, 85쪽) 르네상스 시기에 눈과 닮은 바꽃의 씨앗은 유사성이라는 에피스테메에 의해 눈병 치료제로 사용되었고, 두뇌와 닮은 호두는 두통이나 두개골막의 상처에 효과가 있는 것으로 인식되었다. 기호는 자신이 지시하는 것과 닮은 한에서만 그것을 가리킬 수 있었다. 세계는 기호로 가득 채워진 한 권의 책이었고, 언어는 유사성에 따라 서로 결합하고 흩어지는 사물들처럼 세계 속에 존재했다. 이러한 유사성이라는 질서에 따라 돈키호테는 객줏집을 성으로, 그 주인은 성주로 인식하고, 들판에 서 있는 풍차를 거인이라 부르면서 로시난테에 박차를 가한다.

그러나 돈키호테가 속한 세계, 즉 『돈키호테』는 르네상스 시기의 유사성이 아닌 고전주의 시대의 재현이라는 질서 속에서 펼쳐진다. 『돈키호테』 2권(1615)에서, 돈키호테의 지난 모험은 한 권의 책으로 작품 속에 등장하고, 돈키호테는 『돈키호테』를 읽은 사람들과 마주치게 된다. "모험

---

25 고전주의 시대는 근대와 다른 에피스테메에 의해 대상을 인식했기 때문에 '비교문법·경제학·생물학'이 아닌 '일반문법·부의 분석·자연사'가 존재했다. 푸코에 따르면 양자는 다른 대상을 다른 질서 속에서 연구하는 서로 다른 학문들이다.

의 2권에서는 초반에 기사도 소설이 맡았던 역할을 1권이 수행한다. 돈키호테는 실제로 책이 되었고, 따라서 자기 자신으로서의 책에 충실해야 한다."(MC, 88쪽, 번역 수정) 『돈키호테』는 돈키호테 자신의 모험을 재현하고 기록한 책인 동시에, 새로운 모험 속에서도 그가 따르고 유지해야 할 진실이 기록된 책이다. 결국 돈키호테는 자신을 재현한 책이자 자신이 재현해야 하는 책인 『돈키호테』와의 거리 속에서, 재현 작용이 벌려놓은 간극 속에서 편력하는 것이다. 따라서 재현의 질서가 지배하는 공간을 이미 옛것이 되어버린 유사성에 의해 식별하면서 펼쳐지는 돈키호테의 모험은 작중 인물들에게 우스꽝스러운 것이 되어버린다. 돈키호테는 고전주의 시대에 떨어진 르네상스인으로서, 그의 말과 행위가 다른 등장인물들에게 자아내는 당혹스러움과 웃음은 두 에피스테메 사이의 간극을 분명하게 드러낸다.

고전주의 시대에 언어는 더 이상 세계 속에, 사물들처럼 존재하지 않는다. 이제 언어는 담론의 공간 속에서 세계를 재현한다. 이 시기의 자연사histoire naturelle는 대상을 '양·형태·크기·배치'라는 변항에 따라 일관된 방식으로 기술했다. 예컨대 식물의 꽃은 암술과 수술의 네 가지 변항을 기준으로 묘사되었고, 이를 통해 자연사학자들은 "누구나 동일한 개체와 마주쳐 동일한 묘사를 할 수 있게 되고, 역으로 이런저런 묘사로부터 이에 상응하는 개체를 알아볼 수 있게 된다."(MC, 204쪽) 이러한 방식으로 "식물은 언어로 옮겨지고는 언어의 재료에 새겨지며 독자의 눈앞에 순수한 형태로 재구성된다."(MC, 206쪽) 고전주의 시대의 자연사에서 언어는 투명하게 대상을 재현하며, 식물에 대한 이해는 이 재현의 공간 속에서 가시적인 형태를 옮긴 낱말들 사이의 비교를 통해 이루어진다. 엄밀히 말해, 자연사는 식물 자체가 아니라, 식물을 재현하는 기호들로부터 지식을 이끌어낸다.

자연사를 떠받치는 재현의 투명성은 재현이 그 자체 외에는 아무런 근거도 심급도 가지지 않는 "순수 재현"인 한에서만 가능하다.(MC, 43쪽) 푸코는 고전주의에 고유한 이 '순수 재현'을 가장 명백하게 보여주는 사례로 벨라스케스Diego Velázquez의 「시녀들」Las Meninas(1656)을 제시한다. 「시녀들」에 재현된 인물들은 그림 바깥의 무엇인가와의 관계 속에서 배치되어 있다. 그것은 마르가리타 공주와 시녀들, 궁인들과 난쟁이들로 하여금 공손한 태도와 눈빛을 지니게 만들고, 화가가 손에 붓과 팔레트를 쥐게 만들며, 화가의 작업실 끝에 열린 문 밖으로 보이는 사람의 시선을 사로잡는다. 다시 말해, 이 그림에 질서를 부여하고 이 재현에 근거를 제공하는 무엇이 존재한다. 푸코는 벨라스케스가 거울 속에 담아 그림의 가장 깊은 곳에, 거의 알아볼 수 없게 그려놓은 두 인물로부터 그 존재를 발견한다. 푸코에 따르면, 그림의 중앙 조금 아래에 위치한 거울 속 두 인물은 스페인의 국왕 펠리페 4세와 왕비 마리아나로, 이들이야말로 이 그림에 질서를 부여한 재현의 지배자이다. 그러나 고전주의 시대의 재현이 '순수 재현'인 한에서, 재현의 지배자인 이들은 재현 속에서 출현할 수 없다. 그림 속 인물 중 누구에게도 보이지 않고, 그림 속에 재현된 그 어느 것도 비추지 않는 거울만이 그들의 모습을 흐릿하게 나타낼 뿐이다.

고전주의 시대에 재현의 지배자는 재현될 수 없다. 이 점은 붓을 쥔 채 모델을 응시하고 있는 화가, 자신의 가슴 위에서 산티아고 십자가를 뽐내고 있는 벨라스케스 본인으로부터도 재차 확인된다. 화가의 앞에는 거대한 캔버스가 세워져 있고, 그는 팔레트에 물감을 섞어가며 자신의 캔버스에 모델을 재현하는 중이다. 자신의 캔버스 앞으로 걸음을 옮겨 그림을 그릴 때 화가는 재현의 지배자가 되지만, 우리에게 뒷면을 보이고 있는 자신의 캔버스에 가려 「시녀들」이라는 재현의 공간에서 사라질 것이다. 반면 모델을 바라보기 위해 자신의 캔버스로부터 몇 걸음 물러서 「시녀들」의 공간에 포착되고 재현될 때, 화가는 재현의 지배자가 아닌 재현의 대상으로 존재한다. 이처럼 벨라스케스의 「시녀들」은 재현의 지배자 없는 재현의 공간을, 순수 재현이라는 "고전주의적 재현에 의해 열리는 공간의 정의"를 보여준다.(MC, 43쪽)

근대의 에피스테메는 '고전주의적 재현에 의해 열리는 공간'에는 존재할 수 없었던 재현의 지배자의 등장과 동시에 출현한다. "이 왕의 자리는 「시녀들」에 의해 미리 인간에게 지정되었지만, 인간의 실질적인 현존은 오랫동안 왕의 자리에서 배제되었다."(MC, 429쪽) 푸코에 따르면 비어 있던 왕의 자리를 차지한 존재인 '인간'은 칸트로부터 출현한다. 칸트는 재현을 가능하게 하는 '조건'에 대한 질문을 던지면서 시간과 공간이라는

벨라스케스 「시녀들」

인간 감성의 형식으로부터 그 조건을 발견한다. 칸트에게 시간과 공간은 인식 주체 바깥에 실재하는 것이 아니라 인식 주체에 귀속되는 재현의 가능 조건이며, 이제 재현은 시간과 공간이라는 유한한 감성 형식을 지닌 인간을 자신의 지배자로 맞아들이게 된다. 칸트와 더불어 재현은 고전주의 시대와 같은 순수 재현이 아닌 유한한 인간의 재현으로 존재하는 것이다.

순수 재현의 소멸과 함께 고전주의 시대의 특유한 '언어' 역시 사라진다. 순수 재현 속에서 대상을 투명하게 재현하는 고전주의 시대의 언어는 자신의 투명성 속에서 비가시적인 것이 되었다. "극단적인 관점에서 보면, 고전주의 시대에는 언어가 존재하지 않는다고 말할 수 있을지 모른다. 그러나 작동한다고는 말할 수 있을 것이다."(MC, 130~131쪽) 고전주의 시대의 언어는 "사물 자체가 명확하게 명명될 완벽하게 투명한 언어의 위대한 이상향"에 따라 구축되어야 했다.(MC, 185쪽) 디드로가 그에 비추어 자신의 언어를 평가했던 절대적인 언어 역시 고전주의 시대에 존재했던 이 특별한 언어의 한 형태였다. 그러나 거의 보이지 않기에 위대했던 이 언어는 고전주의와 함께 사라진다. 이제 언어는 '인간의 언어'로서, 인간이 말해온 바 속에서 자신의 역사와 법칙을 드러내면서 르네상스 시대와는 완전히 다른 방식으로 가시적인 것이 된다.

고전주의 시대의 절대적 언어가 사라졌으므로, 이제 문학은 『운명론자 자크와 그의 주인』처럼 '저기 높은 곳에 쓰인 것'에 의존해서 쓰일 수 없다. 『말과 사물』 역시 고전주의 시대의 절대적 언어가 사라진 지점으로부터 푸코가 엄밀한 의미로 사용하는 '문학'이 탄생한다고 설명한다. "19세기 초, 즉 언어가 대상으로서의 밀도를 갖추고 지식이 언어에 속속들이 스며드는 시대에, 문학이란 말은 접근하기 어렵고 탄생이 수수께끼에 싸여 있고 순수한 글쓰기 행위에 전적으로 의존하는 독자적인 형태로 다른 곳에서 재구성되었다."(MC, 415쪽) 이렇게 '독자적인 형태로 다른 곳에서' 재구성된 문학은 우리가 앞서 살펴본 빈터 속에서 원형 없는 시뮬라크르들을 되풀이하며 "언어를 문법에서 적나라한 말하기의 힘으로 귀착하게 하고, 야생적이고 강압적인 말의 존재"와 마주치게 할 것이다.(MC, 415쪽) 이처럼 인식의 가능 조건을 탐구하는 『말과 사물』에서 예술에 대한 비평은 에피스테메들 사이의 간극을 단적으로 보여주고 새로운 에피스테메를 예고하면서 철학적 비판 내부에 자리 잡게 된다.

6. 비평과 비판 사이의 간극

『말과 사물』에서 푸코는 "무엇으로부터 인식과 이론이 가능했는가, 어떤 질서의 공간에 따라 지식이 구성되었는가"라는 질문을 제기하면서 "지식의 공간에서 경험적 인식의 다양한 형태를 야기한 지형"을 탐구했다.(MC,

17쪽) 푸코 스스로 '고고학'archéologie이라는 이름을 붙인 방법에 의해 수행되는 이 탐구는 한 시기의 다양한 인식들로부터 그러한 인식의 형태를 야기한 지형을, 에피스테메를 추적한다. 이때 고고학이 분석하는 대부분의 문헌들은 그것들을 조건 지은 자기 시대의 에피스테메만을 드러내고, 특정 에피스테메 내부에 배치된다. 그러나 우리가 살펴본 것처럼, 『말과 사물』에서 예술의 영역에 속하는 작품들은 다른 문헌들로 환원되지 않는 독특한 위상을 차지한다. 『돈키호테』는 르네상스 시대의 한복판에서 유사성이라는 질서를 웃음거리로 만들고 재현이라는 고전주의 시대의 에피스테메를 선취하며, 「시녀들」은 고전주의 시대의 도래를 알리며 '순수 재현'의 공간을 열어내는 동시에 시간을 앞질러 근대에 인간이 차지할 '왕의 자리'를 마련해 놓는다. 근대의 '문학' 역시 되풀이라는 언어의 구성적 속성을 능동적으로 작품의 중심에 위치시키면서 '말 자체가 말하는' 고유한 공간을 '인간의 언어'에 대해 구성한다. 칸트가 인간으로부터 발견한 재현의 가능 조건을 역사 속에서 발견하는 『말과 사물』의 기획에서, 예술과 비평은 현재의 에피스테메 바깥을 식별할 수 있는 특별한 영역으로 존재한다.

그러나 『말과 사물』을 비롯한 푸코의 1960년대 작업에서 확인할 수 있는 비평과 비판 사이의 결합은 '권력의 계보학' 시기에 해당하는 1970년대의 작업에서 사라진다. 1976년에 이루어진 한 인터뷰에서 푸코는 자신의 연구가 더 이상 언어와 기호를 중심으로 이루어지지 않는다는 점을 분명하게 밝힌다. "제가 생각하기에 우리가 참조해야 할 것은 언어와 기호의 거대한 모델이 아니라, 전쟁과 전투의 모델입니다. 우리를 사로잡고 규정하는 역사성은 언어적인 것이 아니라 호전적인 것입니다. 의미 관계가 아니라 권력 관계입니다."[26] 푸코의 비판은 더 이상 인식론의 영역에서 이루어지지 않는다. 인간의 유한성 속에 자리 잡은 근대적 재현에 대해 자신의 고유한 영역을 확보한 문학 작품과 회화 작품은 전쟁과 전투의 모델을 이용해 이루어지는 권력에 대한 비판 작업 속에서 특별한 중요성을 인정

---

26 Michel Foucault, "Entretien avec Michel Foucault", *Dits et écrits III(1976~1979)*, Paris: Gallimard, 1994, 145쪽.

받지 못한다.

뿐만 아니라 권력 관계에 대한 비판 작업 속에서 작품에 대한 언어 중심적 비평은 작품의 효과를 잘못 파악하게 만드는 부적절한 것으로 이해되기까지 한다. 사드Marquis de Sade의 작품에 대한 푸코의 입장 변화는 연구 영역과 모델의 변화가 푸코의 예술론에 미친 영향을 가장 단적으로 보여준다. 1964년 강의에서 푸코는 사드의 작품을 "모든 위반의 파롤parole de transgression을 모아놓은 곳인 동시에 그것을 가능케 한 정점"이라고 평가한다.(LL, 118쪽) 엄밀한 의미에서 작품이 언어에 대한 위반이자 문학에 대한 위반으로 존재한다면, 다른 작품들을 모방하고 타락시키는 장면들로 빽빽하게 채워져 있는 사드의 작품은 "이제 곧 근대 소설이 탄생하게 될 빈 공간을 여는 작품, 위반이라는 유일한 파롤로 축소된 작품"이다.(LL, 119쪽) 『말과 사물』에서 근대 시기의 '문학'이 '인간의 언어' 바깥에 자리 잡는다는 사실을 기억한다면, 1960년대의 푸코에게 사드의 위반과 작품이 어떤 위상을 점할지 역시 짐작할 수 있다. 사드는 "언어의 존재를 날것 그대로 드러내는 역할을 하는 비담론적인 담론"을 형성하는 계기로 다루어지며, 이러한 언어의 존재는 『말과 사물』에서 재현의 지배자로서 존재했던 인간의 소멸과 근대의 종언을 예고하는 하나의 표지로 이해된다.(MC, 187쪽, 번역 수정)

반면 『성의 역사 1: 지식의 의지』Histoire de la sexualité: La volonté de savoir(1976)에서 사드의 작품은 무엇보다도 권력의 작용에 응답하는 하나의 사례로 다루어진다. 이 책에서 푸코는 권력이 성을 억압한다는 기존 담론에 맞서서 오히려 권력은 성에 대해 말하도록 부추겨왔으며, 이러한 성의 담론화는 그리스도교 수도원으로부터 유래한다고 주장한다. 수도원의 금욕적 전통은 금지에 대한 위반뿐만 아니라 성과 관련된 모든 것을 고백의 대상으로 규정해 왔는데, 이 고백은 17세기에 이르러 적어도 규칙상으로는 모든 이들에게 의무로 부과되었다. 이어서 푸코는 이 고백의 의무를 사드의 문학과 연결한다. "17세기의 [그리스도교] 사목으로부터 그것이 문학, 특히 '스캔들을 일으킨' 문학 속에 투영된 지점까지 곧장 이어지는 선을 그릴 수 있을 것이다. …… 사드는 영성 지도의 개론서를 옮겨놓은 듯한 용어로 이 [고해신부의] 명령을 되살린다."[27] 『말과 사물』에서와 동일하게 사드에게서 "모든 욕망은 재현하는 담론의 순수한 빛 속에서 표명"될 테지만(MC, 301쪽), 이 문장들은 이제 에피스테메 바깥을 가리키는 위반의 형상이 아니라 모든 상상과 욕망을 말하라는 고해신부의 명령에 대한 호응으로, 자신의 모든 욕망을 내보이는 고백의 수행과 타인의 욕망을 캐내려고 하는 고백의 강요로 이해된다.

물론 『지식의 의지』에서 푸코가 사드의 작품을 그리스도교의 고백으로부터 유래하는 성의 담론화 내부에 온전히 위치시키는 것은 아니다. 『지식의 의지』의 마지막 몇 페이지에서 푸코는 "법, 죽음, 위반, 상징 체계, 주권"을 통해 작동하는 전통적인 권력과 "규범, 지식, 생명, 의미, 규율, 조절"을 통해 작동하는 새로운 권력을 구분하면서 다시 한 번 사드를 언급한다.[28] "사드는 철저한 성의 분석을 군주의 주권이라는 옛 권력의 극단적 메커니즘 안으로, 그리고 온전히 유지된 피의 오랜 위세 아래로 옮겨놓는데, 사드의 작품에서 피는 줄곧 쾌락을 따라 흐른다."[29] 성의 담론화에서 성이 규범·지식·생명·의미·규율·조절을 통해 다루어진다면, 사드에게서 성은 법·죽음·위반·상징 체계·주권을 통해 다루어진다. 푸코는 양자 간의 차이를 지적하면서 성의 담론화에 맞서 성적인 것을 법과 주권, 피라는 심급에 따라 사유하려는 시도에 대해 언급한다. 그러나 규율과 조절에 의해 작동하는 성의 담론화를 법이나 위반과 같은 옛 권력의 메커니즘으로 사유하려 한다는 점에서, 이러한 시도는 "사드와 바타유에 대한 참조가 어떠하건, 그들에게 요구되는 '전복'의 담보가 무엇이건, 결국 역사적 '후방-선회'rétro-version일 수밖에 없을 듯하다."[30] 이렇게 『지식의 의지』는 사드의 작품뿐만 아니라 사드가 열어놓은 공간에서 이루어지는 사유까지도 평가절하하고, 1970년대 푸코의 비판 작업에서 문학은 다른 문헌들과 마찬가지로 권력의 작용을 드러내는 하나의 사료로, 그마저도 드물게 활용된다.

이것이 연구 영역의 이동과 맞물리며 푸코 스스로 행한 비평과 비판에

---

27 미셸 푸코, 『성의 역사 1: 지식의 의지』, 이규현 옮김, 나남, 2020, 33쪽. 번역 수정.
28 같은 책, 191쪽.
29 같은 책, 192쪽.
30 같은 책, 194쪽.

대한 문제 제기였다면, 우리는 비평과 비판 사이의 관계에 대한 두 번째 문제를 『말과 사물』 내부로부터 제기할 수 있다. 앞서 살펴본 것처럼 문학 작품과 회화 작품에 대한 비평은 각 시대의 에피스테메를 분석하는 비판 속에서 다른 문헌에 대한 분석과 구분되는 독특한 위상을 차지한다. 특히 19세기 이후 문학이 드러내는 언어의 존재는 비판이 드러낼 수 없는 바깥을 지시하며, 이 때문에 비평은 『말과 사물』 내부에서 특권적인 지위를 갖는다. 문학에 대한 강연에서 "자신 위에 멈춰 선 채 고정되어 있고 자신만의 고유한 공간을 구성하면서 언어의 내부에 존재하는 기묘한 사물"로 규정되었던 근대의 문학 작품들은 이제 에피스테메 내부에서 자신만의 고유한 공간을 구성한다.(LL, 108쪽, 번역 수정)

비평이 언어 일반의 공간에 관심을 두지 않고 단어와 문장들이 되풀이되는 작품의 고유한 공간을 탐구하는 데 그쳤다면, 혹은 비판이 예술에 관심을 두지 않고 한 시대의 에피스테메를 그저 드러내는 데 만족했다면 문제는 발생하지 않았을 것이다. 그러나 양자가 연결되면서, "문학적 분석이 …… '거의' 철학적이라 할 하나의 성찰 위로 흘러들어 가게" 되면서 문제가 발생한다.(LL, 156쪽) 『말과 사물』은 특정한 시기의 서양 문화로부터 다양한 분과학문들을 가로지르는 하나의 에피스테메를 발견하지만, 예술작품만은 에피스테메의 구속으로부터 풀려나 '자신만의 고유한' 공간을 구성한다.

> 19세기에서 오늘날까지, 횔덜린에서 말라르메, 앙토냉 아르토까지 문학은 자율적으로 존재했으며, 일종의 '대항 담론'을 형성함으로써, 그리고 이러한 방식으로 언어의 재현하는 기능 또는 의미하는 기능에서 16세기 이래로 잊힌 순수한 언어의 존재로 거슬러 올라감으로써만 깊은 균열에 의해 다른 모든 언어와 분리되었다.(MC, 82쪽)

그러나 어떻게 문학은 다른 모든 언어와 분리되어 '대항 담론'을 형성할 수 있는가? 이러한 질문은 "이론으로 나타나는 지식이건 실천에 조용히 스며들어 있는 지식이건 간에 모든 지식의 가능 조건을 결정"하는 에피스테메를 탐구하겠다는 비판의 기획을 위태롭게 만들지만(MC, 247쪽),

예술작품은 에피스테메에 의해 온전히 조건 지어지지 않는다는 점에서 『말과 사물』의 바깥에 위치하는 이 질문에 비판은 답할 수 없다.

물론 근대 문학과 에피스테메 사이의 관계에 대해 푸코는 "오늘날의 문학이 언어의 존재에 매혹되는 것은 …… 우리의 사유와 지식의 구조 전체가 모습을 드러내는 매우 광범위한 지형에 필연성의 뿌리를 내리고 있는 현상"이라고 주장하면서, 근대 문학 역시 근대의 에피스테메 속에서 형성된다고 설명한다.(MC, 521쪽) 문학이 언어의 존재에 관심을 가질 수 있는 것은 고전주의 시대의 투명한 언어가 사라지고 근대의 에피스테메 속에서 언어가 스스로의 두께와 밀도를 지닌 채 새롭게 가시화되었기 때문이다. 그러나 문학의 위상에 대한 우리의 문제 제기는 단순히 '문학이 언어의 존재에 관심을 기울였다'는 점에 있지 않다. 우리가 제기하는 문제는 '문학은 어떻게 근대의 에피스테메에 의해 결정된 '인간의 언어'에 관심을 기울이지 않고, 그것의 바깥을 지시하는 '언어 자체의 존재'에 관심을 기울일 수 있느냐' 하는 것이다. 또한 근대의 에피스테메가 도래하기도 전에 사드에게서 이미 언어의 존재가 발견되기 시작했다는 점에서, 문학은 20세기 초중반에 등장하는 정신분석학과 민족학 같은 다른 대항 과학들 contre-sciences[31]과 달리 근대 에피스테메의 필연적 전개라기보다는 근대에 이루어진 언어의 격하에 대한 "가장 중요하고 가장 예기치 못한 보상"처럼 보인다.(MC, 415쪽) 결론적으로 『말과 사물』의 비판 작업에는 자신 속으로 흘러들어 온 비평을 배치할 자리도 사유할 능력도 존재하지 않는다.

지금까지의 논의를 바탕으로 비평과 비판을 연결하려 했던 1960년대 푸코의 사유가 어떤 난점을 가지고 있는지, 그리고 연구 영역 및 모델의 변화와 함께 1970년대에 비평과 비판 사이의 관계가 어떻게 변화했는지를 다음과 같이 정리할 수 있다. 푸코에게 비평과 비판 사이의 결합은 초

---

[31] 재현의 지배자로 군림하던 인간을 무의식 속에서 용해시켜 버린다는 점에서 푸코는 정신분석학과 문화인류학을 근대의 '인간 과학'에 대한 '대항 과학'으로 제시한다. "'인간 과학'에 비해 정신분석학과 민족학은 오히려 '대항 과학'인데, 이는 정신분석학과 민족학이 다른 분야들보다 덜 '합리적'이라거나 덜 '객관적'이라는 의미가 아니라, 정신분석학과 민족학이 인간 과학을 시대의 흐름에 역행하여 이해하고 인간 과학 자체의 인식론적 토대로 다시 이끌어가며 인간 과학을 통해 실증성을 획득하고 회복하는 바로 그 인간을 끊임없이 '해체한다'(défaire)는 의미이다."(MC, 516쪽. 번역 수정)

기 작업에 국한되며, 이마저도 비판으로 환원되지 않는 비평과 그러한 비평을 사유할 능력이 없는 비판 사이의 결합이라는 형태로 이루어진다. 이후 권력에 대한 연구와 더불어 이 결합은 끊어지게 된다. 사드의 작품 속에서 되살아나는 고해신부의 목소리 속에서, 푸코는 문학이 보여주었던 '바깥'이 권력 작용의 효과일 수 있음을 깨닫는다. 이제 작품은 권력의 작용을 보여주는 하나의 사료가 되고, 비평은 고유성을 잃고 비판 속으로 흡수된다.

7. 비평과 비판의 두 번째 연결:「계몽이란 무엇인가」

『말과 사물』은 비평을 비판 내부로 흘러들어 가게 하고, 지식에 대한 분석이 대체할 수 없는 고유한 기능을 비평에 부여하면서 비평과 비판을 연결했다. 그러나 에피스테메 바깥을 가리켜 보이는 비평이 위치할 공간이 비판의 내부에 존재하지 않는다는 점에서 이 연결은 실패로 돌아간다. 이후 권력의 계보학 시기에 비판은 지식이 아닌 권력을 대상으로 하면서 새롭게 변화한다. 그러나 한편으로는 권력의 영역에서 언어와 글쓰기는 저항의 방법이 되지 못한다는 점에서, 다른 한편으로는 바깥이나 위반을 권력의 효과로 사유한다는 점에서 비평의 위상은 달라지고 1970년대 이후 푸코의 작업에서 문학이나 회화 작품에 대한 비평은 찾아보기 어렵게 된다.

그런데 1980년대에 권력으로부터 윤리로 연구 영역을 이동하면서 푸코의 비판 개념은 다시 한 번 변화하게 된다. 1980년 푸코는 최근의 연구를 통해 지배 테크닉의 맞은편에 개인이 자기 자신을 변형하는 자기 테크닉이 존재한다는 것을 알게 되었다고 말하면서, 자신의 이전 작업들은 개인에게 가해지는 권력의 지배 테크닉만을 지나치게 강조했다고 회고한다. 권력이 타인의 행위를 특정한 방향으로 이끄는 것이라면, 권력의 지배 테크닉은 개인이 자신을 변형하고 자신의 행위를 결정하는 자기 테크닉에 작용하게 된다. 따라서 자기 테크닉에 대한 고려 없이 지배 테크닉만을 분석해 온 푸코의 연구는 권력과 개인 사이에서 벌어지는 전투 중 권력의 작용에 대한 일면적인 탐구에 그친다. 비판은 단순히 지배 테크닉에 대한

분석에 머물러서는 안 된다. 비판은 "지배 테크닉과 자기 테크닉 간의 상호관계를 고려"해야 한다.[32]

우리는 비판 개념에 대한 푸코의 최종적인 제안을 1984년의 논문 「계몽이란 무엇인가」에서 발견할 수 있다. 이 논문에서 푸코는 칸트의 비판을 변형하면서 자신의 비판 개념을 제시한다. 재현을 가능하게 하는 조건을 시간과 공간이라는 인간의 감성 형식으로부터 발견하는 칸트의 비판은 인간의 유한성을 인식의 필연적 한계로서 드러내기 위해 수행되었다. 반면 푸코의 비판은 우리가 필연적이라고 여기는 한계를 넘어서기 위해 수행된다.

> 칸트주의적 질문이 앎이 넘어서지 말아야 할 한계가 무엇인지를 알아내고자 하는 것이라면 오늘날의 비판은 좀 더 긍정적인 질문을 통해 나타나고 있다고 보입니다. 즉 우리에게 보편적이고 필연적이며 의무로 제시되고 있는 것 안에서 특이하고 우연적이며 자의적인 제약들이 차지하고 있는 몫은 얼마인가 따위의 질문을 통해서 말입니다. 간략하게 말하면 필연적 한계라는 형태로 수행된 비판을 가능한 위반[넘어섬, franchissement]의 형태를 취하는 실천적인 비판으로 변형하는 것이 문제입니다.[33]

여전히 푸코의 비판은 보편적이고 필연적으로 여겨지는 대상들을 역사 속에서 탐구하면서 그 특이성과 우연성을 폭로한다. 그러나 이제 비판은 1980년대에 푸코가 새롭게 발견하고 연구한 자기 관계의 영역 속에서 작동하는 일종의 자기 테크닉이 된다. 비판은 자신에게 가해지는 지배 테크닉이 어떻게 탄생했고 어떻게 작동하며 어떤 취약점을 지니는지를 정확하게 인식하게 만듦으로써 지배 테크닉을 넘어서 자신과 자신의 행위를 이끌 수 있는 가능성을 제공한다.

그런데 푸코는 '가능한 넘어섬의 형태'를 발견하는 새로운 비판을 제

---

32 미셸 푸코, 「자기해석학의 기원」, 오트르망 옮김, 도서출판 동녘, 2022, 42쪽.
33 미셸 푸코, 「계몽이란 무엇인가」(장은수 옮김), 『모더니티란 무엇인가』, 김성기 엮음, 민음사, 1994, 359~360쪽, 번역 수정.

안하는 과정에서 보들레르Charles Baudelaire의 비평문 「현대의 삶을 그리는 화가」Le peintre de la vie moderne(1863)를 언급하고, 다시 한 번 비판과 비평의 연결을 시도한다. 이 비평문에서 보들레르는 기스Constantin Guys를 "루벤스나 베로네세가 그린 주름진 느슨한 옷들"의 아름다움이 아니라 자기 시대의 패티코트의 아름다움을 이해하고자 하는 인물로 그려낸다.[34] 그는 "만약 유행이나 옷의 재단이 살짝 바뀌었다면, 만약 나비 리본이, 컬을 넣은 머리 모양이 꽃장식에 밀려 한물갔다면" 그 사실을 즉각적으로 알아차리는 사람이다.[35] 그러나 기스는 단지 현재의 아름다움을 잘 이해하고 변화에 민감한 데에 그치지 않는다. 그는 남들이 잠든 시간에 작업대 앞에 앉아 붓을 휘두르며, 자신이 현재로부터 포착한 대상을 애써 변형하는 '화가'다.

푸코는 "현실에 극단적으로 주의를 기울임으로써 그 현실성을 존중하면서도 그것을 뒤흔들어버리는" 화가의 작업에 주목한다.[36] 기스는 "현재를 파괴하는 것이 아니라 있는 그대로 포착하여 그것을 변형하려는 열정"[37]을 가지고, 자신이 현재로부터 포착한 사물들을 "자연보다 더 자연스럽고 아름다움보다 더 아름답게"[38] 변형한다. 그런데 예술가의 변형은 단지 자신이 그리는 작품에 제한되지 않는다. "인간이 아름다움에 대해 갖는 생각은 그의 몸단장에 속속들이 새겨져서 의복을 구기거나 빳빳하게 만들고, 그의 몸짓에 곡선 혹은 직선을 부여하고, 결국에는 교묘하게 그의 얼굴 표정에까지 침투하게 된다. 인간은 스스로 되고자 했던 모습과 흡사하게 되고 만다."[39] 예술가는 현재를 변형하는 동시에 자기 자신을 변형한다. "보들레르에 따르면 현대인은 그 자신, 그의 비밀, 그의 숨은 진실 따위를 발견하려고 하는 사람은 아닙니다. 현대인은 그 자신을 발명하려고 애쓰는 사람입니다."[40] 예술은 비판과는 다른 방식으로 현재를 포착하

---

34 샤를 보들레르, 「현대의 삶을 그리는 화가」, 『현대의 삶을 그리는 화가』, 정혜용 옮김, 은행나무, 2014, 32쪽.
35 같은 글, 27쪽.
36 미셸 푸코, 「계몽이란 무엇인가」, 354쪽.
37 같은 글, 354쪽, 번역 수정.
38 샤를 보들레르, 앞의 글, 29쪽.
39 같은 글, 11쪽.

고 변형하는 작업, 나아가 자기 자신을 변형하는 작업이 된다.

「계몽이란 무엇인가」에서 예술은 자기 자신에 대한 변형으로 이어지는 한에서 비판과 연결된다. 1982년에 푸코는 당신의 철학과 예술 사이에 특별한 친연성이 있느냐는 질문에 대해 자신의 작업은 예술처럼 자기 자신을 변형하기 위해 이루어진다고 답한다. "자신의 지식을 통해 자기 자신을 변화시키는 것은 미학적 경험과 상당히 가까운 것이라고 생각합니다. 자신의 그림을 통해 변화하지 않는다면, 어째서 화가가 그림을 그리겠습니까?"[41] 「계몽이란 무엇인가」에서 새롭게 등장한 비평은 예술이나 작품보다도 삶과 더 긴밀하게 연결된다. 라이크먼John Rajchman의 정리처럼 "보들레르가 제안하는 윤리는 예술의 형태들에 관련된 윤리가 아니라 삶의 형태들에 관련된 윤리이며, 대상의 미학이 아니라 실존의 미학"인 것이다.[42] 대상의 미학이 아닌 실존의 미학이 관건이 되는 한, 작품에 대한 비평은 주체화에 대한 비판 속에서 용해되어 버린다. 따라서 우리는 「계몽이란 무엇인가」에서 제시된 예술의 독특한 기능으로부터 출발해서 작품에 대한 미학과 비평의 가능성을, 비평과 비판 사이의 관계를 다시 생각해 보아야 한다.

1984년 2월 29일, 콜레주 드 프랑스에서 진행된 강의는 말년의 푸코가 예술작품에 대한 미학을 어떻게 사유했는지를 우리에게 보여준다. 푸코는 진실을 자신의 삶 속에서 표명하는 견유주의를 분석하는 과정에서 근대 예술의 특징에 대해 언급한다. 그는 먼저 「계몽이란 무엇인가」에서 그랬던 것처럼, 근대 예술을 예술가의 삶과 연결하면서 실존의 미학을 주체화의 미학으로서 제시한다. 이어서 푸코는 실존의 문제를 예술가 개인이 아닌, 예술작품 자체 속에서 다시 사유한다.

> 그것(예술과 견유주의를 연결해 주는 또 다른 요소)은 예술 자체 — 문학이든, 회화든, 음악이든 — 가 현실과 맺는 관계가 더 이상 장식이나 모방

---

40 미셸 푸코, 「계몽이란 무엇인가」, 355쪽.
41 Michel Foucault, "Michel Foucault: An Interview by Stephen Riggins", 131쪽.
42 존 라이크먼, 『미셸 푸코, 철학의 자유』, 심세광 옮김, 그린비, 2020, 68쪽.

의 질서에 속하지 않고, 오히려 노출, 폭로, 닦아냄, 파냄, 실존의 기본적인 요소로의 극단적 축소에 속한다는 생각입니다. 실존의 기본적인 요소로 축소하고 이 요소를 노출시키는 예술 실천은 아마도 19세기 중반부터 점점 더 분명하게 나타나기 시작합니다. 예술(보들레르, 플로베르, 마네)은 하나의 문화 속에서 권리가 없거나 적어도 표현 가능성이 없는 것이 아래로부터, 심층으로부터 침입하는 장소로서 구성됩니다.[43]

기존의 예술작품은 언어, 캔버스, 소리와 같은 자기 실존의 기본적인 요소들을 감춘 채, 자기 바깥의 현실을 재현하고 꾸며왔다. 그러나 19세기 중반부터 예술은 이전에는 감추어야 했던 이 요소들 자체를 오히려 주제로 삼아야 할 대상으로 인식하게 되었고, 작품 속에서 그것들을 노출하고 되풀이한다. 예술은 이처럼 지금까지의 은폐를 폭로하고, 감춰져야 했던 것들을 드러내면서 "문화, 사회적 규범, 미적인 가치와 규준에 대해 축소와 거부, 공격이라는 논쟁적 관계를 수립"하게 된다.[44] 이는 마치 디오게네스가 식사와 자위 모두 자신의 욕구를 충족하는 행위임에도 불구하고 어째서 광장에서 밥을 먹는 것은 허락하면서 자위는 금지하는가라고 물으며 자위행위를 통해 실존의 기본적인 요소를 백주대낮에 노출하고 사회적 규범을 공격했던 것과 같다. 예술 역시 자기 실존의 기본적인 요소를 내보이면서 기존의 허위적 규범과 규준을 공격하고 실존의 요소들로 축소한다.

예술에 대한 이러한 평가는 푸코가 1971년에 마네에 대해 내린 평가로부터 그다지 멀리 떨어져 있지 않다. 「마네의 회화」에서 「올랭피아」Olympia(1863)는 회화의 물질적 속성을 작품 속에서 드러내는 미학적인 변형을 통해 도덕적인 스캔들을 불러일으킨 사례로 다루어진다. 「올랭피아」는 「풀밭 위의 점심식사」처럼 외부의 조명에 의해 비추어져야 하는 하나의 오브제로 존재한다. 이 작품에서 누워 있는 여인의 나신은 캔버스 앞쪽

---

43 Michel Foucault, *Le courage de la vérité. Le gouvernement de soi et des autres II. Cours au Collège de France, 1983~1984*, Paris: Seuil-Gallimard, 2009, 173쪽.
44 같은 책, 174쪽.

마네 「올랭피아」

에서 쏟아지는 빛에 의해 드러난다. 이 빛은 어떤 음영도 허락하지 않아 그녀가 납작하게 보일 정도로 강렬하게 퍼부어진다. 그러나 우리는 이 빛의 시작점을 그림 내부에서 찾아볼 수 없다. 빛은 그림의 바깥에서, 그녀의 나신에 시선을 던지는 감상자의 눈으로부터 시작된다. 즉 우리의 시선과 안광이 「올랭피아」의 나신을 드러낸다. "그림을 바라보는 일과 그림에 빛을 비추는 일은 적어도 「올랭피아」 같은 그림에서는 단일하고 동일한 것입니다. 또 그렇기 때문에 우리 모든 감상자는 필연적으로 이 나신에 연루되어 있고 어느 정도까지는 그것의 책임자입니다."(PM, 57쪽) 마네는 외부 조명에 의존하는 오브제로서의 캔버스, 그 물질적 조건을 작품의 중심에 위치시킨다. 그러면서 그녀를 벌거벗기고 탐닉하는 감상자의 시선을 드러내고, 나신을 바라보는 그 시선에 책임을 묻는다. 1965년 살롱전에 출품된 「올랭피아」를 보고 분노하며 우산으로 훼손하려 한 사람들의 행동은 자신에게 물어진 책임에 대한 직접적인 반응이었을 것이다. 초기 푸코의 「올랭피아」 분석은 1984년에 그가 제시한 예술 실천의 구체적 사례로 볼 수 있다.

 1984년의 푸코는 자신이 포기했던 1960년대의 예술론과 거의 동일한 방식으로 예술의 특징과 기능을 제시한다. 이러한 재출현은 1980년대에 들어 푸코가 개인이 자기 자신을 변형하는 자기 테크닉의 영역을 포착했기 때문에 가능해졌다. 푸코는 1960년대에는 에피스테메에 의한 주체화를, 1970년대에는 권력에 의한 주체화를 자기 테크닉에 대한 고려 없이 다루었다. 이때 개인에게는 에피스테메나 권력에 대항할 그 어떤 영역도 주어지지 않았다. 따라서 예술이 에피스테메와 다른 고유한 공간을 형성할 수 있게 하는 근본적인 심급에 대해 1960년대의 푸코는 명쾌한 답을 내어놓지 못했고, 바깥을 권력의 효과로 파악하는 1970년대에 이르러 예술에 대한 논의를 중단하게 된다. 그러나 1980년대에 자기 테크닉에 대한 연구와 함께 비판 개념이 변화하면서 푸코는 예술에 대해 다시 논의할 수 있는 기회를 얻게 된다. 더 이상 예술은 한 시대의 에피스테메 속에서 다른 에피스테메를 가리켜 보이는 특권적이고 무거운 과제를 짊어지지 않는다. 비판이 오늘날 우리에게 의무로 제시되는 것들로부터 가능한 넘어섬의 형태를 발견함으로써 현재의 의무와 구속으로부터 우리를 풀려나게 하는 것처럼, 예술은 '문학이란 무엇인가?', '회화란 무엇인가?'라는 질문을 제기함으로써 오늘날의 규범과 규준을 거부하고 축소하며, 그렇게 형성된 공간에서 현재와 다른 말하기, 다른 그리기의 가능성을 실험하는 것이다.

8. 푸코의 'critique': 들뢰즈를 경유하여

끝으로 들뢰즈의 'critique'에 대한 이 책의 논의들을 참조하면서, 푸코의 비평과 비판 사이의 관계를 정리해 보자. 푸코는 언제나 비판 작업과의 관계 속에서 비평의 위상을 설정해 왔다. 그렇기 때문에 작품에 대한 분석 내용은 큰 틀에서 일관성을 유지하면서도, 예술과 비평의 위상은 푸코 사유의 전개에 따라 크게 달라진다. 자기 변형을 궁극적인 목적으로 삼는 비판 작업을 지식, 권력, 주체화 가운데 어떤 영역에서 수행하느냐에 따라, 비평과 비판의 연결 양상은 달라지고 예술의 위상 역시 변화한다. 그러나 푸코가 예술의 위상을 항상 비판과의 관계 속에서 사고했다는 사실이 예술이 철학에 의해 일방적으로 해석된다거나 비평이 단순한 이론의 적용

사례로 전락함을 의미하는 것은 아니다.

들뢰즈의 '미술 비평'에서 우리는 『감각의 논리』가 베이컨에 '관한' 책이 아니라, 베이컨과 '더불어' 말하는 책이라는 사실을 확인했다. 그리고 '문학 비평'에서 살펴본 바와 같이, 들뢰즈에게 사유란 기호 안에 감추어진 것들을 펼쳐내며 차이와 반복을 실천하는 창조적 행위다. 푸코 역시 "작품에 '대해서'가 아니라 작품과 '더불어' 이야기"하려 했다. 그는 비평을 저자나 작품에 대한 특권적 독해로 만든 생트뵈브를 비판하면서, 작품과 동일한 층위에서 하나의 그물망을 형성하는 글쓰기로서의 비평을 제안한다. 작품이 자신의 고유한 공간에서 되풀이하는 것을 비평 속에서 다시금 되풀이하고자 할 때, 푸코는 작품과 연결되어 서로를 되풀이하면서 함께 새롭게 생성되어 가는 비평의 가능성을 사유하고 있는 것이다.

비판과 비평의 기능에 대해서도 두 사람은 동일한 견해를 공유한다. 들뢰즈는 기존의 질서를 정당화하는 재인식récognition이 아니라, 그것을 와해하는 니체적 비판을 수행했다. 우리는 이러한 비판적 태도를 '모든 현재들을 증식시켜 모든 것을 거짓으로 만들거나 모든 것을 진실로 만드는' 로브그리예, 레네, 고다르의 작품에 대한 그의 분석에서 확인할 수 있었다. 푸코의 비판 역시, 인간의 유한성에서 인식의 근거를 찾았던 칸트의 비판을 전복하고 오늘날 우리에게 부과되는 의무와 한계로부터 역사성과 우연성을 드러낸다는 점에서, 기존 질서를 와해하는 니체적인 비판으로 작동한다. 이러한 와해는 작가로부터 작품에 대한 인식의 근거를 끌어오던 기존 비평을 전복하는 데서, 그리고 작품의 물질적인 기반을 드러내며 규범과 규준을 공격하는 예술작품에 대한 분석 속에서 되풀이된다.

끝으로 들뢰즈는 기존의 인식이 와해된 자리에서 발견되는 징후들을 해석하기 위한 개념들을 창조했다. 기호, 표현, 소수 문학은 문학에 대해, 리토르넬로, 환경, 대지, 코스모스는 음악에 대해, 프레임과 쇼트 그리고 몽타주는 영화에 대해, 감각과 형상은 회화에 대해 새로운 인식의 가능성을 제시한다. 푸코 역시 새로운 인식을 위한 개념들을 작품들로부터 끌어내고 제안한다. 『말과 사물』에서는 무차별적으로 사용되었던 유사ressemblance와 상사similitude에 대한 구분을 푸코는 마그리트로부터 배운다. 그리고 이 개념을 바탕으로 마그리트의 작품을 분석한 「이것은 파이프가 아니다」Ceci n'est pas une pipe는 개념의 창조를 보여주는 대표적인 사례라 할 수 있다. 뿐만 아니라 근대에 고유한 것으로 규정되는 '문학'과 '회화'라는 개념을 통해 우리는 지금까지와는 다른 방식으로 예술을 이해할 수 있다. 비평은 작품에 대한 해석이 아니라, 예술에 대한 사유를 변형하는 실천이 된다.

그렇다면 푸코의 비평과 비판 사이의 이러한 관계를, 처음에는 바깥을 지시하기 위해 활용되었고 이후에는 부정되었다가 마침내 '실존의 미학'이라는 방식으로 작품 바깥에서 다시 긍정되는 이 관계를 우리는 어떻게 정리할 수 있을까? 문학과 비평에 대한 1964년의 강의에서 푸코는 비평과 비판 사이의 연결을 하나의 완결된 체계가 아니라 '순전히 하나의 프로그램'으로 제시한 바 있다. 나는 여기에서 푸코의 비평과 비판 사이의 관계에 대해 최종적인 결론을 내리거나 마침표를 찍기보다는, 1980년대의 푸코가 제시한 새로운 비판을 염두에 두고 이 프로그램을 다시 검토하며, 약간의 수정을 가해 예술과 비평에 대한 또 다른 프로그램을 제안하고자 한다.

이제 예술은 더 이상 에피스테메에 대해 자율적인 특권을 지닌, 에피스테메의 바깥으로 존재하지 않는다. 예술은 현재 자신에게 부과된 의무들을 비판과는 다른 방식으로 문제화하며, 글쓰기와 그리기를 통해 그것들을 넘어서는 실천으로 정의되어야 한다. '문학이란 무엇인가?' 혹은 '회화란 무엇인가?'라는 질문이 열어놓은 빈터에서, 작품은 언어의 되풀이나 캔버스의 물질적 속성을 자신의 중심에 놓으면서 자기만의 고유한 공간을 형성한다. 이 고유한 공간은 작품에 대한 분석을 통해서만 접근 가능하기 때문에, 비평은 대상의 형성을 역사적 사료 속에서 추적하는 비판과 구분된다. 비평은 사회적 규범과 미적인 가치를 넘어서는 예술의 시도들을 작품 안에서 분석하고, 그 효과와 흔적을 되풀이하는 작업이 된다. 이처럼 '가능한 넘어섬의 형식'에 대한 분석이라는 틀 속에서 비평은 비판과 연결되며, 'critique'은 오늘날 우리에게 부과된 의무와 다르게 말하고, 쓰고, 보고, 생각하고, 행위하고, 존재하는 또 다른 가능성을 여는 데 기여할 수 있다.

| 찾아보기 |

인명

| ㄱ |

가타리, 펠릭스(Guattari, Félix) 55, 60, 120, 153, 154
강스, 아벨(Gance, Abel) 172
고다르, 장뤽(Godard, Jean-Luc) 176, 197, 249
괴테, 요한 볼프강 폰(Goethe, Johann Wolfgang von) 165
그람시, 안토니오(Gramsci, Antonio) 180
그레미용, 장(Grémillon, Jean) 164, 172
그리피스, 데이비드 와크(Griffith, David Wark) 162~164
글래스, 필립(Philip Glass) 47
기베르, 에르베(Guibert, Hervé) 66, 67
기스, 콩스탕탱(Guys, Constantin) 244

| ㄴ |

니체, 프리드리히(Nietzsche, Friedrich) 16, 21~32, 39, 122, 196, 249

| ㄷ |

데카르트, 르네(Descartes, René) 31, 39~41, 44, 100, 122, 222
뒤샹, 마르셀(Duchamp, Marcel) 126
뒤아멜, 조르주(Duhamel, Georges) 198
드레이어, 칼 테오도르(Dreyer, Carl Theodor) 159~161, 176
드뷔시, 클로드(Debussy, Claude) 128, 138, 142, 146, 147
디드로, 드니(Diderot, Denis) 210~212, 236
디오게네스(Diogène le Cynique) 246
디킨스, 찰스(Dickens, Charles) 163

| ㄹ |

라이크먼, 존(Rajchman, John) 245
라이프니츠, 고트프리트(Leibniz, Gottfried) 28, 29, 39~41, 51, 100, 125
랑, 프리츠(Lang, Fritz) 165
랑시에르, 자크(Rancière, Jacques) 66
랭보, 아르튀르(Rimbaud, Arthur) 187

레네, 알랭(Resnais, Alain) 194, 195, 249
레르비에, 마르셀(L'Herbier, Marcel) 164, 172
레리, 미셸(Leiris, Michel) 96
로브그리예, 알랭(Robbe-Grillet, Alain) 194, 249
로셀리니, 로베르토(Rossellini, Roberto) 186, 189
로스코, 마크(Rothko, Mark) 89
로지, 조지프(Losey, Joseph) 178~180
루셀, 레몽(Roussel, Raymond) 48, 49, 218~223
루터, 마르틴(Luther, Martin) 50
르누아르, 장(Renoir, Jean) 164, 172
리게티, 죄르지(Ligeti, György) 142

|ㅁ|

마그리트, 르네(Magritte, René) 228~230, 249
마네, 에두아르(Manet, Édouard) 223~228, 246, 247
마이브리지, 에드워드(Muybridge, Eadweard) 156
말라르메, 스테판(Mallarmé, Stéphane) 212, 240
말러, 구스타프(Mahler, Gustav) 134~136
메시앙, 올리비에(Messiaen, Olivier) 126, 139, 142
모네, 클로드(Monet, Claude) 164
모차르트, 볼프강(Mozart, Wolfgang) 123, 130~132
몬드리안, 피트(Mondrian, Piet) 79, 82, 85
무르나우, 프리드리히 빌헬름(Murnau, Friedrich Wilhelm) 165
무소륵스키, 모데스트(Mussorgsky, Modest) 146, 147
미트리, 장(Mitry, Jean) 171
밀레, 장 프랑수아(Millet, Jean François) 138

|ㅂ|

바그너, 리하르트(Wagner, Richard) 47, 126~128, 133~135, 143, 146, 147
바디우, 알랭(Badiou, Alain) 66
바레즈, 에드가르(Varèse, Edgard) 139~142
바르토크, 벨라(Bartók, Béla) 142
바울(Paul the Apostle) 50
바흐, 요한 제바스티안(Bach, Johann Sebastian) 130
바흐친, 미하일(Bakhtin, Mikhail) 197
발라즈, 벨라(Balázs, Béla) 175
버치, 노엘(Burch, Noël) 161, 181
버트위슬, 해리슨(Birtwistle, Harrison) 142
베게너, 파울(Wegener, Paul) 165
베르그손, 앙리(Bergson, Henri) 68, 95, 110, 113, 154, 155, 157, 158, 166~171, 178, 187~189, 191
베르디, 주세페(Verdi, Giuseppe) 146
베르크, 알반(Berg, Alban) 58, 59, 119
베르토프, 지가(Vertov, Dziga) 192
베리오, 루치아노(Berio, Luciano) 141, 142, 147, 148
베이컨, 프랜시스(Bacon, Francis) 43, 65~67, 69~77, 82, 86~90, 92~98, 101~112, 115, 121, 163, 249
베토벤, 루트비히 판(Beethoven, Ludwig van) 130
벤야민, 발터(Benjamin, Walter) 153, 187, 198~200
벨라스케스, 디에고(Velázquez, Diego)

233~235
보니체르, 파스칼(Bonitzer, Pascal) 159, 176
보들레르, 샤를(Baudelaire, Charles) 198, 244~246
보르헤스, 호르헤 루이스(Borges, Jorge Luis) 231
부뉴엘, 루이스(Buñuel, Luis) 178, 179
불레즈, 피에르(Boulez, Pierre) 141~144
브래그, 멜빈(Bragg, Melvyn) 70
블루아, 레옹(Bloy, Léon) 198
비고, 장(Vigo, Jean) 164, 172, 173
비네, 로베르트(Wiene, Robert) 165
비더, 킹(Vidor, King) 181
비릴리오, 폴(Virilio, Paul) 148
비발디, 안토니오(Vivaldi, Antonio) 123, 130

|ㅅ|

사드(Sade, Marquis de) 33, 34, 238, 239, 241, 242
사르트르, 장폴(Sartre, Jean-Paul) 114, 115, 157
사뮈엘, 클로드(Samuel, Claude) 126
생트뵈브, 샤를 오귀스탱(Sainte-Beuve, Charles Augustin) 45, 215, 216, 249
샤틀레, 프랑수아(Châtelet, François) 119
세르반테스, 미겔 데(Cervantes, Miguel de) 232
슈토크하우젠, 카를하인츠(Stockhausen, Karlheinz) 141
슈트로하임, 에리히 폰(Stroheim, Erich von) 178, 179
스트라빈스키, 이고르(Stravinsky, Igor) 142
스피노자, 바뤼흐(Spinoza, Baruch) 20, 29, 39~41, 51~53, 55, 59, 122

실베스터, 데이비드(Sylvester, David) 65, 72

|ㅇ|

아도르노, 테오도어(Adorno, Theodor) 134, 136
아이스너, 로테(Eisner, Lotte H.) 165
안토니오니, 미켈란젤로(Antonioni, Michelangelo) 176, 177, 185
에이젠시테인, 세르게이(Eisenstein, Sergei) 162~164, 197
엡스탱, 장(Epstein, Jean) 164, 172
오즈 야스지로(Ozu Yasujirō) 185
웰스, 오슨(Welles, Orson) 191, 192

|ㅈ|

자바티니, 체사레(Zavattini, Cesare) 185
자허마조흐, 레오폴트 폰(Sacher-Masoch, Leopold von) 115
졸라, 에밀(Zola, Émile) 178

|ㅊ|

치마부에(Cimabue) 104, 105

|ㅋ|

카라바조(Caravaggio) 40, 99, 100
카생, 바바라(Cassin, Barbara) 66
카터, 엘리엇(Carter, Elliott) 142
카프카, 프란츠(Kafka, Franz) 31, 42, 55~60, 121, 201
칸딘스키, 바실리(Kandinsky, Wassily) 80~83, 85
칸트, 이마누엘(Kant, Immanuel) 16~

28, 31, 39, 107, 197, 234, 235, 237, 243, 249
클레, 파울(Klee, Paul) 74, 124, 125
키르허, 아타나시우스(Kircher, Athanasius) 165
키튼, 버스터(Keaton, Buster) 192

| ㅌ |

틴토레토(Tintoretto) 40, 93, 99

| ㅍ |

파르네, 클레르(Parnet, Claire) 119
파솔리니, 피에르 파올로(Pasolini, Pier Paolo) 172, 196
폴록, 잭슨(Pollock, Jackson) 84, 85, 89
푸코, 미셸(Foucault, Michel) 7, 10, 11, 16, 19~22, 24~27, 49, 119, 207~250
프루스트, 마르셀(Proust, Marcel) 32, 35, 41~43, 46, 47, 49~55, 60, 120, 121, 126, 128, 131, 132, 143, 213~215
프리드리히 2세(Friedrich II of Prussia) 18, 25, 27
플라톤(Plato) 8, 51, 53, 74, 112
플로베르, 귀스타브(Flaubert, Gustave) 198, 246
피아프, 에디트(Piaf, Édith) 119, 120

| ㅎ |

하이데거, 마르틴(Heidegger, Martin) 28~31
하이든, 요제프(Haydn, Joseph) 130, 134
헤겔, 프리드리히(Hegel, Friedrich) 193
헨델, 게오르크 프리드리히(Händel, Georg Friedrich) 130, 142
호라티우스(Horatius) 18
히치콕, 앨프리드(Hitchcock, Alfred) 182, 183, 185, 186

개념

|ㄱ|

가분체(dividuel) 147
가상(假想, phantasmata) 112
감각(sensation) 6, 43, 69~80, 82, 85~92, 94, 95, 97, 100, 102, 103, 106~113, 115, 116, 143, 169, 170, 174, 175, 187, 249
감각의 논리(logique de la sensation) 69, 70, 107, 108
감성(Sinnlichkeit) 5, 6, 17, 74, 107, 235, 243
강도(intensité) 76, 133~135, 139, 141, 144, 164
거짓의 역량(puissance du faux) 196, 202
견자(voyant) 114, 187, 201
겹침(recouvrement) 40, 99, 102
계몽(Aufklärung) 18, 19
계보학(généalogie) 237, 242
고고학(archéologie) 237
고름/일관성(consistance) 139, 140
고전주의(classicisme) 100, 104, 117, 121, 129~137, 141, 145, 231~237, 241
공명(résonance) 107, 108
공포(horror) 72, 73
구상 회화(peinture figurative) 77, 83, 89, 102
권력(pouvoir) 20, 21, 24, 207, 208, 237~239, 242, 248
그림자색(lumen opacatum) 165
근원적 세계(monde originaire) 178~180
긍정성(affirmation) 53, 54
기계(machine) 55, 140, 141, 157, 164, 172, 222, 223

기표/시니피앙(signifiant) 56~60, 79, 83, 84, 88, 113
  부성적(父性的) 시니피앙(signifiant paternel) 56~60
  전제적 시니피앙(signifiant despotique) 57, 58
기형화(déformation) 90, 95, 97, 98, 102, 106
기호(signe) 32~34, 39, 41~47, 50~55, 58, 84, 87, 88, 94, 122, 154, 213, 232, 233, 237, 249

|ㄴ|

낭만주의(romantisme) 117, 121, 129, 133~139, 141, 144~146, 148, 165, 200
내재성(immanence) 53, 54, 59
네오리얼리즘(néo réalisme) 184
누벨바그(nouvelle vague) 184
누빔점(point de capiton) 58
뉴 저먼 시네마(nouveau cinéma allemand) 184

|ㄷ|

다의성(équivocité) 52
다짐(consolidation) 139, 149
단색 배경(aplat) 107
담론(discours) 209, 217, 233, 238~240
대속(rédemption) 108, 109
대지(terre) 129, 133~138, 141, 144~146, 148, 149, 232, 249
데쿠파주(découpage) 159
돌발적 흔적(diagramme) 82, 83, 85, 88

|ㄹ|

라이트모티프(leitmotiv) 127, 128
리듬(rythme) 82, 83, 85, 107, 123, 128, 129, 131, 136, 143, 144
리토르넬로 120~124, 126, 128, 129, 135, 136, 138, 139, 141, 144, 149, 249

|ㅁ|

마니에리슴(maniérisme) 90, 101, 102
마주침(rencontre) 184, 185
메타언어(métalangage) 216, 217
명암법(clair-obscur) 165
모방(mimesis) 74, 75, 81, 91, 112~114, 245
몽타주(montage) 159, 161~164, 166, 172, 249
    교차 몽타주(montage alterné) 162
    대립의 몽타주(montage d'opposition) 162~164
    평행교차 몽타주(montage alterné parallèle) 162
    평행 몽타주(montage parallèle) 162, 164
무능(impouvoir) 198
무질서/카오스(chaos) 83, 85~88, 91, 92, 124, 125, 129~137, 141
미니멀리즘(minimalism) 47
미분화(différentiation) 139

|ㅂ|

바로크(baroque) 40, 90, 98~102, 121, 130, 131, 141, 145
박자(mesure) 129, 143
반복/되풀이(répétition) 42, 47, 49~51, 107, 123, 155, 210, 217, 218, 221~224, 228, 230, 236, 237, 240, 246, 249, 250
배움(apprentissage) 53
배치물(agencement) 135~139
변양(modification) 54
변용(affection) 166, 168~170, 174, 176, 178, 182
봄(voyance) 173
부정성(négativité) 53, 54
분자화(moléculariser) 129, 137~141, 143, 147, 148
비진리(non-vérité) 52
비판(critique) 6, 7, 16~34, 39, 42, 61, 122, 141, 203, 207~209, 215, 230, 231, 236~245, 248~250
비판적 태도(attitude critique) 16, 17, 249

|ㅅ|

사도마조히즘(sado-masochisme) 33, 34
사실주의(réalisme) 178
삼면화(triptyque) 104, 106~108
상사(similitude) 228, 229, 249
생성(devenir) 28, 40, 75, 83, 86, 100, 102~105, 114~116, 128, 157, 158, 167, 180, 190, 201, 213, 223, 226, 249
서스펜스(suspense) 182
세포(cellule) 163, 164
소수 문학(littérature mineure) 54, 56, 57, 249
소수 인민(minorité) 56
쇼트(plan) 159, 160, 163, 166, 171, 172, 176, 185, 249
순수한 시각적 상황(situation optique pure) 185
시간(temps) 78, 102~104, 106, 142~144, 155, 157, 161, 162, 166, 175,

176, 183~190, 193~199, 201, 202, 234, 235, 243
시뮬라크르(simulacre) 210~212, 214, 215, 218, 222, 223, 228, 230, 236
실존의 미학(esthétique de l'existence) 208, 245, 250
실험(expérience) 77, 100, 184, 248

|ㅇ|

액션 페인팅(action painting) 84, 85, 87, 89
어리석음(bêtise) 198, 199
엇갈림/간격(décalage) 136, 138
에피스테메(épistémè) 231~234, 236, 237, 239~242, 248, 250
열림(ouvert) 158
영원(éternité) 106, 109
영토(territoire) 58, 120~127, 129, 130, 133, 135, 136, 138, 144, 148, 149
  영토성(territorialité) 120~126
  영토화(territorialisation) 120, 121, 123, 125, 126, 144
  재영토화(reterritorialisation) 123, 130
  탈영토화(déterritorialisation) 58, 120, 121, 123, 124, 129, 130, 144, 148, 149
영화적 환영(illusion cinématographique) 95, 155
외화면(hors-champ) 160, 161, 175, 201, 202
우연성(hasard) 83, 85, 207, 243, 249
위반(franchissement/transgression) 25, 214, 218, 238, 239, 242, 243
유비(analogie) 110
  미학적 유비(analogie esthétique) 110
유사/유사성(ressemblance) 47~50, 87, 96, 105, 110, 111, 219, 228, 229, 231~233, 249

유한성(finitude) 21, 22, 26, 28, 237, 243, 249
은유(metaphor) 57~59, 109, 111~113
이데아(idea) 51, 53, 75
이미지(image) 43, 67~69, 71, 73, 74, 76, 83, 87~93, 95, 104, 105, 111~113, 154~159, 161~164, 166~172, 174~196, 198, 199, 201~203, 229, 230
  가독적인 이미지(image lisible) 187
  결정체-이미지(image-cristal) 190, 191, 193
  꿈-이미지(image-rêve) 190
  디지털 이미지(image digitale) 202
  반-주관적 이미지(image mi-subjective) 171
  변용-이미지(image-affection) 166, 168~170, 174, 176, 182
  색채-이미지(image-couleur) 176
  시간-이미지(image-temps) 155, 161, 166, 176, 183~190, 193~196, 198, 199, 201, 202
  운동-이미지(image-mouvement) 155, 158, 162, 164, 166, 168, 171, 178, 180, 183, 184, 187, 188, 190, 201, 202
  정신적 이미지(image mentale) 182, 183, 189
  지각-이미지(image-perception) 166, 168, 171, 172, 182, 196
  충동-이미지(image-pulsion) 166, 171, 178~180
  행동-이미지(image-action) 166, 168, 169, 178, 180~184, 192, 193, 199
  회상-이미지(image-souvenir) 190
이접(disjonction) 109
인간학(anthropologie) 21~24
인민/민중(peuple) 56, 145, 146, 148, 149, 199~201
인상주의(impressionnisme) 164
일의성(univocité) 52~55

찾아보기

257

| ㅈ |

자연주의(naturalisme) 178
자유간접적 주관성(subjective indirecte libre) 172
자유간접화법(discours indirect libre) 172, 196, 197
잠재성(virtualité) 82, 161, 202
재인(reconnaissance) 44, 70, 188~191, 198
    자동적인 재인(reconnaissance automatique) 188, 191
    주의 깊은 재인(reconnaissance attentive) 188~191, 198, 201
재인식(récognition) 21, 24, 25, 27, 30, 32~34, 39~45, 61, 122, 198, 199, 201, 203, 249
재현(représentation) 69~78, 80, 83, 84, 86~90, 92~95, 97~99, 101, 102, 105, 110, 112, 113, 115, 116, 144, 156, 198, 222~224, 227~235, 237~241, 243, 246
정당화(justification) 20, 21, 24, 27, 30, 40, 109, 122, 141, 161, 185, 249
정서(affect) 175~178
정신분산(Zerstreuung) 198
정초(fondation) 134, 139
제3세계 영화(cinéma du tiers-monde) 184
종교 개혁(la Réforme) 17
지각(perception) 28, 29, 40, 45, 68, 74, 76, 88, 92, 95, 100, 110, 111, 114, 166~174, 182, 188, 196, 224
    액체적 지각(perception liquide) 172
지속(durée) 139, 143, 158
집단동작주들(agents collectifs) 60
징후(symptôme) 34, 41~44, 122, 249
    징후학(symptomatologie) 41~44, 122

| ㅊ |

차이(différence) 47~51, 107, 109, 110, 218, 222, 249
창조(création) 7, 30, 31, 33, 34, 42, 44, 46, 47, 50, 51, 61, 74, 75, 97, 112, 114~116, 122, 123, 125, 132, 141, 142, 144, 145, 149, 154, 155, 183, 184, 190, 200~203, 249, 250
초인(der Übermensch) 22, 23
추상 회화/추상화(peinture abstraite) 77~80, 82~87, 91, 97
추상표현주의(expressionnisme abstrait) 84~85, 87~92, 98
충격(choc) 69~73, 75, 88

| ㅋ |

카오스(chaos) → 무질서
카오스모스(chaosmos) 129
코드화(codage) 84~87, 100, 133, 134
코스모스(cosmos) 122, 129, 137~140, 148, 149, 249
클로즈업(gros plan) 174~176
키노-아이(ciné-œil) 174
키아로스쿠로(chiaroscuro) 99, 165
클리셰(cliché) 6, 7, 33, 34, 42, 61, 77, 87, 91, 92, 97, 109, 111, 116, 122, 184

| ㅌ |

타자(autre) 197
탈예속화(désassujettissement) 17
토대(fondement) 134
통주저음(bass continue) 130~132
특이성(singularité) 149, 243

| ㅍ |

폭력(violence) 6, 69~73, 88, 89, 109,
  볼거리로서의 폭력(la violence du spectacle) 71
  감각의 폭력(la violence de la sensation) 71, 72, 89, 109
표현(expression) 41, 42, 51~55, 59, 60, 249
프레이밍(cadrage) 159, 160
  탈프레이밍(décadrage) 159~161, 175, 201
프레임(cadre) 159~161, 166, 167, 175, 185, 186, 228, 249

| ㅎ |

현대 음악(musique moderne) 129, 130, 136~140, 147, 148, 200
형상(Figure) 42, 43, 73, 75, 78, 86~90, 92~95, 97, 98, 102~104, 106~110, 112, 249
환경(milieu) 122, 125, 129, 133, 134, 137, 141, 144, 249
힘의 의지(Wille zur Macht) 28~31

| 필자 소개 |

서동욱

벨기에 루뱅대학교 철학과에서 들뢰즈 연구로 박사학위를 받았다. 1995년부터 계간《세계의 문학》등에 시와 비평을 발표하면서 시인·문학평론가로 활동해 왔다. 지은 책으로『차이와 타자』, 『들뢰즈의 철학』,『일상의 모험』,『철학연습』,『생활의 사상』,『타자철학』,『차이와 반복의 사상』, 『철학은 날씨를 바꾼다』, 비평집으로『익명의 밤』, 엮은 책으로『싸우는 인문학』,『미술은 철학의 눈이다』,『철학의 욕조를 떠도는 과학의 오리 인형』,『한 평생의 지식』(공편),『스피노자의 귀환』 (공편), 시집으로『랭보가 시쓰기를 그만둔 날』,『우주전쟁 중에 첫사랑』,『곡면의 힘』,『유물론』, 엮은 시집으로『거대한 뿌리여, 괴기한 청년들이여』(공편),『별은 시를 찾아온다』(공편),『온몸으로 밀고 나가는 것이다』(공편), 옮긴 책으로 들뢰즈의『칸트의 비판철학』,『프루스트와 기호들』 (공역), 레비나스의『존재에서 존재자로』등이 있다. 루뱅대학교, 어바인 캘리포니아 주립대학교 등에서 방문 교수를 지냈으며, 오하이오 주립대학교 방문 작가를 지냈다. 한국프랑스철학회장을 역임했다. 서강대학교 철학과 교수로 재직하고 있으며, 계간《철학과 현실》편집위원으로도 활동하고 있다.

이솔

서강대학교 철학과에서 들뢰즈와 사르트르의 이미지 이론을 비교 연구하여 박사학위를 받았다. 2022년 제7회 서산 신진 철학연구자상을 수상했다. 지은 책으로『이미지란 무엇인가』,『사르트르의 미학』(공저),『놀이꾼의 상상력』(공저),『들뢰즈와 철학자들』(공저, 근간),『장 폴 사르트르』 (근간), 옮긴 책으로 사르트르의『자아의 초월성』(공역),『SEP 장 폴 사르트르』(근간)가 있다. 샌프란시스코 주립대학교에서 방문 학자를 지냈으며, 이화여대 인문과학원 학술연구교수를 역임했다. 현재 경북대학교 인문학술원 연구교수로 재직하고 있으며, 서강대학교와 이화여자대학교에 출강 중이다. 한국프랑스철학회 총무이사, 한국현상학회 학술이사로 활동하고 있다.

강선형

서강대학교 철학과에서 들뢰즈와 칸트 연구로 박사학위를 받았다. 제40회 영평상 신인평론상으로 등단하여 영화평론가로 활동하고 있다. 지은 책으로『들뢰즈와 칸트: 차이와 이념의 철학』, 『자크 데리다』,『철학극장: 철학과 영화의 마주침』,『영화와 배우: 스타를 연기하다』(공저),『니체, 버스킹을 하다』,『들뢰즈와 철학자들』(공저, 근간),『들뢰즈와 예술』(공저, 근간),『여성철학자의 철학 이야기』(공저, 근간), 옮긴 책으로 데리다의『사유한다는 것은 아니라고 말하는 것이다』(근간), 사르트르의『자아의 초월성』(공역)이 있다. 벨기에 루뱅대학교에서 방문 학자를 지냈으며, 성신여자대학교 초빙교수, 서강대학교 철학연구소 연구원을 거쳐, 현재 전남대학교 철학연구교육센터 연구원으로 재직하고 있다. 서강대학교, 동국대학교, 건국대학교 등에 출강하며, 한국프랑스철학회 총무이사, 한국영화평론가협회 출판간사를 지냈다.

박민철

서강대학교 철학과에서 푸코 사유의 전개를 비판 개념을 중심으로 연구하여 박사학위를 받았다. 지은 책으로『미셸 푸코, 비판으로서의 철학』(근간), 논문으로「권력, 주체, 철학」,「푸코 사유체계에서 자유의 위상」,「『말과 사물』에서 푸코의 고고학적 탐구」,「푸코 철학의 한계-조건」등이 있다. 현재 서강대학교 철학연구소 연구원으로 재직하고 있으며, 서강대학교에 출강 중이다.